Magische Praxis der

Lebens- &

Liebeskünste

SCHUTZ - & SCHADENSZAUBER
für alle Liebes - & Lebensfragen

von Anatol
aus einem russischen alten Grimoire übersetzt von
Alona Schandrak

© 1. Auflage, Copyright 2001 by Bohmeier Verlag, Germany-23564 Lübeck, Hüxtertorallee 37, Tel.: +49 (0) 451-74993 - Fax: +49 (0) 451-74996, Aktuelle Informationen über unsere Internet-Homepage:

© Covererstellung und Gesamtkonzeption von Joe A. Davis nach Ideen von Pierre-Paul Prud'hon „Venus und Adonis" um 1800 und im Hintergrund Félicien Rops „The Satanists – The Sacrifice" 1882

Gesamtherstellung: Bohmeier Verlag, Printed in Germany

ISBN 3-89094-340-3

Magische Praxis der Lebens- & Liebeskünste

SCHUTZ - & SCHADENSZAUBER
für alle Liebes - & Lebensfragen

von Anatol
aus einem russischen alten Grimoire übersetzt von
Alona Schandrak

Inhaltsverzeichnis

Zuvor ein Test... 11
Vorwort...13
Vorwort des Verlages 15
Wenn Sie die Ehe mit einer Frau schließen möchten........................... 19
Einen Zauberspruch gegen Unglück... 19
Verschiedene Mittel gegen Impotenz...................................... 20
Zaubersprüche gegen Impotenz-Behexungen... 20
Wenn eine Frau ihren Mann von Impotenz heilen will................. 21
Verschiedene Zauber um schwanger zu werden... 21
Mit Bilsenkraut Liebe finden... 22
Zaubersprüche gegen böse Geister...................................... 22
Eine Kornblume pflücken... 23
Die Weide heilt viele Übel...... 24
Besprechen von Wasser zur Heilung...................................... 24
Um einem Menschen viel Schaden zuzufügen... 25
Figürchen für die Behexung (Voodoo)... 25
Wenn Sie möchten, dass Ihr Feind zu Ihrem Freund wird............... 26
Zauber um die Treue einer Frau überprüfen... 26
Keine Hexe und kein Geist kann in ihr Haus eintreten... 26
Wie sie sich an Ihrem Beleidiger rächen.................................. 27
Was man gegen eine angehexte Verstopfung tut... 27
Die Behexung durch einen Goga (Sigill)... 28
Verführen sie mit Inula ihre Liebesperson................................ 28
Wahrsagen Sie das Geschlecht ihrer Kinder.............................. 28
Wie Sie zum Einzug in ein Haus, Hausgeister einladen... 28
Zaubersprüche für das Kaufen von Vieh.................................. 29
Schwarze Drossel... 29
Wenn die Geister sich eigenwillig zeigen................................. 29
Den Teufel aus Ihrem Haus vertreiben... 29
Um sich gegen böse Geister und den Teufel zu verteidigen... 30
Lerche 31
Damit Ihre Wünsche in Erfüllung gehen.................................. 31
Schutz vor bösen und ungewollten Einflüssen............................ 31
Perlen wirken auf einen Menschen... 34
Wählen sie sich einen Bräutigam... 34
Frauenkrankheiten heilen... 34
Wenn eine Frau mit ihrem Mann unzufrieden ist......................... 34
Das Geheimnis einer Frau kennen lernen... 34
Wenn eine Frau einen Mann heiraten will... 35

Eine besondere Art der Behexung um jemandem im Sexualleben
viel Schaden zuzufügen: das Verknoten 35
So können Sie einem Menschen eine Krankheit anhexen 36
Ein Zauberspruch um verliebte Menschen zu entzweien... 37
Eine Behexung um verheiratete Menschen zu entzweien... 38
Eine Behexung um jemandem das Augenlicht zu nehmen... 39
Beseitigung einer Behexung des Verknotens 39
Zaubersprüche und wie sie wirken 39
Schutz gegen negative Erscheinungen... 40
Ein Gebet zum Heiligen Geist 40
Ein Schutzgebet... 40
Gebete zur Mutter Gottes... 40
Zauberspruch, damit eine Sache in Gang kommt 40
Zauberspruch, um eine Reise oder anderes zu verhindern... 41
Jungverheiratete sollen ein gutes Leben haben... 41
Zaubersprüche gegen Trunksucht 41
Behexungen mit Hartheu... 42
Schutz gegen den Feuerdrachen... 42
Zaubertränke und andere Rezepte... 42
Behexung gegen Singledasein aufheben... 43
Behexung bis zum Tod... 43
Böser Zauberspruch um Liebe zu gewinnen... 43
Einen Menschen behexen durch einen Zauberspruch der Hellen Magie... 44
Zauberspruch eines Mannes um die Liebe einer Frau zu erlangen... 44
Goldener Brief (das Gebet der Heiligen Laura) 48
Das Anfertigen eines Zauberstabes mit Weidenbaum... 49
Karfunkel (Granat) gegen böse Geister 50
Rezept für eine Liebessalbe... 50
Allgemeines über Hexerei 50
Rezepte um Blutungen zu stillen 51
Menstruationsblut in der Hexerei 51
Der Faulbaum hilft gegen Behexung... 51
Behexung gegen Nachtblindheit... 51
Den Ehering anstecken bei der Trauung... 52
Die heilenden Fähigkeiten der Brennnessel... 52
Lavendel gegen böse Geister... 52
Liebestränke... 52
Zaubereien mit der Lilie 52
Wahrsagungen mit einem Spiegel 53
Wahrsagen mit Zinn, Wachs, Blei oder Gold... 53
Den Namen ihres zukünftigen Mannes wahrsagen... 61
Wahrsagen des Alters ihres zukünftigen Mannes... 62
Wahrsagen der Qualität ihres zukünftigen Mannes... 62
Wahrsagen der emotionalen Natur ihres zukünftigen Mannes 62

Wahrsagen des Zeitpunktes der Heirat..62
Wahrsagen des Todes oder der Heirat... 63
Wahrsagen wo ihr zukünftiger Mann wohnt...63
Wahrsagen des Gesichts Ihres zukünftigen Mannes... 63
Wahrsagen im Schlaf... 64
Wahrsagen ob Wünsche erfüllt werden... 64
Wunscherfüllung besonderst effektiv zu Neujahr...................................64
Die beste Zeit um wahrzusagen... 65
Wahrsagen Sie Ihre nahe Zukunft..65
Wahrsagen, zusammen mit anderen Menschen... 66
Wahrsagen durch pendeln..66
Wahrsagen durch Kaffeesatz..67
Die Ordnung beim Wahrsagen durch Kaffeesatz....................................71
Wahrsagen um herauszufinden was für ein Dieb im Haus war...............72
Verschiedene Methoden um Liebe dauerhaft zu machen........................73
Wie Sie Liebe zerstören... 74
Zaubereien um Liebeskummer zu erzeugen...76
Zaubereien um Liebe zu verstärken... 78
Zaubersprüche für verheiratete Frauen, um ihre Ehe zu retten... 80
Zauberspruch von einer Mutter für Ihren Sohn......................................80
Die Totenbeschwörung eines geliebten Verstorbenen... 81
Die Beschwörung eines geliebten Lebenden... 83
Sie sollten folgendes wissen, bevor Sie Menschen beschwören... 83
Zauberspruch, um eine Frau zu besitzen..83
Verschiedene Zaubereien um Liebe zu erwecken...................................84
Liebeszaubersprüche um Liebe zu vertiefen... 89
Zaubersprüche um allgemein beliebt zu werden.....................................90
Zaubersprüche, um die Liebe einer Person zurückzugewinnen... 91
Magischer Kreis...92
Baumzuordnung für Zauberstab und Hexerstab......................................92
Magischer Stein... 92
Zauberei zur Zeugung eines Jungen...92
Mandragora in der Hexerei... 92
Olivenöl gegen Trunkenheit...93
Malve bei Gebärmutterentzündung..93
Wachholder gegen Böse Geister... 93
Gebete als Schlüssel für Sicherheit beim Hexen.....................................93
Gebet, das man vor der Arbeit, dem Unterricht oder Beschäftigung liest...........94
Gebet, damit die Vorgesetzten Sie respektieren.....................................94
Gebet gegen Gericht und ungerechte Anklage..94
Knoten-Gebete zum Schutz..94
Gebet für erfolgreiches Tun...95
Gebet für Schutz gegen einen Feind... 95
Wie Sie die Jungfernschaft einer Frau prüfen..95

Ein Universalmittel gegen Unannehmlichkeiten............................ 96
Zauber um zukünftige Unglücksfälle vermeiden.......................... 96
Wie Sie mit der Hilfe böser Geister ein Zauberbuch zu erhalten........ 96
Hexerei um die Beine einer Person zu lähmen........................... 96
Zauberspruch um Schönheit zu erlangen................................. 96
Wie Sie Brandwunden heilen... 97
Zauberspruch gegen einen Werwolf..................................... 97
Schutzzauber gegen Blitz und Feuer.................................... 97
Zauber um die Kraft und den Mut des Körpers zu erhalten............... 98
Heilungszauber bei einer Halsgeschwulst (Angina)..................... 98
Adlerstein, Schlangenhörnchen und Horn des Nashorns................... 98
Wie man ein Hexenöl herstellt und benutzt............................ 99
Zauberspruch gegen Pfeile und Messer 99
Die Espe schützt vor den bösen Geistern............................. 100
Zaubersprüche gegen Trauer.. 100
Zauberspruch um einen Menschen für immer loszuwerden................ 101
Zauberspruch gegen Elend und Unglück................................ 101
Zauberspruch um sich an einem Beleidiger zu rächen.................. 101
Beschwörung für teuflische Energien................................. 102
Zauberspruch gegen Zauber (Heilung)................................. 102
Zauberspruch gegen Misserfolg....................................... 103
Zaubertrank gegen Gehirnerschütterung............................... 103
Schatzsuche... 103
Durch den Schwarzen Farn die Kraft der Hexerei erlangen............. 103
Wie sie mit der Trauerweide böse Geister vertreiben................. 104
Zaubereien gegen eine Feuersbrunst.................................. 104
Wie sie eine Hochzeit verhindern.................................... 105
Jemanden in ein Zimmer einsperren................................... 105
Wie Sie Schlaflosigkeit erzeugen.................................... 105
Zaubersprüche, um Blut zu stillen................................... 105
Zaubereien um anderen viel Schaden zufügen.......................... 106
So beseitigen Sie eine schlimme Behexung............................ 109
Verschiedene Mittel gegen kleinere Behexungen....................... 116
Wenn ein Kind durch den bösen Blick behext wurde.................... 117
Bei ungewollten Erscheinungen von Geistern.......................... 117
Wenn Sie eine Frau besitzen wollen.................................. 117
Wie Sie einen Jungen Mann anziehen.................................. 117
Wie Sie Reisen glücklich überstehen................................. 117
Zaubersprüche gegen Trunksucht...................................... 118
Verschiedene Rezepte um Trunksucht zu heilen........................ 119
Voraussetzungen um ein Zauberer zu werden........................... 119
Wie Sie eine Ehescheidung abwenden.................................. 120
Gelbsucht mit Läusen heilen... 121
Wie Sie Muttermale wegsprechen...................................... 121

Wie Sie einen Kranken gesund sprechen... 124
Zaubereien um eine gesundes Kind zur Welt zu bringen........................ 124
Wenn Sie möchten, dass die Entbindung früher beginnt... 124
Wenn Sie möchten, dass eine Frau nicht entbinden kann... 124
Wenn die Eltern einer Braut gegen die Hochzeit sind... 124
Zauberspruch den eine Brautwerberin sagt....................................... 125
Bedeutung von Kerzen in der dunklen und der hellen Magie... 125
Wie die Behexung durch den bösen Blick wirkt..... 126
Wie Sie sich gegen den bösen Blick schützen... 126
Um Behexungen durch den bösen Blick zu verhüten... 127
Zauberspruch gegen Herzkrankheit... 128
Kraft von einem Tier bekommen (für Männer)... 128
Zauber um Kleinkindern das Laufen zu lehren..................................... 128
Zustimmung zwischen Feinden erreichen.. 128
Das Haus durch Salz, Asche oder Wasser beschützen........................... 128
Sich einen ganz bestimmten Traum wünschen... 129
Zaubersprüche gegen Schlaflosigkeit bei Kindern................................ 130
Von dem Bräutigam träumen... 130
Mittel gegen Rückenschmerzen... 131
Wenn Sie zwei Menschen durch Streit entzweien möchten..................... 131
Zauber gegen Krämpfe.. 133
Wenn Sie möchten, dass das Schicksal gnädig mit Ihnen ist... 133
Talismane aus verschiedenen Steinen... 133
Kreuzförmiger Enzian fördert die Hexenverwandlung... 138
Wie und wann Sie am besten Kräuter für die Hexerei pflücken... 138
Zauberspruch gegen Trauer... 138
Der Wiedehopf hilft bei Unfruchtbarkeit der Frau............................... 138
Zauber gegen die Bisse eines Tieres oder einer Schlange....................... 138
Hexerei für Landwirte während der Zeit der Saat................................ 140
Zänkische Menschen beruhigen.. 140
Erfolg in verschiedenen Geschäften.. 141
Wie Sie ihren Erfolg bei Gericht beeinflussen..................................... 141
Wie Sie für Erfolg im Handel sorgen.. 141
Erfolg beim Kartenspiel... 141
Erfolg im Glücksspiel... 142
Allgemeiner Zauberspruch gegen böse Menschen................................ 143
Erfolg bei der Jagd... 143
Wenn Sie Erfolg beim Fischfang haben wollen.................................... 144
Fast in jedem Haus wohnt ein Hausgeist... 144
Zauberspruch gegen Hausgeister 146
Eine Hexe kann eine Kuh aus einiger Entfernung melken....................... 147
Tierzuwachs... 147
Alektorein bringt Harmonie zwischen Eheleuten... 147
Mit der Schwarzen Koralle schützen Sie sich vor Zaubereien.................. 148

Schwarzer Bambus um die Liebe anzuziehen... 148
Eine magische Trommel um den Teufel anzurufen... 148
Wenn Sie unfruchtbar sein möchten... 148
Eine Blonna (einen unnatürlichen Auswuchs) nutzen... 148
Schafzuwachs.. 148
Reiche Ernte haben... 148
Wie Sie Tiere zähmen... 149
Wie Sie Wachhunde beim Haus halten... 149
Ein Gebet gegen Viehsterben... 149
Damit eine Kuh beim Melken Sie nicht mit den Hufen schlägt............... 149
Damit Bienen nicht stechen... 149
Erfolg bei der Bienenzucht... 150
Zauberspruch gegen Würmer.. 150
Weihrauch.. 150
Wohlgerüche jeder Art, ziehen Geister an... 151
Zichorie als machtvolles Mittel gegen Behexung... 151
Die richtige Zeit für Hexerein wählen.. 151

Zuvor ein Test...

Der verlockende Titel „Liebesmagie" hat Ihre Aufmerksamkeit auf dieses Buch gelenkt. Dies ist der Originaltitel der Russischen Ausgabe. In diesem Buch finden Sie verschiedene Zaubersprüche, Verhexungen und vieles mehr. **Aber bevor Sie anfangen, das Buch zu lesen, sollten Sie für sich selbst folgende Fragen klar mit „ja" oder „nein" beantworten.**

Bitte ankreuzen:

Frage	Ja	Nein
Haben Sie Charme und Erfolg?	☐	☐
Haben Sie Erinnerungen an vergangene Leben (hatten Sie irgendwann das Gefühl, dass sich das, was Sie gerade erlebten, schon einmal ereignet hat)?	☐	☐
Glauben Sie an Ihre Wünsche?	☐	☐
Sind Sie eine ausgeprägte magische Person?	☐	☐
Benutzten Sie Ihre psychische Kräfte (haben Sie z.B. schon einmal jemanden genötigt, was Sie wünschten, zu tun)?	☐	☐
Glauben Sie, dass Wörter Kraft besitzen?	☐	☐
Glauben Sie an die Kraft der Hypnose?	☐	☐
Hat eine geheimnisvolle, sakrale, unbekannte Sache irgendwann Ihre Aufmerksamkeit angezogen? Interessieren Sie sich für die menschliche Psyche? (Vielleicht bekommen Sie irgendwelche Zeichen und können diese nicht verstehen oder enträtseln).	☐	☐
Zeigen Sie Interesse an der Hexerei?	☐	☐
Die Hexerei ist die alte Religion der Welt. Schätzen Sie das?	☐	☐
Fühlen Sie, dass Sie Eindruck auf Andere machen können?	☐	☐
Sind Sie eine abergläubische Person? Können Sie Ihren Aberglauben kontrollieren?	☐	☐
Kochen Sie Essen oder Arzneien aus verschiedenen Kräutern nach alten Rezepten?	☐	☐
Üben Sie Einfluss auf jemanden aus?	☐	☐
Die Zauberer und Hexen sind nackt, wenn sie zaubern. Fühlen Sie sich normal und ungezwungen ohne Kleidung?	☐	☐
Glauben Sie an die Wiedergeburt?	☐	☐
Haben Sie einen Geheimnamen oder möchten Sie einen haben?	☐	☐
Sprechen Sie mit Pflanzen, mit Ihrer Katze oder mit Ihrem Hund? Vertrauen Sie darauf, dass diese und andere Sachen und Lebewesen in Ihrem Haus eine Seele und/oder eine Persönlichkeit haben?	☐ ☐	☐ ☐
Möchten Sie, dass andere Leute Sie für einen Zauberer halten?	☐	☐

Bitte zählen Sie jetzt zusammen.

Ich habe _____ mal mit „Ja" und _____ mal mit „Nein" geantwortet.

Die Auflösung erhalten Sie hier...

Sie haben keine einzige Ja-Antwort.

Legen Sie dieses Buch beiseite, *lesen Sie es nicht*! Es wird Ihnen keinen Nutzen bringen. Und wenn Sie jünger als 33 Jahre alt sind, kann dieses Buch Ihnen sogar zum Nachteil gereichen.

Ein oder zwei Ja-Antworten.

Lesen sie das Buch und warten Sie auf einen Wink. Ihre glückliche Zeit kommt bald. Dieses Buch bringt Ihnen etwas, worauf Sie unterbewusst gewartet haben.

Drei oder mehr Ja-Antworten.

Ihre glückliche Zeit ist schon gekommen. Versuchen Sie es! Natürlich kann es sein, dass Ihnen – gerade zu Anfang – etwas nicht (ganz) gelingt. Aber je mehr Sie an sich arbeiten, desto mehr Erfolg werden Sie haben. Jedes Mal wird Ihre Meisterschaft höher und schon bald können Sie leicht und einfach wie selbstverständlich – zaubern.

Vorwort

In diesem Buch verflechten sich Dunkle und Helle Magie. Hexerei und Magie haben eine tausendjährige Geschichte überstanden, keine Erlasse, keine Dekrete und keiner „reinen" Medizin gelang es, sie auszurotten. In diesem Buch finden Sie verschiedene Rezepte, die man im Russland um 1900 und früher benutzt hat. In Russland hat man der Liebe eine eher geringe Bedeutung beigemessen. Vergleichen Sie selbst: In der russischen Sprache gibt es fünfzig Synonyme für das Wort „stehlen", aber nur 5 Synonyme für das Wort „verlieben", einhundert Begriffe, um einen Menschen zu beleidigen, aber nur zehn „lobpreisende". Wenn wir ein französisches Wörterbuch nehmen, finden wir sechshundert Synonyme für das Wort „Geschlechtsorgan" und ebenso viele für „Geschlechtsakt".

Den herrschenden Kreisen Russlands, war das gemeine Volk, dessen Traditionen und Bräuche gleichgültig. In den oberen Kreisen gab es Vergnügungen aller Art und es herrschte Zügellosigkeit bei der Befriedigung der Triebe. Das gemeine Volk, das in Leibeigenschaft lebte, sollte sich nicht vergnügen, sondern arbeiten. Doch das russische Volk hatte für alle Fälle immer einen Ausweg aus dem trostlosen Alltag parat. Z.B. gab es die Bräuche, die den Namen „Posydelki" oder „Wetsche"[1] hatten. Bei diesen Versammlungen wurde Zwanglosigkeit in den Beziehungen nicht nur erlaubt, sondern gefordert. Wenn ein Mädchen streng und schüchtern war, wurde sie aus der Versammlung ausgeschlossen. Es gab aber auch den Brauch der „Übernachtung", wenn ein junger Mann mit einem Mädchen übernachtete, aber das Mädchen bis zum Morgen jungfräulich bleiben sollte. Dies ist ein uralter Brauch, „Jarowucha"[2] genannt, der in Nordrussland zu Anfang des XX. Jahrhunderts noch existierte. Im XVI. Jahrhundert hat die Kirche diesen Brauch als teuflisch abgestempelt. Jarowucha geschah am Tag vor einer Hochzeit in dem Haus, wo der Bräutigam wohnte. In diesem Haus trafen sich die jungen Leute (außer die Braut), um Wein zu trinken und sich zu unterhalten. Nach dem Trinken stellten sie sich in einen Kreis, fassten sich an den Schultern und sprangen mit hoch genommenen Beinen. Dabei sangen sie Lieder mit erotischen Texten. Und am Ende schliefen sie nebeneinander. Das war der Hauptzweck dieses Festes: dass alle jungen Leute nach der Feier im Haus des Bräutigams blieben, um nebeneinander zu schlafen, aber keinen Sex zu haben, damit alle noch Unverheirateten keusch blieben. In der Ukraine war die Situation für verliebte Paare einfacher, weil die Leibeigenschaft viel später eingeführt wurde als in Russland. In der Ukraine wohnten die frisch Vermählten einzeln (getrennt von ihren Eltern), in Russland jedoch mit ihnen zusammen. Wegen dieses Zusammenlebens existierten viele abschreckende Bräuche, so z.B. die „Schwiegertochterschaft"[3].

Seit dem V. Jahrhundert kämpft die Kirche in Russland gegen die Hexerei. Aber trotz allem ist die Hexerei geblieben, wenn auch immer noch (und wie immer) ille-

---

[1] Altslawische Volksversammlung.

[2] Das Wort „Jarowucha" stammt vom Wort „Jarylo" ab; Jarylo ist eine slawisch-russische Gottheit, die mit der Männerfruchtbarkeit verbunden ist. Die Übersetzerin.

[3] Wenn der Vater des Ehemannes den Geschlechtsverkehr mit der Frau seines Sohnes hatte.

gal. Die Zauberer und Hexen sind daran gewöhnt, denn so lange Liebe und Hass in der Welt existieren, besteht auch die Hexerei weiter. Manchmal ist sie die letzte Chance für einen körperlich schwachen Menschen, wenn er einen kräftigen Menschen besiegen möchte. Die Magie ist oft auch die letzte Chance, beliebt zu sein. Wir können lange über die verschiedensten Möglichkeiten der Hexerei sprechen, aber es ist besser, Gutes zu tun und die Wärme des Herzens zu bringen, und es kann sein, dass unsere Zaubersprüche helfen, jemanden zu retten und vor dem letzten schrecklichen Schritt in die Ewigkeit zu bewahren. Für viele Leute ist ein Zauberer die rettende Chance, jemand, der Leben neu einflößt und einen neuen Lebensweg aufzeigt.

Dieses Buch behandelt die Liebe, die Familie und alles, was uns in diesem Zusammenhang traurig und froh macht. Es vermittelt uns verschiedene Dinge, die man braucht, um glücklich und geliebt zu sein. Die Hexerei ist ein leichter und schwieriger Weg zugleich, den wir wählen, um unsere Ziele zu erreichen. Unser Leben ist voller Leiden und Liebe. Dieses Buch kann uns in die Liebeshexerei einführen. Hier wird das Hauptproblem der Menschen untersucht: das Problem mit der Liebe. Die Liebe erhellt unser Leben; wir fühlen die Liebe, vom ersten Blick in die Welt bis zu unserem Tode. Die Liebe erhellt das Kindergesicht, wenn es auf seine Eltern schaut. Das Kind wird erwachsen und wenn die Geschlechtsreife beginnt, fühlt ein junger Mensch die geschlechtliche Liebe. Von diesem Moment an ist die Liebe zum anderen Geschlecht[4] am wichtigsten, weil sie moralische und körperliche Seligkeit verheißt.

Wir können sagen, dass die Liebe eine einfache Sache sei, die keiner weiteren Erklärung bedürfe. Aber wie können wir die leuchtende Höhe begreifen, die wir erst einmal fühlen, wenn wir verliebt sind? Wie können wir die Schwindelerregenden Klüfte beschreiben, in die der unglücklich Verliebte fällt?

Können Sie sich vorstellen, dass 30 Prozent aller Morde, 70 Prozent aller Selbstmorde und 95 Prozent aller Hexerei aufgrund von Problemen mit der Liebe begangen werden? Diese schrecklichen Zahlen zeigen, dass die Menschen seit jeher vor Leidenschaft brennen. Wie ehedem treffen sich abends Romeo und Julia ohne das Einverständnis der Eltern. Früher duellierte man sich aus Liebe, heute erwachsen daraus banale Schlägereien.

In diesem Buch finden Sie alles Notwendige für den Kampf um die – nein, für die Erhaltung der – Liebe. Mit Hilfe dieses Buches kann man die Liebe eines Menschen zu einem anderen Menschen erhalten, die Liebe einer Person erlangen, oder aber diese auch übel bestrafen. Bedenken Sie Ihre Ziele gut!

---

[4] Sollte heißen: zu einem geschlechtlichen Partner. Andere Formen als die Heterosexuelle Liebe werden auch heute noch in der ehemaligen UDSSR, (vermutlich nicht nur im sozialen Bereich) gesellschaftlich nicht anerkannt (Anmerkung des Verlages).

Vorwort des Verlages

Dieses Buch ist an die 100 Jahre alt, deshalb gibt es demgemäss viele Zauber die man auf dem Hintergrund dieser Zeit betrachten muss. Es beschreibt aber noch viel ältere Zauber und Hexerein, die im russischen und ukrainischen Volk seit Jahrhunderten benutzt wurden und werden. Komischerweise sind diese Formen der Hexerei und Zaubereien im Russischen sehr weit verbreitet – insbesondere und gerade in der ländlichen Bevölkerung und gerade auch in den älteren Bevölkerungsschichten (die sich noch an alte Zeiten erinnern können).

Dabei sollten wir auch berücksichtigen, dass dieses Buch natürlich und hauptsächlich noch viel ältere Zaubereien beschreibt, - die erst vor 100 Jahren *aufgeschrieben* und zu einem Buch zusammengefasst wurden. Die Techniken und Sprüche die hier vorgestellt werden, wurden Jahrhunderte lang zuvor mündlich weitergegeben.

Bevor Sie beginnen dieses Buch zu lesen, sollten Sie sich deshalb vielleicht einmal auf eine Zeitreise in die Vergangenheit begeben, denn viele Zauber sind nur mit dem entsprechenden geschichtlichen Hintergrund zu verstehen. Auch wird nur auf diesem Hintergrund deutlich, das die Zauberei damals (und oft genug auch heute) eigentlich die einzige Form der Gegenwehr und des Widerstandes für die Unterdrückten dieser Welt war.

Dies galt damals sowohl für Frauen als auch Männer: jedoch mit dem Unterschied, dass die Frauen die letzten in der Kette der Unterdrückung waren. Sie gehörten zum Besitz des Mannes (und nicht selten, war es auch der einzige Besitz), genauso wie seine Schafe, das Haus und der Hof. Der Hausherr durfte seine Frau schlagen, vergewaltigen und in jeder anderen Form nach eigenem Ermessen betrafen, ohne selbst Repressalien deswegen fürchten zu müssen. Frauen wurden durch die immerwährenden Schwangerschaften unabänderlich an das Haus gebunden, - „Gebärsklavinnen" die sich nur über Ihren Mann definieren durften und konnten, und - ohne Mann, wenn dieser z.B. im Krieg fiel, - oft ohne eigenes Einkommen, dem Hungertod preisgegeben waren, wenn sie nicht von wohlmeinenden Verwandten aufgenommen wurden.

Deshalb war die richtige Wahl des Mannes für eine Frau lebenswichtig und eine Heirat – wohl eher mehr als ein Kaufvertrag anzusehen – ausschlaggebend für ihr weiteres Leben. Liebesheiraten sind in dem Zeitrahmen als unüblich anzusehen und wurden erst sehr viel später populär.

Auf diesem Hintergrund wird deutlich das es besonders viele Zaubereien gibt um gerade diesen, so bedeutenden und das weitere Leben bestimmenden Faktor zu beherrschen. Natürlich und glücklicherweise hat sich dieser Faktor (in vielen Teilen der Welt) heutzutage zu einem Selbstbestimmten gewandelt, wenn auch mit dem bitteren Beigeschmack, dass noch viele Sitten und Rituale aus dieser Zeit unser heutiges Leben bestimmen – oft vollständig unbemerkt. Vergewaltigung und Schläge in der Ehe kommen auch heute noch vor und werden oft genug wegen der finanziellen Abhängigkeit zum Ehemann – nicht angezeigt. Wie viele Frauen sitzen zuhause mit einem Kind und der Mann verbietet ihnen zu arbeiten. Sie „verwaisen" in ihren Fähigkeiten und Möglichkeiten, mehr oder weniger isoliert von der Außenwelt und mit ein wenig Haushaltsgeld abgespeist. Gerade in Russland und der Ukraine wurde noch bis vor ein paar Jahren mit spätestens 18 Jahren geheiratet und eine unverheiratete Frau über 25 galt schon als eine „die keinen mehr abgekriegt hat", - als alte Jungfer. Das dann nach der Heirat, oft schnell kommende Kind beschließt jede lebendige Auseinandersetzung mit Traditionen und wird - immer noch oft genug - zum Schlüssel des „goldenen Käfigs" für die Frauen. Ohne eigenes Geld, finanziell kurz gehalten von ihren Männern, verrichten Sie eintönige Aufgaben im Haushalt und sind nach kurzer Zeit sozial, emotional und wirtschaftlich vollständig abhängig von ihnen. Traditionen die Hunderte von Jahren alt sind, werden - völlig unreflektiert – gelebt, überall auf dieser Welt und dies ist nichts besonderes. Das Wichtige daran ist jedoch, und das bedenken die wenigsten, dass äußere Formen auch immer innere Möglichkeiten bestimmen und aufzeigen. Eine Tasse hat einen Hohlraum, jede hineingegossene Flüssigkeit, wird sich dieser Form unausweichlich anpassen. Die äußeren Bedingungen einer Ehe, lassen zwangsläufig auf die *Innere* Situation einer solchen Beziehung schließen. Ist unter solchen Bedingungen eine ehrliche Auseinandersetzung zwischen zwei Menschen überhaupt möglich? Oder führt sie nicht doch wohl eher zwangsläufig zu: Doppelmoral, sexueller Verfügbarkeit und Gefügigkeit, Lügen, Unaufrichtigkeiten, Heuchelei, Verheimlichung und Betrug. Verdammt zur endlosen täglichen Wiederholung.

Dabei sollten wir bedenken und nie vergessen, dass gerade diese und weitere menschlichen Unzulänglichkeiten der Nährboden für (und insbesondere diese Art der) Magie ist.

Ausdrücklich möchte ich noch anfügen: wir haben nichts gegen Männer und auch nichts gegen Frauen, und vor allem auch nichts gegen eine wie auch immer geartete Lebensform die im gegenseitigen Einverständnis stattfindet.

Naturgemäß sind deshalb in diesem Buch immer Frauen gemeint, wenn Begriffe wie z.B. *Keuschheit* auftauchen und diverse Zauber werden (scheinbar) nur von Frauen ausgeführt. Sich hier auf eine Alternative zu besinnen, - darüber mag sich der männliche Leser selbst Gedanken machen. Oft sind bei den Sprüchen nur ein paar Worte auszutauschen (*er* durch *sie,* oder umgekehrt) und die Handlung kann entsprechend gleich oder in geringen Abwandlungen vollzogen werden, ein wenig Phantasie vorausgesetzt. Oft genug sind es heutzutage gerade die Männer die solche Zauber anwenden, - denn insgeheim, oft unbewusst, streben sie ihren verlorengegangenen Freuden der Allmächtigkeit wieder nach. Selbst die aufgeklärtesten, liberalsten und emanzipiertesten Männer fallen oft, wenn es um ihre persönlichsten Interessen geht, in ihren Verhaltensweisen und Vorstellungen zurück in die *männlich-machtvollen* Ansprüche der Traditionen. Bezeichnenderweise, natürlich nur in Bezug seiner Stellung der Frau gegenüber und weniger in Bezug auf seine soziale Stellung innerhalb der von Gewalt und Machtphantasien, beherrschten Männerwelt.

Nun, ein anderes Problem das ihnen in diesem Buch begegnen wird, ist die Verfügbarkeit von bestimmten Materialien um bei verschiedenen Zaubereien und Hexereien erfolgreich sein zu können. Ein Beispiel? Wie soll man heute „den Finger eines tot geborenen Kindes am Hals tragen", und sollte man dies überhaupt tun?

Zum Einen: es gibt meist viele Wege nach Rom! Es gibt deshalb auch viele unterschiedliche Hexereien und verschiedene Zauber um zu einem vorher fest definierten Ziel zu kommen.

Zum Anderen wurden naturgemäß gerade wegen solcher Praktiken, Zauberer und Hexen verpönt und verachtet, aber auch gefürchtet. Früher (versetzen Sie sich doch noch einmal gedanklich in die Zeit von vor 100 bis 200 Jahren) konnte man sich solche Zutaten von jedem Friedhof oder aus Leichenhallen (meist gegen ein gutes Entgelt) problemlos besorgen. Heute ist dies ausgeschlossen. Und wozu auch sollte man dies heute tun? „Spinner" die wegen solcher „Zutaten" Gräber schänden oder Lebewesen (gleich welcher Art – gegen ihren Willen) töten, verstümmeln, schänden und/oder auf andere Weise verletzen haben immer noch nicht begriffen, dass sie damit nur Ihre offensichtliche dumpfe, phantasielose Dummheit für die Welt offenbaren. *Der Verlag sieht diese und ähnliche Abschnitte des Buches als interessante Hintergrundinformation für den geschichtlichen Zeitrahmen an. In keinem Fall soll die Beschreibung dieser Zauber als Aufforderung verstanden werden, diese Techniken auszuführen und/oder sich durch Raub, Gewalt, Betrug und Mord solche und ähnliche Materialien zugänglich zu machen.* Die heutige Vielfalt an alternativen Zaubertechniken, oder das kreative Abändern einzelner Zaubereien lassen ja wohl genug Möglichkeiten – rudimentäre Intelligenz vorausgesetzt...

Bei vielen Zaubereien müssen Sie das gleichzeitig Gesagte, visualisieren, d.h. Sie stellen sich die Vorgänge gleichzeitig bildlich vor. Wir haben dies nicht immer jeweils extra beschrieben, da dies naturgemäß meist aus den Zaubersprüchen selbst hervorgeht.

Außerdem möchte ich Ihnen ausdrücklich bestätigen, dass viele dieser Sprüche und Zaubereien noch heute - tagtäglich - in Russland und der Ukraine benutzt werden. Vor kurzem erst erzählte man mir von einem Zauber, der in der Kirche – mit Hilfe von Kerzen - ausgeführt und sehr gefürchtet wird. Da für den Verlag u.a. Ukrainerinnen arbeiten, haben wir dies aus erster Quelle erfahren können. Komischerweise halten viele Europäer diese Formen der Magie für Kinkerlitzchen – sie sind den meisten (vermutlich) zu einfach. Wie auch immer – mag jeder selbst seine eigenen Erfahrungen machen – sind sie doch zugleich auch *Grundlage* vieler neuer Techniken. Und das ist vielleicht der interessanteste Aspekt dieser Art der Magie! Schließlich und endlich: nur was erfolgreich war und ist, konnte – durch die Zeit selektiert – am Ende überleben.

Manchmal ist das Deutsche etwas holperig. Das kommt daher, dass eine Übersetzung aus dem Russischen, bzw. aus dem Ukrainischen viel schwerer ist, als eine aus dem englischen. Wir bitten dies zu entschuldigen. Natürlich haben wir die Übersetzung an einigen Punkten geglättet, aber um bestimmte Reimformen und Reimrein-heiten zu erhalten doch manchmal das Original so belassen.

Fast alle Fußnoten (wenn nicht anders angegeben) sind vom Verlag eingefügt! Sie dienen dem besseren Verständnis, soweit erforderlich, oder beantworten manchmal Fragen die uns sowieso oft gestellt werden.

Bohmeier Verlag, Januar 2001

Wenn Sie die Ehe mit einer Frau schließen möchten...

Wenn Sie die Ehe mit einer Frau schließen möchten, sagen Sie folgendes Gebet auf:

„Vater unser in den Himmeln, geheiligt werde dein Name; dein Reich komme; dein Wille geschehe, wie im Himmel so auch auf Erden! Unser tägliches Brot gib uns heute; und vergib uns unsere Schuld, wie auch wir unseren Schuldnern vergeben haben; und führe uns nicht in Versuchung, sondern errette uns von dem Bösen! Denn dein ist das Reich und die Kraft und die Herrlichkeit in Ewigkeit. Amen.“

Danach benutzen Sie folgenden Zauberspruch:

„Herr, unser Heiland Jesus Christus und Heilige Mutter Gottes Maria, alle Heiligen des Herrn und Engel, die Erzengel und die Heiligen Apostel Petrus und Paulus, erhört mein Gebet und erfüllet meine Bitte, die Bitte des Knechtes (Name)[5].

Gebt mir, deinem Knecht (Name) das Herz deiner Dienerin[6] (Name der Angebeteten).

Herr, führe dieses Herz mit wahrhaftigen Gewissen zu mir, deinem Knecht (Name).

Herr, vereinige! So wie du die Apostel Petrus und Paulus für immer vereinigt hast, so vereinige uns und lasse mich, deinen Knecht (Name) mit deiner Dienerin (Name, der geliebten Frau) eine Ehe schließen.“

Einen Zauberspruch gegen Unglück...

Wir schlagen Ihnen einen Zauberspruch gegen Unglück vor:

„Ich dein Knecht (Name) beschwöre, einen jungen Helden gegen einen Zauberer, gegen einen Raben, gegen eine Hexe, gegen einen Greis und eine Greisin.

Ich schicke alle bösen Leute weg von meinem lieben Freund (Name des Freundes). Die bösen Leute mögen im Walde streifen; und solange wie von mir erlaubt, soll niemand ihn mit Schmach bedecken und soll niemand ihn täuschen.“

Benutzen Sie folgenden Zauberspruch, um jemandem Glück mit auf den Weg zu geben:

„Ich (Name), dein Knecht Gottes, beschwöre Schutz, für meinen lieben Freund (Name, des Freundes), damit sein Weg auf ewig und immer gefahrlos ist.

Ein Mensch, der das ganze Gras in der Wiese ausrupfen und verzehren kann, der das Wasser aus dem Meer austrinken kann und sich dabei daran nicht verschluckt, kann mein Wort nicht bezwingen und meinen Zauberspruch nicht annullieren.

---

[5]   (Name) = dies bedeutet im allgemeinen und mehrheitlich, dass Sie dort Ihren Namen einfügen müs-sen/sollten,- oder den Namen des „Opfers“ ihrer Zauberei. Im Folgenden haben wir nur dort, wo Sie einen anderen, als den eigenen Namen einfügen müssen, dies näher erläutert.

[6]   Eigentlich im russischen: „Knechtin“. Aber seltsamerweise – zu unserem eigenen Erstaunen gibt es im Deutschen keine weibliche Form des Knechtes, - außer den der Magd, - den wir aber unpassend fanden. Deshalb übersetzen wir diesen Begriff mit „Dienerin“.

Die Leute, die böse sind und die ihn täuschen, mit Schmach bedecken, verzaubern und verderben würden, können ihn mit ihren Augen nicht sehen. Ich (Name) gebe meinem lieben jungen Freund (Name des Freundes) einen sicheren Weg und einen Pfad, und auch gute Gesundheit in der Zeit der Trennung von mir."

Verschiedene Mittel gegen Impotenz...

Es gibt verschiedene Mittel gegen Impotenz. Wir schlagen Ihnen folgende vor:

Kochen Sie einen grünen Specht mit gesegnetem Salz und essen sie ihn auf nüchternen Magen. Es wäre wünschwert, wenn dieser Specht gerade in der Paarungszeit war.

Atmen Sie den Rauch eines verbrannten Zahns eines Menschen ein, der vor kurzem starb.

Ergießen Sie Ihren Samen (Sperma) durch Ihren Verlobungsring. Diesen Ring soll Ihre (zukünftige) Frau erhalten.

Zaubersprüche gegen Impotenz-Behexungen...

„Im Namen des Vaters, des Sohnes und des Heiligen Geistes, Amen.

Es gibt ein heiliges Meer, auf diesem heiligen Meer liegt eine Insel, auf dieser Insel steht eine Damaszener-Eiche[7]. Diese Eiche hat Damaszener-Wurzeln, Damaszener-Äste und eine Damaszener-Spitze.

Kein Wind kann diese Eiche verbiegen und kein Wirbelsturm kann diese Eiche brechen.

Genau so mögen 70 und eine einzige Sehne deines Knechtes Gottes (Name) vor den schönen Mädchen, den alten Frauen, den jungen Frauen, den aschgrauen Stuten stehen.

Unter dieser Damaszener-Eiche liegt ein Korb mit unbändiger Kraft und Jugend. Ich (Name), bin ein Diener Gottes und nehme diesen Korb mit Kraft und Jugend und bitte dich: lass diese Kraft und Jugend in mein leibhaftiges Herz fließen, in die 70 Sehnen und in eine Herzsehne und in meine einheitliche Kraft hinein.

Auf der Spitze dieser Damaszener-Eiche sitzt ein fröhlicher Hahn, er steht früh auf, hält seinen Kopf hoch und kräht fröhlich; genau so sollen 70 und eine Sehne deines Knechtes Gottes stehen: Sie sollen vor dem weiblichen Geschlecht und vor dem männlichen Geschlecht, vor den jungen Mädchen, vor den schönen Frauen und vor den alten Frauen stehen.

---

[7] Die Übersetzung ist hier nicht ganz eindeutig. Es kann sowohl „Damaszener" als auch „damaszieren" gemeint sein. Natürlich gibt es keine solche Eiche in „natura", sondern nur Damaszener-Stahl (hochwertiger elastischer Stahl, häufig für Klingen benutzt, der durch die Verschweißung und Verdrehung von Stahlstäben entsteht). Es ist aber ganz offensichtlich eine interessante Beschreibung des Phallus im erigierten (bzw. eine Beschwörung für diesen) Zustand. Die Übersetzung ist deshalb nicht ganz eindeutig weil „damaszieren" auch so viel wie „Stahl mit flammiger Musterung versehen, *wie bei* einer Damaszenerklinge" bedeutet.

Bringe den bösen Menschen um, der die Behexung gemacht hat und der schlecht ü-ber mich denkt; schlage seine Knie an einem Stein. Die Sehne deines Knechtes Gottes (Name) möge besser als früher, mutiger als früher, wie ein festes Horn, wie ein Fichtenast stehen; damit dein Diener Gottes (Name) hitzig vor der Frauenlüsternheit und vor ihren Geschlechtsteilen sei, in ewig, Amen."

"Ermutige und richte DIES deines Knechtes Gottes (Name) auf und blase DIES ins blaue Meer hinweg; mit meinem Wort – Amen."

Sagen Sie diese Worte drei Mal und dann lassen Sie Ihren Urin dreimal durch den Verlobungsring.

Wenn eine Frau ihren Mann von Impotenz heilen will...

Besprechen Sie Quellwasser mit diesem Zauberspruch und geben Sie ein bisschen davon einem Mann, der an Impotenz leidet, zu trinken; den Rest dieses Wassers soll man dem Mann dann in der Sauna auf seinen heißen Körper gießen.

"Im Namen des Vaters, des Sohnes und des Heiligen Geistes, Amen. Ich (Name) gehe ins freie Feld und bete zu Jesus Christus, der die Wahrheit und der König des Himmels ist.

Wie ein Eisenstiel eines Mühlsteines nicht fällt, nicht wackelt und nicht umgeworfen wird, so mögen 70 Sehnen und eine Sehne des Knechtes Gottes (Name, des Mannes) stehen; und seine 70 Gelenke mögen sich vor den Geschlechtsteilen der Frauen nicht durchbiegen, sich nicht umwerfen lassen und nicht wackeln; vor aller Zeit und jetzt und in alle Ewigkeit, Amen."

Verschiedene Zauber um schwanger zu werden...

1. Wenn eine Frau schwanger werden möchte, dann soll sie die Körperteile von Tieren oder Vögeln essen, die mit Liebe zu tun haben, also z.B. deren fruchtbare Geschlechtsorgane.

2. Machen Sie Pulver aus einem Hirschgeweih und vermischen Sie dieses mit Kuhmist. Dann rollen Sie eine kleine Kugel daraus. Hängen Sie sich Sie diese Kugel um den Hals.

3. Geben Sie einer Frau die schwanger werden möchte, jeden Morgen eine Tasse Stutenmilch zu trinken. Diese Frau sollte aber nicht wissen, dass es Stutenmilch ist.

4. Nehmen Sie die Saat der Brennnessel, die Sie im August gepflückt haben, und vermischen Sie diese mit schwarzem Pfeffer (3 Teile Brennnesselsaat und 1 Teil Pfeffer). Fügen Sie diese Mischung ins Essen. So können Sie Unfruchtbarkeit heilen.

5. Eine Frau, die schwanger werden möchte, soll am 14. März auf eine schöne Anhöhe gehen. Sie soll ein kleines Glas Wodka (150 Gramm) mitnehmen, den sie vorher mit Brennnesseln angesetzt hat. Sie soll noch drei Lindenspäne und einen Kranz, den sie am 15. August geflochten hat, dabei haben. Auf dem Gipfel der Anhöhe legt sie den Kranz auf den Boden. Ins Innere des Kranzes legt sie die drei Lindenspäne und den Wodka. Dann zündet sie die Späne an und so

lange, wie diese brennen, solange soll sie sich nackt über die Anhöhe hin- und herwälzen und sagen: *„Herr, vergib mir meine Sünden. Schöne Anhöhe, hilf mir, lege ein Kind in meinen Leib!"* Sie sollte auf jeden Fall nackt sein, wenn sie sich hin- und herwälzt. Wenn die Späne erloschen sind, soll sie aufstehen und den Wodka austrinken. Dann nimmt sie den Kranz mit und hängt ihn an die Wand in ihrem Schlafzimmer. Mit der Kohle (den verbrannten Resten der Lindenspäne), soll sie Wodka oder Wasser ansetzen und ihrem Mann zu trinken geben. An diesem Tag dann soll sie mit ihrem Mann Geschlechtsverkehr haben.

Mit Bilsenkraut Liebe finden...

Schwarzes Bilsenkraut[8] ist eine Zauberpflanze. Es hat wenige Blüten und kleine Samenkörner; es riecht übel und ist sehr giftig. Wenn Sie Bilsenkraut bei sich tragen, werden Sie eine große Liebe finden.

Zaubersprüche gegen böse Geister...

Besprechen Sie Wasser mit diesem Zauberspruch drei Mal und benutzen Sie es dann gegen böse Geister:

„Heulsuse! Heulsuse! Du hast lang und viel geweint, aber noch nicht ausgeweint.

Deine Tränen sollen über freiem Feld nicht rinnen, dein Geheul soll übers blaue Meer sich nicht verbreiten.

Sei du zu den bösen Geistern und zu den bösen Halbgeistern und zu den alten Kiewerhexen[9] furchtbar.

Wenn sie, diese Geister und Hexen, sich dir nicht unterwerfen, dann ertrinken sie in den Tränen; wenn sie von deiner Schmach nicht verschwinden, dann werden sie in den Höllengruben verschlossen. Möge mein Wort ewig fest und stark sein, Amen."

Oder sie besprechen das Wasser mit folgendem Spruch:

„Wer unter dem Schirm des Höchsten sitzt und unter dem Schatten des Allmächtigen bleibt, der spricht zum Herrn: meine Zuversicht und meine Burg, mein Gott, auf den ich hoffe.

Denn er errettet mich vom Strick des Jägers und von der schädlichen Pestilenz.

Er wird mich unter seine Fittiche nehmen und Zuversicht wird sein unter seinen Flügeln.

Seine Wahrheit ist Schirm und Schild, dass ich nicht erschrecken muss vor dem Grauen der Nacht, vor den Pfeilen, die des Tages fliegen, vor der Pestilenz, die im Finstern schleicht, vor der Seuche, die mittags verdirbt.

---

[8] Hyoszyamin, Alkaloid einiger Nachtschattengewächse, die u.a. heutzutage als Arzneimittel in der Augenheilkunde verwendet werden (etymologisch griech. hyoskyamos „Saubohne, Bilsenkraut").

[9] Kiew, Hauptstadt der Ukraine, am Fluss Dnjepr, 882-1169 Hauptstadt der russ. Großfürsten (Kiewer Rus), 1240 Zerstörung durch die Mongolen, 1362 an Litauen, 1569 polnisch, ab 1654 gehörte es zum russischen Zarenreich.

Ob Tausend fallen zu deiner Linken und Zehntausend zu deiner Rechten, so wird es doch mich nicht treffen.

Ja, ich werde mit meinen Augen deine Lust sehen und schauen, wie den Gottlosen vergolten wird.

Denn der Herr ist meine Zuversicht; der Höchste ist meine Zuflucht.

Es wird mir kein Übel begegnen und keine Plage wird sich meiner Hütte nähern.

Denn er hat seinen Engeln über mir befohlen, dass sie mich behüten auf all meinen Wegen, dass sie mich auf Händen tragen und ich meinen Fuß nicht an einem Stein stoßen möge.

Auf Löwen und Ottern[10] werde ich gehen, und treten auf junge Löwen und Drachen.

Er begehrt mein, so will ich ihm aushelfen; er kennt meinen Namen, darum will ich ihn schützen.

Er ruft mich an, so will ich ihn erhören; ich bin bei ihm in der Not; ich will ihn erheben und zu Ehren bringen.

Ich will ihn mit langem Leben segnen und will ihm mein Heil zeigen.

Es stehe Gott auf, dass seine Feinde zerstreut werden und die, die ihn hassen, vor ihm fliehen.

Vertreibe sie, wie der Rauch vertrieben wird; wie das Wachs zerschmilzt vom Feuer, so müssen die Gottlosen vor Gott umkommen.

Die Gerechten aber müssen sich freuen und fröhlich sein vor Gott und von Herzen sich freuen.

Singet für Gott, lobpreiset seinen Namen! Macht Bahn dem, der durch die Wüste herfährt – er heißt Herr – und freuet euch vor ihm. Oh lebensspendendes Kreuz des Herrn! Hilf mir zusammen mit der Heiligen Mutter Gottes Maria und mit den Heiligen, auf ewig, Amen."

Eine Kornblume pflücken...

Sie ist eine dunkelblaue, zweijährige Pflanze mit graugrünen Blättern. Die dämonischen Kräfte dieser Pflanze werden stärker, wenn Sie folgende Wörter sagen, bevor Sie eine Kornblume pflücken: *„Schöpfer des Universums, Herr des Himmels, das machtvolle Geschöpf, Pentagrammaton[11], Eie, Eie, Eie. Komm, allmächtiger Heiliger, ewiger Gott, und reinige diese Pflanze durch deinen Heiligen Namen und mit der Hilfe deiner Engel, Amen."*

---

[10]   Ottern sind lebendgebärende Giftschlangen (Vipern).

[11]   Pentagrammaton: Griechisches Wort welches den „fünfbuchstabigen Namen" umschreibet. Den hebräischen Namen von YHShVH - Yeheshuah oder den hebräischen Namen von Jesus, welcher Tetragrammaton genannt wird YHVH (s.o. mit Shin in der Mitte des Namens).

Die Weide heilt viele Übel...

Die Weide ist ein Gras der Venus. Sie reinigt wunderbar das Haus und entfernt viele Übel. Eine Wurzel, die man am Hals trägt, heilt Skrofulose[12], Geschwüre und Ziegenpeter, außerdem hilft sie bei Harnabsonderungen. Sie heilt Hämorrhoiden und Abschürfungen des Mastdarmes, wenn Sie ein Pflaster mit ihr machen und dieses auf die wunde Stelle legen. Wenn Sie den Weidensaft mit Honig und warmem Wasser vermischt trinken, dann haben Sie einen leichten Atem. Die Weide fördert die Sperma-Abgabe, weshalb man sie auch „Liebeskraut" nennt. Wenn ein Mann einen kleinen Weidenast bei sich trägt, ist er im Eheleben immer stark und kräftig. Wenn Sie eine Weide für die Zauberarbeit brauchen, dann dürfen Sie diese nur bei Sonnen- oder Monduntergang ausgraben oder pflücken, damit sie niemand dabei beobachten kann. Davor legen Sie Honigwaben[13] auf die Erde und ziehen einen Kreis um die Weide. Erst dann schneiden oder brechen sie die Weide mit der linken Hand ab oder ziehen sie aus dem Boden.

Besprechen von Wasser zur Heilung...

Besprechen Sie Wasser mit diesem Zauberspruch und nehmen Sie es dann als Arznei ein:

„*Es werde eine Feste zwischen den Wassern, und die sei ein Unterschied zwischen den Wassern. Da machte der Gott die Feste und schied das Wasser unter der Feste von dem Wasser über der Feste. Und es geschah also. Und Gott nannte die Feste Himmel. Da ward aus Abend und Morgen der andere Tag. Und Gott sprach: Es sammle sich das Wasser unter dem Himmel an besonderen Orten, dass man das Trockene sehe. Und es geschah also. Und Gott nannte das Trockene Erde, und die Sammlung der Wasser nannte er Meer. Und Gott sah, dass es gut war. Und Gott sprach: Es werden Lichter an der Feste des Himmels, dass sie scheinen auf Erden. Und es geschah also. Und Gott machte zwei große Lichter: ein großes Licht, das den Tag regiere, und ein kleines Licht, das die Nacht regiere, dazu auch Sterne. Und Gott setzte sie an die Feste des Himmels, dass sie scheinen auf die Erde und den Tag und die Nacht regierten und schieden Licht und Finsternis. Und er sah, dass es gut war.*"[14]

Sie dürfen auch noch andere Zaubersprüche benutzen, wie z.B.:

„*Dies ist kein einfaches Wasser, dies ist Wasser voller Leben – es läuft überall durch und nimmt jede Krankheit und jede Infektion hinweg.*"

Wiederholen Sie diesen Zauberspruch 7 mal und geben sie dieses Wasser dann einem Kranken zu trinken.

---

[12] Skrofulose ist eine tuberkulöse, allergische Reaktion, die im Kindesalter mit Schwellungen der Lymphknoten und Katarrhen der oberen Luftwege einher geht.

[13] Erhalten Sie beim Imker.

[14] Vergleiche hierzu z.B. Lutherbibel 1. Mose 1,6 ff.

Folgenden Zauberspruch benutzt man, wenn man einen bestimmten Kranken heilen will:

„Ich (Name), als der Diener Gottes, verhexe den Diener Gottes (Name des Kranken), die Dienerin Gottes, ein kleines Kind, durch dieses Quellwasser!

Wasche und spüle kein steiles Ufer, aber wasche den Diener Gottes (Name des Kranken), die Dienerin Gottes, ein kleines Kind und spüle alle Behexungen und die Unruhe weg.

Bei dem Morgenrot, bei dem Abendrot, bei der roten Sonne, bei dem gelben Mond, bei den leuchtenden Sternen spüle von den Beinen, von den Händen, von den Gelenken, vom Kopf, von dem weißen Körper, von den gelben Knochen, von den hellen Augen, von den schwarzen Augenbrauen, von dem leibhaften Herzen deines Knechtes Gottes (Name des Kranken) alle Krankheit und Schaden hinweg, damit dieser Diener Gottes, diese Dienerin Gottes, ein kleines Kind keine Schmerzen mehr habe.

Spüle von der Leber, von den Nieren, von den Lungen weg, damit die Knochen nicht brechen.

Heilige Mutter Gottes, Heilige Gott gebärende Maria mit deinem wahrhaftigen Kreuz am Herzen, hilf diesem Diener Gottes (Name des Kranken), dieser Dienerin Gottes, und einem Kleinen Kind vor aller Zeit und jetzt und in allen Ewigkeiten, Amen. Seien meine Wörter kräftiger, besser, stärker als ein Stein und stärker als ein Damaszener-Messer. Amen, Amen, Amen. "

Um einem Menschen viel Schaden zuzufügen...

Um einem Menschen viel Schaden zuzufügen, tun Sie folgendes: Nehmen Sie Wasser, mit dem ein Toter gewaschen wurde, und bespritzen Sie damit die Tür, den Vorbau vor dem Hauseingang, die Türschwelle, die Türklinke und den Rücken des Menschen, den Sie hassen und dem Sie viel Schaden zufügen möchten. Wenn Sie dieses machen, verhalten sich alle zu diesem Menschen wie zu einem Toten: sie sind gleichgültig ihm gegenüber und meiden die Begegnung mit ihm. Die Seife, mit der ein Toter gewaschen wurde, benutzt man zu dem gleichen Zweck. Geben Sie diese Seife einem Menschen, den Sie hassen, damit er sich seine Hände damit wäscht, und danach bestreicht man mit der restlichen Seife die Tür seines Hauses.

Figürchen für die Behexung (Voodoo)...

Hiermit ist ein Figürchen oder ein Ding gemeint, das in Wechselbeziehung mit einer Person steht, die man behexen möchte. Man macht dieses Figürchen aus Wachs[15], und zwar so, dass es möglichst große Ähnlichkeit mit dem Behexungsobjekt[16] hat.

---

[15] Das Wachs mehrerer Kerzen in einem Topf erhitzen und verflüssigen lassen. Sobald es abkühlt kann man auf einfache Weise einen Körper daraus formen. Natürlich kann man sich, wenn dergleichen Zauber eine individuelle Vorliebe darstellen, auch eine Form (besser: zwei, für hinten und vorne) anfertigen, in die man das heiße Wachs dann nur noch hineingießt.

[16] Man kann z.B. Narben die ein Mensch hat und von denen man weis, in dem Wachs andeuten. Auch Tätowierungen oder Leberflecke anzudeuten, usw. ist möglich. Für weitergehende Informationen ü-

Wenn man ein solches Figürchen anfertigen will, soll man dafür Kleidung, Haare, Fingernägel, Blut, Speichel und/oder den Urin des Behexungsobjekts verwenden.[17] Damit die Verbindung zwischen dem Figürchen und dem Behexungsobjekt aufgenommen wird, arbeitet der Zauberer ein paar Tropfen Weiholivenöl oder ein Stückchen Hostie in das Figürchen mit ein. Diese Komponenten benutzt er, um die guten Geister von dem Behexungsobjekt abzulenken. Wenn es möglich ist, nimmt man Kleidung, die das Behexungsobjekt lange getragen hat, und aus dieser näht man dann eine Bekleidung für das Figurchen; dann bekreuzigt man dieses Figurchen und gibt ihm den Namen des Behexungsobjekts. Wenn man dem Figürchen einen Schlag oder eine Schnittwunde versetzt, dann strahlt dies alles auf das Behexungsobjekt ab (ein Behexungsobjekt bekommt die gleichen Wunden und Schläge). Wenn man ein Figürchen für eine Behexung macht, darf man dafür auch Tierherzen oder die Statue eines Heiligen benutzen.

Es gibt noch eine andere Methode. Nehmen Sie einen Frosch und binden Sie ihn mit Haaren des Behexungsobjekts zusammen. Dann sagen Sie den Zauberspruch Ihrer Wahl (in diesem Buch können Sie verschiedene Zaubersprüche für Behexungen finden) und bespucken Sie diesen Frosch. Danach vergraben Sie ihn unter der Türschwelle des Hauses, in dem das Behexungsobjekt wohnt.

Wenn Sie möchten, dass Ihr Feind zu Ihrem Freund wird...

Wenn Sie möchten, dass Ihr Feind zu Ihrem Freund wird, gehen Sie vormittags zur Kirche, kaufen Sie dort eine Kerze und umwickeln sie diese mit einem schwarzen Faden (von unten nach oben), und zwar so, dass dieser Faden dabei in den Wachs einschneidet. Stellen Sie diese Kerze vor ein Heiligenbild des Johannes-Kriegers und sagen Sie: *„Johannes-Krieger, Vater! Du hast die feindlichen Armeen besiegt, bezwinge das Herz meines Feindes (Name des Feindes)."*

Nach diesem Zauberspruch verbeugen Sie sich 9 mal.

Zauber um die Treue einer Frau überprüfen...

Nehmen Sie ein Eulenherz, wickeln Sie es in ein Tuch ein und legen Sie es zur Linken Ihrer Frau. Ihre Frau erzählt Ihnen im Schlaf alles, was sie während Ihrer Abwesenheit gemacht hat.

Keine Hexe und kein Geist kann in ihr Haus eintreten...

Wenn Sie möchten, dass keine Hexe oder kein böser Geist in Ihr Haus eintreten kann, sollten Sie folgendes machen: Setzen Sie in jeden Fensterrahmen und in die Tür vier Rasiermesser ein (ein Rasiermesser soll in jeder Seite eines Fensterrahmens und einer Tür sein; die Rasiermesser sollen so eingesetzt werden, dass sie ein Kreuz bilden). Dann pflücken Sie Beifuß, Distel, Knoblauch und Brennnessel und hängen

---

ber diese Technik verweisen wir auf das Buch: *Chaos & Hexenzauber* von Nick Hall, Bohmeier Verlag

[17] Sollten ihnen diese Dinge nicht zur Verfügung stehen, können Sie auch ein Bild desjenigen verwenden.

Sie diese im Haus an die Decke. Wenn Sie nicht möchten, dass diese Kräuter offen herumhängen, so dass jeder sie sehen kann, dann können Sie diese auch an einen ruhigen Platz legen.

Wie sie sich an Ihrem Beleidiger rächen...

Wenn Sie beleidigt worden sind und sich an Ihrem Beleidiger rächen möchten, nehmen Sie Erde von einem frischen Grab und geben[18] Sie diese einem Zauberer. Der Zauberer wirft die Erde in Richtung des Hauses, in dem Ihr Beleidiger wohnt; er kann auch die Türschwelle oder das Haus des Beleidigers mit ihr bestreuen. Dabei soll er sagen:

„Kulla, Kulla[19]! Blende den Menschen (Name des Menschen, der dich beleidigte), der die (Farbe einsetzen: schwarzen, blauen, grauen, weißen, roten) Augen hat. Lasse seinen Bauch dicker als einen Kohlebunker anschwellen, trockne seinen Körper mehr als Wiesengras aus. Quäle ihn zu Tode, schneller, als eine Blindschleiche stirbt."

Was man gegen eine angehexte Verstopfung tut...

Ein Zauberer nagelt einen Eisen- oder Holznagel in einen Zaun, der in der Nähe des Hauses jener Person steht, das man sich als Opfer für diese Hexerei ausgewählt hat. Dabei sagt er folgenden Zauberspruch (siehe weiter unten).

Der Zauberer sagt diesen Zauberspruch drei Mal auf und nach jedem Mal leckt er sich sein Gesicht ab und spuckt danach auf die Erde aus.

Man benutzt diese Zaubermethode, damit das Behexungsopfer sich nicht entleeren[20] kann. Wenn diese Behexung mit Ihnen gemacht wurde und Sie diese Behexung entfernen möchten, dann sollten Sie morgens früh in den rechten Schuh spucken, dann diese Schuhe anziehen und sagen:

„Ich beiße und ich beruhige und stille 12 Muttermale deines Knechtes Gottes (Name): die Nabel-, die Herz-, die Ader-, die Knochen-, die Hände-, die Augen- und die Innenmuttermale; und ich stille und beruhige auch einen Schwätzer und einen Heulpeter. Wie ein Toter aus seinem Grab nicht zurückkommt, so sollen sich 12 Muttermale deinem Diener Gottes (Name) niemals zeigen, für ewig und immer."

---

[18]   Natürlich können Sie diese Hexerei auch selbst ausführen.

[19]   Der Ausruf scheint merkwürdig. *Kullak* nannte man die wohlhabenden russischen Bauern in der Zeit vor dem Bolschewismus. Allerdings ist nicht klar ob diese verwandte Schreibweise hier wirklich von Bedeutung ist. Da allerdings die Behexungen und Zaubereien hauptsächlich von der Landbevölkerung ausgeführt wurden und höchstwahrscheinlich eher höhergestellte Menschen niederere beleidigten, ist ein Zusammenhang zumindest nicht auszuschließen.

[20]   D.h. Verstopfung ist die Folge!

Die Behexung durch einen Goga (Sigill)...

Dies ist ein Ding, das man ausschließlich für Behexungen benutzt. Man vergräbt es an einem Ort, an dem sich das Behexungsopfer oft aufhält. Dabei sagt man den entsprechenden Zauberspruch (finden Sie im Buch weiter unten).

Meistens macht man ein Goga auf Papier: Man schreibt auf das Papier die magischen Wörter (möglichst) mit Blut, dann legt man auf dieses Papier die Fingernägel des Opfers, faltet es und bindet es mit den Haaren des Opfers zusammen. Wenn man nicht in der Lage ist, sich diese Dinge von seinem Opfer zu besorgen, dann hat man noch folgende Alternative: Man nimmt einen Frosch, sagt einen Zauberspruch und vergräbt ihn unter die Türschwelle des Hauses, wo das Behexungsopfer wohnt.

Verführen sie mit Inula ihre Liebesperson...

Dies ist eine vieljährige Pflanze mit goldgelben Blüten. Man benutzt sie als Liebesmittel. Am 11. September, vor dem Sonnenaufgang, pflücken Sie diese Pflanze, wickeln sie in ein dünnes Tuch und tragen es neun Tage am Herzen; dann lassen Sie diese Pflanze (nach)trocknen, zerreiben Sie die Reste zu Pulver und vermischen es mit zerkleinertem Schwefel und Weihrauch. Dann bestreuen Sie mit dieser Mischung die Blumen, die Sie Ihrer Liebesperson schenken möchten. Sie können diese Mischung auch in die Kleidung einnähen.

Wahrsagen Sie das Geschlecht ihrer Kinder...

Damit Sie das Geschlecht Ihres zukünftigen Kindes bestimmen können, tun Sie folgendes:

1. Das Geschlecht des ersten Kindes: Eine Mutter soll die Mondlage bei ihrer Geburt wissen; man kann diese Information in einem Kalender der Geburtsjahre finden. Wenn innerhalb von neun Tagen nach der Geburt der Mutter Neumond war, dann wird das zukünftige Kind das weibliche Geschlecht haben. Im anderen Fall – das männliche.

2. Das Geschlecht der anderen Kinder: Finden Sie im Mondkalender die Geburt Ihres letzten Kindes. Wenn innerhalb von neun Tagen nach der seiner Geburt Neumond war, dann hat das nächste Kind das entgegengesetzte Geschlecht.

Wie Sie zum Einzug in ein Haus, Hausgeister einladen...

Wenn Sie in einem neuen Haus ein glückliches Leben führen wollen, dann sollten Sie einen Hausgeist zu Ihrer Einzugsfeier einladen. Sie können dies so machen:

Wenn Sie in eine neue Wohnung (oder in ein neues Haus) einziehen, sollen Sie sich zuerst in Ihrer alten Wohnung vor jedem Winkel verneigen und dabei sagen: *„Herr, Hausherr![21] Komm in meine neue Wohnung mit, zum Leben, zum Sein, zum Reichtum."*

---

[21] Mit *Hausherr* ist der *Hausgeist* gemeint.

Wenn eine Frau in eine neue Wohnung eintritt, soll sie ein Heiligenbild, ein Brot und eine Katze mitbringen und sagen: *„Das ist für dich, Hausherr; ein zottiges Tier ist für den reichen Hof."*

Sobald Sie in ihre neue Wohnung eingezogen sind, sollten Sie die erste Scheibe Brot, die Sie beim ersten Essen in der neuen Wohnung abgeschnitten haben, im rechten Winkel auf dem Dachboden vergraben; dabei sagen Sie: *„Ernährer, Ernährer! Komm in unsere neue Wohnung, damit das Brot das wir dir hier zu essen geben, dazu führt, dass du auf mich, (Name) hören wirst."*

Zaubersprüche für das Kaufen von Vieh...

Wenn Sie das Vieh schon gekauft haben, sollten Sie mit dem Verkäufer zu Gott beten. Wenn Sie ein Gebet aussprechen, sollen Sie dabei das Vieh dreimal um sich selbst herumführen (Dabei dürfen Sie den Zügel nicht ohne Handschuhe[22] halten) und währenddessen sagen Sie: *„Das ist für dich, Hausherr, ein zottiges Tier für den reichen Hof; gib ihm Essen und Trinken, streiche dieses mit einem Handschuh."*

Wenn Sie Rinder in den Stall führen, verneigen Sie sich vor jedem Winkel im Stall und sagen Sie dabei: *„Das ist für dich, Hausherr, ein zottiges Tier (der Rufname des Tieres); liebe dieses und gib ihm Essen und Trinken."*

Wenn Sie Rinder auf einen neuen Hof führen, soll der Hausherr sagen: *„Ein Ernährer-Vater, eine Amme-Mutter, Hausherr, liebt ihr diese Tiere (die Rufnamen der Tiere), wie ich sie liebe."*

Schwarze Drossel

Nehmen Sie ein Drosselherz und legen Sie es unter das Kissen Ihrer Liebesperson; dann können Sie hinter ihre Geheimnisse kommen.

Wenn die Geister sich eigenwillig zeigen...

Diese Methode benutzt man, wenn die Geister sich eigenwillig zeigen: Finden Sie einen Ast und legen sie diesen dann auf den Fußboden (zwischen den Brettern). Zeichnen Sie mit dem Ringfinger ein Dreieck um diesen Ast herum.

Den Teufel aus Ihrem Haus vertreiben...

Sie können den Teufel aus Ihrem Haus wie folgt vertreiben:

Nehmen Sie eine silberne Münze und sagen Sie folgenden Zauberspruch: *„Wir schneiden euch zusammen, wir entkräften und vertreiben euch, ihr verdammten und für alle Ewigkeit verurteilten Teufel.*

Wir vertreiben euch mit den Worten: Messia, Emmanuil, Sabaoph, Adonaja, Aphanatost, Ischorost und Tetragrammaton; wir vertreiben euch aus jedem Platz, wo die-

---

[22] Naturgemäß sind viele Zaubersprüche für uns etwas uneinsichtig, wenn man die Hintergründe nicht kennt: Handschuhe waren zu dieser Zeit immer noch ein Zeichen von Reichtum. Dies ist dadurch begründet, dass im Mittelalter nur privilegierte Personengruppen (Adel, usw.) Handschuhe tragen durften.

se Münze liegt; und ihr habt keine Macht, dem Körper eines Einwohners durch die Pest zu schaden; geht ihr, Verdammte, in die Hölle des Feuers; weichet in die vorbereiteten Abgründe zurück, wagt nicht, hier zu erscheinen.

Al dies befiehlt euch der Gott-Vater, der Gott-Sohn und der Gottes-Heiliger-Geist. Weichet ihr, verdammte Teufel, zurück; im Namen unseres Herrn Jesu Christi, der kommt, um die lebendigen und die toten Menschen und das ganze Weltall durch das Feuer zu verurteilen. Amen."

„Gehe hinweg, Teufel, von dem Tempel und von diesem Haus, von der Tür und von allen vier Winkeln weg.

Es gibt hier kein Teil und kein Mitgefühl, keinen Platz und keine Ruhe für dich; hier befindet sich das Kreuz Gottes, die Mutter Gottes, die Heilige Maria, der Heilige Petrus, die Heiligen Evangelisten: Johann, Lukas, Markus, Matthäus, der Heilige Erzengel Michael, Gabriel, Raphael, Urael, Juda, Barachael.

Die Kräfte des Himmels frohlocken hier, weil hier die Heiligen Seraphim und Cherubin und der Heilige Michael sind. Hier führt der Heilige Petrus das Regiment und hier findest du, Teufel, keine Teilnahme und kein Mitgefühl, keinen Platz und keine Ruhe; mache, Teufel, kein Übel an diesem Platz und diesem Haus, diesen Menschen und diesem Vieh, und jedem Diener Gottes.

Gehe in die Hölle des Feuers, weil in dieser Hölle dein wahrhaftiges Obdach ist; dort sollst du wohnen. Mein Wort ist stark wie ein Stein, Amen, Amen, Amen."

Um sich gegen böse Geister und den Teufel zu verteidigen...

Um sich gegen die bösen Geister und den Teufel zu verteidigen, besprechen Sie Wachs mit dem folgenden Zauberspruch und kleben Sie diesen danach an Ihr Kreuz. Tragen Sie dieses Kreuz immer bei sich, denn es verteidigt Sie gegen böse Geister:

„Bekreuzige dich, Diener Gottes (Name), mit dem lebensspendenden Kreuz vorn und hinten. Das Kreuz ist bei mir (Name), einem Diener Gottes, das Kreuz ist vor mir, das Kreuz ist hinter mir, das Kreuz ist ein Sieger über den Teufel und meine Feinde.

Gehe, Teufel, und geht ihr, böse Geister, von mir (Name), einem Diener Gottes, weg. Ihr könnt die Kreuzkraft sehen, die euch wie ein Blitz versengt.

Jesus Christus und die Kraft des Himmels: Michael, Gabriel, Urael und Raphael, die Engel und die Erzengel, die furchtbaren Seraphim, die Kräfte Gottes, der Thron und die Mächte sind unweit von mir; und sie sind mir ergeben und sie schützen meinen Körper und meine Seele durch die Heilige Taufe. Die dunklen Kräfte stehen weit von mir, weil 60 Engel Gottes diese vertreiben.

Ich bete zur Heiligen Maria, welche die Mutter unseres Gottes Jesus Christus ist, vergib mir, einem sündigen Diener Gottes (Name), vor aller Zeit und jetzt und in allen Ewigkeiten, Amen."

Lerche

Wenn Sie immer eine getrocknete Lerche bei sich tragen, haben Sie stets großen Erfolg. Wenn Sie ein Lerchenauge in Wolfsfell einwickeln und dann immer bei sich tragen, dann erscheinen Sie anderen gegenüber als nett und demütig.

Damit Ihre Wünsche in Erfüllung gehen...

Damit Ihre Wünsche in Erfüllung gehen, nehmen Sie ein neues Pergamentpapier und schreiben auf beide Seiten folgende Worte:

„Adam-Eva! Wie der allmächtige Schöpfer euch im irdischen Paradies, im Heiligen Platz, unzertrennlich und gegenseitig vereinigt hat, so sei das Herz eines Menschen, an den ich (Name) mich wende, wohlwollend zu mir; dieser Mensch soll meine Bitte nicht abschlagen. Eli+Eli+Eli."

Verbrennen Sie dieses Pergamentpapier dann und sammeln Sie dessen Asche ein. Schütten Sie die Asche danach in ein Tintenfass, dass Sie gerade mit frischer Tinte aufgefüllt haben. Vorher sollten Sie die Tinte mit sieben Tropfen Muttermilch einer Frau vermischen, die gerade ihr erstes Kind stillt. Sie sollten auch eine Prise Magnetpulver hinzufügen. Wenn Sie nun einen Brief schreiben möchten, benutzen Sie eine neue Schreibfeder; und der Mensch, dem Sie einen Brief mit dieser Tinte schreiben, wird Ihnen Ihre Wünsche erfüllen.

Schutz vor bösen und ungewollten Einflüssen...

Eisen kann einen heimlichen Einfluss entfernen: wenn Sie also die böse Absicht eines Menschen fühlen, nehmen Sie ein Stück Eisen in die Hände. Wenn Sie allerdings ein Zauberer sind, sollten Sie möglichst selten mit Eisen zu tun haben.

Wenn jemand eine böse Absicht gegen sie hegt, machen Sie folgendes: Nehmen sie einen Dolch oder einen Säbel und vergraben Sie ihn so, dass sich der Handgriff unter der Erde und die Klinge über dem Erdboden befindet. Dann gehen Sie um den Dolch herum und sagen: *„Die schöne Sonne ist aus dem Meer heraus gerollt, der Mond geht über einer Steinstadt auf; in dieser Stadt hat meine Mutter mich geboren und als sie mich gebar, sagte sie: 'Mein Kind! Sei du heil und unversehrt; kein Pfeil und kein Schwert, kein Kämpfer und kein Soldat verletze dich.'*

Meine Mutter hat mir einen Gürtel mit einem Schwert angelegt. Drehe dich und wirbele, drehe dich und wirbele, mein Schwert, wie ein Mühlstein sich dreht; zerstöre und zerbröckle den Stahl, das Eisen und das Kupfer; breche und schlage das Fleisch und die Knochen durch; die Feindesschläge machen dir keine Scharte und keine Kratzer. Ich (Name) sage diesen Zauberspruch, als ein Diener Gottes und lege einen Gürtel mit einem Schwert an. Dies ist das Ende und meine Sache ist nun fertig."

Besprechen Sie Kleidung mit diesem Zauberspruch und geben sie diese dann einem Menschen anzuziehen, damit dieser unversehrt bleibe: *„An einem Wolgaufer, in einem hohen Bojarenhaus, steht eine schöne junge Frau, sie steht und schminkt sich, sie prahlt den guten Menschen, sie brüstet sich mit der Kampfeskraft:*

*sie hält in der rechten Hand die Bleikugeln, in der linken Hand hält sie die Kupfer-
kugeln und zwischen den Beinen, – die Steinkugeln.*

*Nimm du, - schöne junge Frau, ihnen ihre Flinten weg und nagele die türkischen,
die tartarischen, die deutschen, die tscherkessischen, die mordwinischen (Name, je
nach Bedarf) Feindesflinten zu. Wenn die Feinde mit den Flinten schießen, seien ihre Kugeln keine Kugeln; schicke diese in den feuchten Erdboden, ins freie Feld. Als
ein Diener Gottes (Name, des zu Schützenden) sei er[23] heil und unversehrt im Krieg
und sei sein Pferd[24] heil und unversehrt. Und seine Kleidung sei härter als Panzer.*

*Ich verschließe meine Zauberformel mit einem Schloss und ich werfe den Schlüssel
ins Meer; ich lege ihn unter den heißen Stein namens ´Alater[25]´. Denn wie das Meer
nicht hören, wie ein Schlüssel nicht verraten, wie ein Stein nicht sehen, so kann keine Kugel den Diener Gottes (Name, des zu Schützenden) treffen, ewig. Amen."*

Folgenden Zauberspruch benutzt ein Mann[26], der in den Krieg zieht: *„Ich gehe
auf das freie Feld und setze mich auf eine grüne Wiese. Dort, auf der grünen Wiese
gibt es ein Kraut, das sichtbare und unsichtbare Kraft hat. Dort pflücke ich drei
Halme: einen weißen, einen schwarzen und einen roten Grashalm.*

*Ich werfe den roten Grashalm auf die andere Seite des Meers, auf die Insel Bujan[27],
unter ein Schwert.*

---

[23] Oder: *sie* – Hier wird (natürlich) davon ausgegangen, dass die zurückbleibende Frau ihren in den
  Krieg ziehenden Mann beschützen will.

[24] Oder: ein anderes Fortbewegungsmittel.

[25] Die *A´lat*, sind sibirische (im asiatischen Teil von Russland) Hausgeister der Keten/Jenissejer, die in
  menschengestaltigen Puppen (ähnlich wie im Voodoo die „Opfer" durch Puppen) dargestellt wurden.
  Aber hier ist nicht ganz klar ob wirklich dieser Begriff gemeint ist, denn es könnte auch eine russische Variante der Weltregentin und Königin der Unterwelt *Ale* oder *Ala* sein (Nigeria), die sowohl
  die Fruchtbarkeit als auch den Tod symbolisiert. Sie wird oft dargestellt als Mutter mit Kind. Später
  im Buch wird gesagt, dass der Stein am/beim Fluss Jordan liegt. *Alater* = אלהת (im hebr. von rechts
  nach links zu lesen) stammt ab von *Ala* = אלה was u.a. *einen Fluch aussprechen*, *falsch schwören* und
  jemandem eine Verfluchung auferlegen bedeutet, und von *AL* = אל, *Gott*.

[26] Oder: eine Frau, die in den Krieg zieht... – Wir verweisen noch einmal auf unser Vorwort.

[27] Wir sind doch noch fündig geworden und empfehlen Ihnen die folgende (in Englischer und Russi-
  scher Sprache) Internetseite http://www.openweb.ru/rongo/tmtrkn.htm#NIKON
  Inzwischen haben wir erfahren, dass es diesen Ort wirklich gegeben hat: Es geht hier um *Tmutara-
  kans* (Orts)Geschichte - Dieser Ausdruck bedeutet *das Heulen der Schwärze* und beschreibt die *Mutter der See und des Todes* im Vor-Slavischen. Diese antike Formulierung wurde in den russischen
  Feen-Geschichten über *Mar'ya-Morevna*, *Mar'ya (Mary)* des Meeres konserviert. Nach vielen Jahren
  wurde dieser Ortsname in *Tamatarha* umgewandelt. Für lange Zeit lebten die Russen in der Stadt
  (Festung, bzw. Burg) *Tamatarha* auf einer Insel, die durch das Schwarze Meer, einer Meerenge und
  die zwei Arme des Flusses *Kuban* ausgewaschen wurde. Manchmal wurde diese Festung auch
  Samkrz genannt, bestehend aus dem russischem *zamok* (der Festung) und *ros* (Russen, bzw. rus-
  sisch). Das russische Fürstentum *Arsa* bestand im 9. Jahrhundert entsprechend arabischen Quellen
  und stand mit dieser Stadt im Verbindung. Heute ist hier *stanitsa Taman (the Taman' Peninsula,
  Krasnodar Territory, Russia).*
  Der Name des Flusses *Kuban* wird als *Oukrouh (Ukruh)* im Buch „De Administrando Imperio"
  durch den byzantinischen Kaiser Constantine VII ‚Porphyrogenitus erwähnt.

Ich stecke den weißen Grashalm in meinen gemusterten Gürtel, an dem ein Köcher mit einem glühenden Pfeil befestigt ist. Diesen Pfeil habe ich von meinem Vater, der ihm von meinem Großvater bekam.

Ich rolle den schwarzen Grashalm unter einen schwarzen Raben, der ein Nest in den sieben Eichen gebaut hat und im Nest liegt ein Schlachtzügel von einem Heldenpferd.

Der rote Grashalm gibt das Schwert dem Diener Gottes (Name), der schwarze Grashalm nimmt den Schlachtzügel herunter, der weiße Grashalm öffnet den Köcher mit dem glühenden Pfeil.

Mit diesem Schwert schlage ich die grüne Kraft ab.

Aber es ist das alte Kirchen-Slawisch, das *ukruh, 'das vom Brot'* rund ist, bedeutet. Dies deshalb weil die Griechen damals Getreide in diese Gegend exportierten. Andere meinen, dass im ersten Fall die Bezeichnung im russischem *'burlit'* mit dem *'seethe'* verglichen werden kann, das mit dem Wort *'burya'* (= Sturm) zusammen gehört.

Die zweite Bezeichnung kann dem alten russischen Wort *'let'* entsprechen und aus dem Sancrit *'ati'*, was *'überqueren, durch; zu dieser Seite'* bedeutet, entnommen werden. So beschreiben diese Namen die klimatischen Verhältnisse dieses Platzes und seine Rolle als Verwaltungs- und Kontrollpunkt. Es ist insbesondere deshalb vom Interesse, weil dieses *ostrov Buyan*, als die Insel der Stürme in der russischen Folklore dargestellt wird. Das fantastische *ostrov Buyan, die Insel der Stürme* ist also die Insel *Tmutarakan*. Dies ist eine gültige Deutung, weil nach Ansicht der alten griechischen und römischen Historiker, das Klima an dieser Stelle eisig und frostig war. Unzählige Russische Anziehungszauber beginnen deshalb mit den Worten: *Na more na Okiane, na ostrove na Buyane... = Auf dem See Okian, bei der Insel Buyan...* Um diesen (See) zu lokalisieren müssen wir uns weitere Zauberverse ansehen. Einer informiert darüber, das der Stein *Latyr* [*Alatyr*] im Meer *Kiyan* [*Okiyan*] liegt, und der Altar der heiligten Mutter des Gottes wird nahe diesem Stein aufgestellt. Zu dieser Eigenschaft passt die Beschreibung von *Tmutarakan*, wie der *Monastery* und die Kirche, die für die heilige Mutter des Gottes gebaut wurde, nahe der Stadt *Tmutarakan*. Genauso wie die Kirche für die heilige Mutter des Gottes errichtet vom Prinzen *Mstislav* (nach 1022) in der Stadt waren.

In einem Zauber namens *Molitva na prognanie ot vsyakogo zla (= Das Gebet für die Erscheinung eines jeden Teufels)* werden die Namen von Engeln erwähnt: Egor, Salevanil, Gromozhanil. Der erste und zweite Namen entsprechen dem griechischem *egeiro (= das herausstoßen des Höllenlärms), saleyo (aufhetzen, tatsächlich durchschütteln)* und der dritte Name *Gromozhanil*, ist die verzerrte Form des Ausdruckes *Grom Zenos (= der Donner des heidnischen Gottes Zeus)*. So sind/wurden diese „*Namen*" eine andere Kennzeichnung des *ostrov Buyan (der Insel der Stürme)*, also der Insel *(des Tmutarakan)*. Dann werden weitere Namen von Engeln genannt: Anutarasiy, Vosilutar, Espfedar, Naaket pervenets usw. Dies führt zu anderen entstellten Griechisch- Russischem Text: *O, König von der Insel der Stürme, König von Tmutarakan. Der Platz der Stürme, der Abend, der Kampf* ist synonym mit dem Griechischen *Tartaros*. Die Alte Russische Tartaren-Hölle oder die *Unterwelt*.

Bei wieder einen anderen Zauber wird beschrieben: Es ist allgemeines Wissen, das Prinz *Aldey krepok* Tribut forderte, von den *Kasogs* (den Vorfahren der modernen *Circassians*) und diesen auch auf andere Länder legte. Er wurde jedoch von einem griechischen Beamten vergiftet. Das Überraschende an der Sache ist, dass der Name seiner Frau, *Tsaritsa Elena (= die Königin Elena)*, in einem anderen Zauber gegen Schlangenbisse erwähnt wird. Als der Prinz verstarb, aber die Prinzessin überlebte, wurde solch eine Formel zusammengesetzt. Zweifellos lebte diese Königin am Meer *Okiyan*, auf der Insel *Buyan*, auf dem weißen brennenden Stein *Alatyr'* (bel goryuch Alatyr).

Das Wort *Alatyr* ist mit den griechischen *alaotys (= blind machenden)* vergleichbar und korrespondiert u.a. mit dem russischen *Tmutarakan*. So wie der Ausdruck *bel goryuch kamen' Alatyr'* mit dem russischen Sprichwort *Sverchok tmutarakan pobedil (Die Sonne schlägt die Dunkelheit, eine Sonnenfinsternis)* korrespondiert.

Mit diesem Zügel finde ich ein wütendes Pferd.

Mit diesem Köcher und mit dem glühenden Pfeil schlage ich den Feind.

Ich sage diesen Zauberspruch für einen Schlachten-Mann[28] (Name), der im Krieg ist. Mein Zauberspruch ist stark wie Stein."

Perlen wirken auf einen Menschen...

Eine Perlenkette macht einen Menschen, der sie trägt, keusch. Wenn Sie die Perlen zu Pulver zerreiben, mit Milch vermischen und dies dann trinken, mildert diese Mischung Ihr reizbares Temperament.

Wenn Sie die Perlen mit Zucker vermischen und dann als eine Arznei einnehmen, können Sie verschiedene Fieber damit heilen.

Wählen sie sich einen Bräutigam...

Wenn Sie möchten, dass ein Mann Sie freit, sollen Sie folgendes machen: Sobald ein Mann, den Sie sich als Bräutigam erwählt haben, zu Ihnen kommt, waschen Sie die Spitzen Ihrer Schuhe mit Wasser; dann waschen Sie mit demselben Wasser Ihre Hände und Ihr Gesicht; während Sie sich waschen, sagen Sie: *„100 Bräutigame folgen dir auf dem Fuße und kommen zu mir."* Sobald dieser Mann ihr Haus verlässt, fegen Sie seine Spuren mit einem Besen fort und sagen die gleichen Worte noch einmal.

Frauenkrankheiten heilen...

Man sagt, dass Gold verschiedene Frauenkrankheiten heilen kann, weshalb Sie immer einen Goldring oder eine Goldkette tragen sollten, denn dann können Sie einigen Krankheiten vorbeugen. Wenn Sie ein Goldstück in die Scheide hinein legen, können Sie einer unerwünschten Schwangerschaft vorbeugen.

Wenn eine Frau mit ihrem Mann unzufrieden ist...

Wenn eine Frau mit ihrem Mann nicht zufrieden ist (hier ist Geschlechtsverkehr gemeint), dann soll sie das Knochenmark aus dem linken Bein eines Wolfes immer bei sich tragen.

Das Geheimnis einer Frau kennen lernen...

Wenn Sie hinter das Geheimnis einer Frau kommen möchten, machen Sie folgendes: Fangen Sie einen Wasserfrosch, ziehen Sie seine Zunge heraus und lassen Sie diesen Frosch ins Wasser los. Dann nehmen Sie die Froschzunge und legen diese auf das Herz einer Frau (tun Sie dies in der Nacht, wenn diese Frau schon schläft); im Schlaf beantwortet sie dann alle Ihre Fragen.

In der Nacht fassen Sie an die große Zehe des linken Beines Ihrer Frau und fragen Sie aus. Im Schlaf beantwortet sie dann alle Ihre Fragen.

---

[28] Eine Schlachten-Frau...

Wenn eine Frau einen Mann heiraten will...

Wenn eine Frau einen Mann heiraten will, soll sie am 14. Oktober morgens früh aufstehen, schnell aus dem Haus laufen, sich vor den Hauseingang stellen und sagen: *„Pokrow[29]-Vater! Decke die Erde mit Schnee und mich mit einem Verlobten."*

Zur russischen Weihnacht, die am 7. Januar ist, steht eine Frau morgens früh auf und läuft dreimal ums Haus. Dann schlägt sie dreimal ans Fundament und sagt dabei: *„Mein Gerechteter-Gerichteter! Du hast zur Genüge geschlafen, du hast zur Genüge gelegen. Es ist Zeit mich zu heiraten, es ist Zeit dich zu heiraten."*

Diesen Zauberspruch benutzt eine Frau, um einen Mann zu heiraten. In der Karwoche am Kardonnerstag feuert eine Frau morgens früh den Ofen an und sobald sie dies gemacht hat, ruft sie durch das Ofenrohr[30]: *„Ich habe einen Bräutigam, der während meiner Abwesenheit nicht leben und nicht existieren kann; jede Minute und jeden Tag denkt er an mich."*

Eine Frau benutzt folgenden Zauberspruch, wenn sie einen Mann anziehen möchte. Eine Frau steht bei Tagesanbruch auf, geht zur Zeit des Sonnenaufganges auf eine Anhöhe und stellt sich auf sie und sagt: *„Liebe, schöne Sonne! Du gehst auf und du rollst heraus; so soll mein Gerechteter-Gerichteter Bräutigam sich fortbewegen und sich beeilen um mit mir zusammenzutreffen."*

Beim Tanzen, sobald ein Mann eine Frau bei der Hand nimmt[31], flüstert sie in sein Ohr: *„Du nimmst mich bei der Hand, ich nehme dich bei dem Herzen"*, oder sie sagt: *„Du, ein Diener Gottes, siehst in meine Augen, und ich sehe in dein lebhaftes Herz."*

Wenn eine junge Frau den Fußboden mit einem Besen fegt, soll sie sagen: *„Ich fege, ich fege, ich fege weg. Ich säubere meinem Verlobten den Weg."*

Eine besondere Art der Behexung um jemandem im Sexualleben viel Schaden zuzufügen: das Verknoten

Das ist eine besondere Art der Behexung und man benutzt sie, um jemandem im Sexualleben viel Schaden zuzufügen. Diese Behexung paralysiert die Geschlechtsorgane, die Wünsche und die Möglichkeiten sowohl der Frauen als auch die der Männer. Wir haben einige Beispiele, wann man diese Behexung anwendet. Eine Frau

---

[29] Pokrov bedeutet *„beschützen, bedecken"*, und bezieht sich auf *Mary's omophorion (Schultertuch)* und auf das Fest von der Führbitte (Bittgottesdienst) an die Mutter Gottes, der am 1. Oktober stattfindet. Manchmal wird sie auch als *batiushka* personifiert. *Pokrov* (Vater-Beschützer) oder *matushka pokrov* (Mutter-Beschützer).

[30] Wenn sie (nicht auf einem alten Gehöft, sondern) in einer Wohnung wohnt, darf sie durch eine Ventilationsanlage oder ein Ventilationsloch der Heizung rufen.

[31] Da dies ein Bindungszauber ist, sollte dieser Mann der Frau gefallen. Außerdem sollten sich beide kennen, sonst könnte dieser Zauber auch nach hinten los gehen. Bitte bedenken Sie immer, das früher und auch gerade z.B. in Russland in einem Dorf, - wo jeder, jeden über viele Jahre hinweg kannte und im Rahmen dieser Orts-Gemeinschaft aufgewachsen war – solche Zaubereien einen ganz natürlichen Background hatten und haben.

liebt zum Beispiel einen Mann und dieser hat sie verraten und heiratet eine andere Frau. Die betrogene Frau will an ihm Rache nehmen und hext ihm eine Krankheit an. Nach dieser Behexung leidet dieser Mann an Impotenz und in der ersten Nacht nach der Hochzeit findet er, dass er kraftlos ist und keinen Geschlechtsverkehr haben kann. Eine Behexung, die wir Verknoten nennen, ist auch schon in der Bibel beschrieben.

Wir schlagen Ihnen folgende Arten des Verknotens vor:

1. Am Dienstag bringen Sie einen Wolf um und schneiden sein Geschlechtsorgan ab. Legen Sie dieses Geschlechtsorgan vor die Tür des Hauses, in dem der Mann wohnt, dem Sie die Impotenz anhexen möchten. Dann rufen Sie ihn und sobald er antwortet, nähen (binden) Sie das Wolfsgeschlechtsorgan mit einem weißen Faden zu. Dieser Mann wird sehr lange an Impotenz leiden.

2. Formen Sie ein kleines Figürchen aus Wachs, das Ähnlichkeit mit dem Behexungsopfer haben sollte. Umwickeln Sie dieses mit einer dünnen Schnur oder mit einem Band. Dann stechen Sie eine Nadel dort hinein, wo sich die Leber befindet und danach sagen Sie einen entsprechenden Zauberspruch (wählen Sie einen passenden aus diesem Buch).

3. Wenn Sie Jungverheirateten schaden möchten, vergraben Sie einen Schlangenkopf und Schlangenleder unter der Türschwelle eines Hauses, wo das junge Ehepaar wohnt.

4. Wenn Sie einen Mann impotent machen wollen, geben Sie ihm heimlich ein Glühwürmchen zu essen.

5. Wenn Sie Neuvermählten schaden möchten, gehen Sie zu der Zeit zur Kirche, da sich diese Menschen kirchlich trauen lassen. Nehmen Sie einen Faden mit und in der Kirche bei der Trauung machen Sie drei Knoten und sagen: *„So lange dies zugebunden ist, kannst du dich nicht aufrichten."* Am frühen Morgen nach der Hochzeit gehen Sie zu dem Haus, wo die Jungverheirateten wohnen, und rufen Sie den Ehemann; wenn Sie seine Stimme hören, machen Sie drei weitere Knoten und sagen den oben genannten Zauberspruch noch einmal.

So können Sie einem Menschen eine Krankheit anhexen...

Nehmen Sie einen Wollfaden und machen Sie acht Knoten und während Sie die Knoten machen, sagen Sie folgenden Zauberspruch: *„Erster Knoten – ich gehe auf die Straße; zweiter Knoten – ich werfe ins freie Feld; dritter Knoten – am Scheidewege; vierter Knoten – zwischen Höfen; fünfter Knoten – in den Wiesen; sechster Knoten – auf offenem Meer; siebenter Knoten – in den Wäldern; achter Knoten – in den Sümpfen."* Wenn Sie diese acht Knoten gemacht haben, sagen Sie die folgenden Worte: *„Ich lasse diese Knoten hier und wenn du irgendwohin gehst, wirst du kalt."* Dann lassen Sie diesen Faden in einem Platz liegen, wo das Behexungsopfer irgendwann auf ihn treten muss. Sie sollten dies in der Nacht von 1 bis 3 Uhr machen. So können Sie einem Menschen eine Krankheit anhexen.

Ein Zauberspruch um verliebte Menschen zu entzweien...

Finden Sie einen Ort, wo zwei Berge nebeneinander stehen; hier füllen Sie eine Flasche mit Wasser, das zwischen diesen Bergen strömt. Dieses Wasser vermischen Sie mit zerkleinerten Knochen und fügen diese Mischung dann dem Essen hinzu. Beim Abendessen geben Sie dies dem Behexungsopfer zu essen; dann sagen Sie leise folgenden Zauberspruch: *„Ich stehe nicht gesegnet auf, ich gehe nicht bekreuzigt aus; ich gehe aus dem Haus durch keine Tür, ich gehe durch kein Tor, aber ich gehe durch ein Mauseloch, durch eine Hundehütte, über den Unterwasserbalken und ich gehe auf die breite Strasse; ich steige einen steilen Berg herunter und nehme etwas Erde von zwei Bergen.*

Wie ein Berg sich mit dem anderem nicht vereint und wie diese Berge sich nicht zusammenziehen, so soll der Diener Gottes (Name des Mannes) mit der Dienerin Gottes (Name der Frau) sich nicht einigen und nicht zusammenziehen.

Ein Berg schaut auf einen anderen Berg und sagt kein Wort, so soll der Diener Gottes (Name des Mannes) mit der Dienerin Gottes (Name der Frau) nicht sprechen. Halte sich abseits von einem Mädchen ohne Kopfbedeckung, von einer Frau mit blonden Haaren; halte sich abseits von einem alten Mann, von einem Ketzer, von einer Ketzerin, von einer Eidechse.“

Auch dieser Zauberspruch hilft Ihnen, verliebte Menschen zu entzweien.

„Ich stehe nicht gesegnet auf, ich gehe nicht bekreuzigt aus; ich gehe durch keine Tür und durch kein Tor, aber ich gehe durch ein rauchiges Fenster und über einen Kellerbalken.

Ich lege eine Mütze unter die Ferse, aber ich lege diese Mütze auf die feuchte Erde nicht, ich lege diese in einen schwarzen Stiefel.

Ich gehe gestiefelt in den dunklen Wald und an den breiten See. Durch den See fährt ein großer Kahn und in diesem Kahn sitzt ein Teufel mit seiner Teufelin[32].

Ich werfe meine Mütze dem Teufel zu und frage: 'Warum sitzt du, Teufel, hier mit deiner Teufelin? Du sollst deiner Teufelin den Rücken zugekehrt.'

Ging der Teufel zu den Leuten (die Namen) und siedele deine Teufelin bei den Leuten an und lasse sie in ihrem Haus.

Diese Leute leben glücklich und friedlich, sie lieben einander und hassen die Feinde, sie leben besser als du mit deiner Teufelin.

'He Teufelin, he Teufelin! Flechte deine Haare auf. Ein Mann (Name des Mannes) soll mit seiner Frau in seinem Haus so leben, wie du mit deinem Teufel in deinem Kahn lebst.'

---

[32] In Deutschland wird üblicherweise sowohl der „Tod" als auch der „Teufel" z.B. auf Bildern und sprachlich männlich dargestellt. Im Russischen werden beide üblicherweise in weiblicher Gestalt dargestellt – deshalb hier der sehr unübliche Begriff.

Er soll seine Frau hassen. Sein Hass soll sich um ihr Herz und in ihrem Körper ausbreiten. Zu Weihnachten wird die Frau ihrem Mann nicht gefällig. Ihre Schönheit soll ihm zuwider werden; ihr Körper soll ihm abscheulich werden.

Es ist so leicht von dem Teufel zurückzutreten, so leicht, wie eine Mütze aus dem See zu ziehen. Man soll diese Mütze, die im See liegt, vor einem Fisch, vor einem Fischer, vor einem bösen Zauberer schützen, damit ein Fischer diese Mütze aus dem See nicht ziehen kann, damit ein Zauberer diese Mütze nicht behexen kann.

Ich langweile diese Leute, damit sie keinen Frieden und kein Auskommen haben."

Eine Behexung um verheiratete Menschen zu entzweien...

Diesen Zauberspruch wendet man an, wenn man möchte, dass verheiratete Menschen zueinander gleichgültig werden. *„Ein Bach strömt mit einem anderen Bach nicht, ein Berg einigt sich mit einem anderen Berg nicht, ein Wald wächst mit einem anderen Wald nicht, eine Blüte klebt an anderer Blüte nicht und das Kraut zerreißt. Ich pflücke diese Blüte von diesem Kraut und nehme sie mit; ich gehe dann ins Tal, finde einen breiten Weg und nehme etwas Erde. Ich setze mich auf eine kahle Höhe und gehe auf eine breite Wiese; hier sehe ich mich nach allen Seiten um, ob der Diener Gottes (Name[33]) kommt. Und ich werfe die Blüte ins freie Feld. Wie ein Berg mit einem anderen Berg sich nicht vereint, so soll der Diener Gottes (Name) sich mit niemandem vereinen und sich nicht bewegen."*

Diesen Zauberspruch wendet man an, wenn man einen Mann von einer Frau trennen will. *„Der Teufel ist sich auf hoher See und ein Wolf läuft in den Bergen; und sie einigen sich nicht und sie vertiefen sich nicht in Gedanken aneinander und sie haben keine Idee voneinander und sie züchten keine Frucht und sie führen kein fruchtbares Gespräch. So sollen die Diener Gottes (die Namen) keinen Gedanken aneinander haben, keine Frucht züchten, kein Gespräch führen und immer wie Hund und Katze leben."*

Besprechen Sie mit diesem Zauberspruch Wasser und Speisen und dann geben Sie diese einem Menschen zu essen und zu trinken, denn dann kann dieser Mensch nicht mehr mit seiner Liebesperson in Eintracht leben. *„Ich (Name), dein Diener Gottes, stehe nicht gesegnet auf, ich gehe nicht bekreuzigt aus. Ich gehe aus dem Haus durch keine Tür, ich gehe aus dem Hof durch kein Tor; ich gehe über den Kellerbalken und durch ein rauchiges Fenster ins freie Feld. Im freien Feld strömt ein schwarzer Fluss. Auf diesem Fluss fährt ein Teufel mit seiner Teufelin und ein Wassernix mit seiner Wassernixe. Sie fahren in einem einheitlichen Kahn nicht, sie rudern zusammen nicht; sie haben keinen gemeinsamen Gedanken und sie haben keinen Rat. So soll der Diener Gottes (Name des Mannes) mit der Dienerin Gottes (Name der Frau) in einem einheitlichen Kahn nicht fahren, durch ein einziges Fenster nicht sehen, einen gemeinsamen Gedanken nicht haben, einen Rat nicht halten.*

---

[33] Der Name, des gewünschten Partners.

Der Hund ist weiß, die Katze ist grau und sie sind die Schlangengeister. Ich gebe einen Schlüssel und ein Schloss meinen Wörtern."

Eine Behexung um jemandem das Augenlicht zu nehmen...

Nehmen Sie einen Frosch und nähen Sie seine Augen zu; dann bringen Sie ihn mit und lassen ihn im Haus, wo das Behexungsopfer wohnt, frei. Dieser Mensch wird an Sehstörung leiden. Um diese Behexung zu entfernen, muss das Behexungsopfer diesen Frosch finden, seine Augen zertrennen und den Frosch verbrennen.

Beseitigung einer Behexung des Verknotens...

Um eine Behexung, die wir das Verknoten nennen, zu verhüten oder zu beseitigen, tragen Sie einen Ring, in dem das rechte Auge eines Wiesels eingefasst ist; Sie können auch Weihsalz bei sich haben; oder legen Sie eine geweihte Münze in einen Stiefel. Wir schlagen Ihnen noch einige andere Arten vor, die Sie gegen diese Behexungen anwenden können:

1. Morgens, wenn Sie aufstehen, reiben Sie die Tür, die Türschwelle, die Tür- und die Fensterpfosten in Ihrem Schlafzimmer mit Wolfsfett ein.
2. Finden Sie einen grünen Specht, braten Sie ihn und essen Sie ihn dann.
3. Nehmen Sie den Zahn eines toten Menschen und verbrennen ihn; so lange dieser Zahn brennt atmen Sie seinen Rauch ein.
4. Jeden Morgen ziehen Sie die Unterwäsche mit der Innenseite nach außen an.
5. Nehmen Sie ein Fass mit Weißwein und bohren Sie ein Loch hinein; dann lassen Sie den zuerst austretenden Strahl durch Ihren Verlobungsring fließen.

Zaubersprüche und wie sie wirken...

Bevor Sie damit anfangen, Zaubersprüche zu sprechen, sollten Sie verstehen, dass ein Zauberspruch eine Art Gebet ist. Ein Zauberspruch kann ein Strahl der Religion sein, wenn eine Gottheit die Hilfe der Menschenwörter und der rituellen Handlungen braucht. Die Hauptsache eines Zauberspruches ist die eingeschlossene und mächtige Kraft der Wörter; so wie z.B. in diesem Zauberspruch: *„...Dieses Wort ist eine Festigung und Kräftigung, mit diesem Wort stärken und schießen wir ein; und kein Wind, kein Sturm und kein Wasser kann dies aufschließen."*

Wir finden die Bestätigung des oben Gesagten in der Bibel: *„Im Anfang war das Wort, und das Wort war bei Gott, und das Wort war Gott. Dieses war im Anfang bei Gott. Alles wurde durch dasselbe, und ohne dasselbe wurde auch nicht eines, das geworden ist. In ihm war Leben, und das Leben war das Licht der Menschen. Und das Licht scheint in der Finsternis, und die Finsternis hat es nicht begriffen."* (Das Evangelium nach Johannes. Das ewige Wort).

Vor jedem Zauberspruch sagt man ein Gebet; die Gebetswahl hängt davon ab, zu wem man betet. Z. B. ein Gebet zum Heiligem Nikolaus: *„Nikolaus, du Helfer Gottes. Du bist im Feld, du bist im Haus, du bist auf dem Weg, du bist im Himmel und auf der Erde: beschütze mich vor Bösem und tritt für mich ein."*

In diesem Buch können Sie noch andere Gebete finden, aber wenden Sie diese Gebete nur bei der Hellen Magie an.

Schutz gegen negative Erscheinungen...

Wenn Sie sich mit der Hellen Magie beschäftigen, dann ist es wünschenswert, einen Schutz gegen verschiedene negative Erscheinungen zu haben. Unter diesem Schutz versteht man folgendes:

1. Ein Schutzkokon, den der Zauberer mit einem rituellen Kreuz errichtet.
2. Ein Appellieren des Zauberers an seine hoch gestellten Gönner. Bei diesem Appell benutzt ein Zauberer verschiedene Gebete und Schutzgebete.

Ein Gebet zum Heiligen Geist...

„König des Himmels, Tröster, wahrhaftiger Geist, bleibe hier und erfülle alles; trefflicher Schatz und Lebensgeber, komm und dringe in uns ein, mache uns frei vom Bösen, und rette uns und unsere Seelen."

Ein Schutzgebet...

„Herr, schütze mich vor dem Bösen mit der Kraft des ehrlichen und lebensspendenden Kreuzes, Amen."

Gebete zur Mutter Gottes...

„Die Welt und das Weltall stehen vor dir mit dem Gebet, bedecke einen armen und unglücklichen Mann (Name, oder: eine arme und unglückliche Frau) mit deiner Glückseligkeit. Und wenn das Unglück, die Traurigkeit, die Krankheiten und die Feinde mich ereilen, hilf mir in dieser Minute und in dieser Zeit; hilf mir, hilf, Mutter Gottes Maria. Hilf mir, Heilige Maria, rette die Knechte Gottes und die kleinen Kinder vor Leiden. Amen."

„Unsere Mutter in den Himmeln! Das Reich deines Sohnes komme, dein Wille geschehe, wie in uns so auch in dir. Und wie du deine Engel jeden Tag schickest, schick sie auch uns. Vergib uns unsere Sünden, lass uns nicht die Beute von Krankheiten werden und befreie uns vom Bösen. Denn die Erde, der Körper und die Gesundheit gehören dir. Amen."

Ein Zauberer, der sich mit der Hellen Magie beschäftigt, soll nur am Tage arbeiten und nur positives Zubehör benutzen.

In diesem Buch finden Sie Zaubersprüche der Dunklen und der Hellen Magie, aber diese Zaubersprüche werden ohne Erklärung und Wertung gegeben, denn jeder Mensch soll seinen Weg allein wählen. Aber denken Sie daran, dass der Übergang von der Dunklen Magie zur Hellen Magie praktisch sehr schmal ist.

Zauberspruch, damit eine Sache in Gang kommt

Nehmen Sie einen Faden und machen Sie einen Knoten; dann legen Sie diesen Faden unter die Türschwelle und wenn Sie über diese Türschwelle treten, sagen Sie:

„Wie dieser Knoten fest gemacht ist, so soll eine Sache (nennen Sie diese Sache) des

Dieners Gottes (Name) bald in Gang kommen. " Sagen Sie diesen Zauberspruch dreimal.

Zauberspruch, um eine Reise oder anderes zu verhindern...

Kneten Sie dicken Teig und stellen Sie ihn an einen einsamen Platz. Dann nehmen Sie den Löffel, mit dem Sie den Teig umgerührt haben, und halten ihn mit zwei Fingern (mit Daumen und Ringfinger). Gehen Sie zu dem Haus, wo die Person wohnt, die Sie an etwas hindern möchten, und nehmen Sie diesen Löffel mit. Vor der Tür dieses Hauses beschreiben Sie einen Kreis dreimal vor sich und jedes Mal sagen Sie: *„Ich rühre dies auf der Türschwelle um, ich rühre dies auf dem Wege um, ich rühre dies mit einer Sache um; ich stelle dies fest und festige mit dem Ringfinger; sobald ich den Teig umrühre, schicke ich den Menschen (Name, des zu hindernden Menschen) zurück.* " Dann stellen sie sich auf die Türschwelle und sagen die gleichen Wörter; sagen das gleiche vor der Pforte und auf dem Weg nach Hause. Wenn Sie nach Hause kommen, stecken Sie den Löffel fest in den Teig; der Löffel soll neun Tage im Teig verbleiben.

Jungverheiratete sollen ein gutes Leben haben...

Wenn Sie möchten, dass Jungverheiratete ein gutes Leben haben, machen Sie folgendes: Vor der Abfahrt zur Kirche, in der die jungen Leute sich kirchlich trauen lassen werden, legen Sie ein (nicht verschlossenes) Schloss unter die Türschwelle des Hauses, wo die Braut wohnt. Sobald die Jungverheirateten über die Türschwelle treten, heben Sie das Schloss auf und schließen es zu. Den Schlüssel werfen Sie in einen Fluss. Danach werden die Jungverheirateten in Eintracht leben.

Zaubersprüche gegen Trunksucht

„Hörst du, Himmel, siehst du, Himmel, was ich mit dem Körper eines Dieners Gottes machen will. Der Körper ist gequält und die Leber auch. Geht ihr, die leuchtenden Sterne, in den ehelichen Kelch; dieser Kelch ist mein und in diesem Kelch ist die Brühe von der guten Sülze. Möge der schöne Mond in meinen Käfig gehen. In meinem Käfig gibt es keinen Boden und keinen Deckel. Möge die freie Sonne auf meinen Hof gehen und auf meinem Hof gibt es keinen Menschen und kein Tier. Bringt die Sterne des Dieners Gottes (Name des Trunksüchtigen) vom Wein ab; halte der Mond den Diener Gottes (Name des Trunksüchtigen) vom Wein zurück; bändige die Sonne den Diener Gottes (Name des Trunksüchtigen). Mein Wort ist stark. "

Wenn Sie einen trunksüchtigen Menschen heilen möchten, gehen Sie zu diesem Kranken, wenn er schläft, und nehmen Wachs mit; dort sagen Sie:

„Wetterleuchten-Morgenröte! Du bist eine schöne Jungfrau, eine Mutter und eine Königin; der Mond ist hell, die Sterne sind leuchtend; nimm meine Schlaflosigkeit weg, gib mir den Schlaf und den Halbschlaf. Komm zu mir in der Nacht entweder als eine schöne Jungfrau oder als eine Mutter-Königin, halte von mir die bösen Kräfte fern; und gib mir die rettende Hand der heiligen Mutter Gottes.

Mein Engel, mein Erzengel! Schütze meine Seele, kräftige mein Herz.

Teufel-Feind! Lass mich in Ruhe! Ich bekreuzige mich mit dem Kreuz, ich schütze mich mit dem Kreuz, ich rufe den Engel mit dem Kreuz herbei, ich scheuche mit dem Kreuz das Böse zurück. Im Namen des Vaters, des Sohnes und des Heiligen Geistes. Amen."

Behexungen mit Hartheu...

Hartheu[34] ist eine mehrjährige Pflanze, die einen herben Geschmack und einen feinen Duft hat. Man pflückt das Hartheu in der Zeit, da diese Pflanze blüht und man schneidet dann nur die Blüten ab. Diese Pflanze hat magische Kräfte und am 25. Juli ist die Wirkung des Hartheus am größten und stärksten. Deshalb pflücken Sie diese Pflanze am besten an diesem Tag. Sie können Hartheu wie folgt benutzen: nehmen Sie ein Büschel Hartheu, hängen Sie es an einen Eichenpflock und setzen Sie diesen Pflock in die Erde im Feld; dann wird das Feld unergiebig. Man wendet Hartheu gegen Behexungen, gegen Unfruchtbarkeit und auch gegen Dunkle Magie an. Wenn Sie am 25. Juli das Hartheu nicht pflücken konnten, dann können Sie es auch an jedem Freitag vor dem Sonnenaufgang tun.

Wenn Sie nur die Stängel benutzen wollen flechten Sie das Hartheu am 7. Juli in der Nacht zu einem Kranz und tragen diesen die ganze Nacht auf dem Kopf. Morgens hängen Sie diesen Kranz an die Wand über das Bett und lassen ihn dort für ein Jahr. In diesem Jahr kann niemand Ihnen eine Krankheit anhexen. Normalerweise wenden diese Methode nur Frauen an.

Wenn Sie Hartheu und Weihrauch immer bei sich tragen, dann kann Ihnen kein böser Zauber Schaden zufügen.

Schutz gegen den Feuerdrachen...

Im Russland gibt es eine Sage, dass ein Feuerdrache auf der Erde existiert. Von Zeit zu Zeit fliegt er zu einer Frau oder zu einem Mädchen in der Nacht und vollzieht mit dieser Frau oder mit diesem Mädchen einen Geschlechtsakt. Dieser Drache sieht wie ein Tier mit großem Geschlechtsorgan aus. Ein Drache zieht viel Lebensenergie ab, weil er ein energetischer Vampir ist. Als Resultat nimmt diese Frau ab und es kann auch passieren, dass sie stirbt. Um einen Drachen oder einen Luftteufel zu verjagen, bekreuzigen Sie sich und sagen drei Mal: *„Amen, Amen, Amen, zerfalle!"* Dann machen Sie die Fenster im Haus zu und lassen einen Mann bei Ihnen übernachten.

Zaubertränke und andere Rezepte...

Ein Zaubertrank ist ein selbst zubereiteter Trank, kann aber auch ein Essen sein. Sie können verschiedene Dinge für einen Zaubertrank verwenden. Schon seit vielen

---

[34] Hartheu (Hypericum), aus der Pflanzengattung der Guttiferen, hat meist von Drüsen mit ätherischen Ölen durchsetzte Blätter und gelbe, strahlige, trugdoldige Blüten. Es wächst u.a. auf trockenem Grasland Mitteleuropas und wird bis zu einem Meter hoch. Es ist außerdem eine allgemeinbekannte Volksarznei; Alternativnamen im Volksmund sind u.a.: Tüpfelhartheu, Johanniskraut, Hexenkraut, Stierkraut, Konradskraut, Kreuzkraut, Tausendlöcherkraut, Mannskraut, Herrgottsblut, Mannskraft, Felskraut, Waldhopfen und Wohlgemut.

Jahrhunderten benutzt man Zaubertränke in der Liebeshexerei, um eine Person an sich zu binden oder zu sich zu ziehen.

Wir schlagen Ihnen folgendes Rezept vor: Wenn jemand zu Hause Bier braut, soll eine junge Frau, die in diesem Haus wohnt, das Bier durch folgenden Zauberspruch beschwören: *„Wie man dieses Bier trinkt und lobt, so soll man mich (Name), die Dienerin Gottes loben und so viele Hähne sollen zum Bier kommen und so viele Bräutigam-Männer mögen mich (Name), die Dienerin Gottes besuchen.*

Oder: Fangen Sie zwei Tauben und bringen Sie diese so um, dass die Taube den Tod der jeweils anderen nicht sieht. Dann reißen Sie die Taubenherzen schnell heraus. Lassen Sie die Herzen trocknen und die getrockneten Herzen tragen Sie bei sich. Sie dürfen auch das Taubenfilet kochen oder braten und dann Ihrer Liebesperson zu essen geben.

Und noch ein Rezept: Fangen Sie eine Fledermaus, ziehen ihre Knochen heraus und wählen Sie einen Knochen, der wie ein kleiner Haken aussieht. Zerreiben Sie diesen Knochen zu Pulver und fügen Sie ihn dem Essen hinzu. Dann geben Sie diese Speise einer Person zu essen, von Sie sich wünschen, das diese sie liebt. So können Sie die Liebe dieser Person erhalten.

Behexung gegen Singledasein aufheben...

Wenn eine Frau durch den bösen Blick behext wurde und wegen dieser Behexung eine alte Jungfer geworden ist, soll sie folgendes tun, um diese Behexung aufzuheben. Sie nimmt ein russisches Dampfbad mit einem Zauberer oder mit einer Hexe; dann wäscht sie sich und gießt das dazu verwendete Wasser in einen Kübel; sie betritt die Türschwelle des Dampfbades, gießt dieses Wasser aus und sagt: *„Wie viele Fußgänger, so viele Verlobte.“*

Behexung bis zum Tod...

Finden Sie einen Fußstapfen auf dem Erdboden, den ein Mensch, den Sie behexen möchten, hinterlassen hat. Graben Sie diesen Fußstapfen aus, wickeln Sie diesen in ein Leinentuch, hängen Sie den Fußabdruck an einem warmen Ort auf und sagen Sie dann sieben Mal: *„Wie dieser Fußstapfen des Knechtes Gottes (Name des Menschen) trocken wird, so soll der Diener Gottes (Name des Menschen) abmagern.“* Diese Behexung ist sehr gefährlich, denn sie kann den Tod bringen. Wenn Sie diese Behexung gewählt haben, sollten Sie sehr vorsichtig sein.

Böser Zauberspruch um Liebe zu gewinnen...

Nehmen Sie ein heiliges Kreuz, treten Sie dieses eine Zeitlang und dann werfen es in eine Ecke. Dann besprechen Sie eine Nadel und einen Faden durch folgenden Zauberspruch: *„Ich stehe nicht gesegnet auf, ich gehe nicht bekreuzigt ins freie Feld. Im freien Feld steht ein Dornenbusch, in diesem Busch sitzt eine dicke, alte Frau, die dem Teufel gefällig ist. Ich verbeuge mich vor der dicken alten Frau, die der Teufel liebt und ich sage mich von meinem Vater und von meiner Mutter los, ich sage mich von meinen Verwandten los.*

Gehe, dicke alte Frau und erwecke das Herz der schönen jungen Frau (Name, oder: eines jungen Mannes), mache dies für mich (Name), deinem Diener Gottes (oder: eine Dienerin Gottes)." Danach fädeln Sie diesen Faden in die Kleidung einer Person ein. Wenden Sie diesen Zauberspruch an, wenn Sie die Liebe eines Menschen gewinnen möchten.

Einen Menschen behexen durch einen Zauberspruch der Hellen Magie...

Mit diesem Zauberspruch beschwören Sie Wasser. *„Ich (Name), ein Diener Gottes, stehe gesegnet auf und gehe bekreuzigt aus einer Tür und durch eine andere Tür, aus einem Tor und durch ein anderes Tor und ich gehe ins freie Feld.*

Im freien Feld sitzt die Heilige Mutter Gottes Maria. Wie sie sich über ihren Sohn grämt und weint, so sollst du dich über den Diener Gottes (Name des zu Behexenden) grämen und weinen; und du kannst nicht leben und nicht existieren, nicht essen und nicht trinken. Im Namen des Vaters, des Sohnes und des Heiligen Geistes, Amen."

Sagen Sie diesen Zauberspruch sieben Mal und dann geben Sie dieses Wasser dem Menschen zu trinken, den Sie behexen möchten.

Zauberspruch eines Mannes um die Liebe einer Frau zu erlangen...

Nehmen Sie eine Handvoll Erde, etwas Salz und Weihwasser und sagen folgenden Zauberspruch drei Mal: *„Ich (Name) stehe auf und gehe aus einer Tür durch eine andere Tür, aus einem Tor durch ein anderes Tor und ich gehe ins freie Feld, in die breite Weite und an die blaue See.*

An der See liegt ein Feuerdrache. Er rüstet sich aus, er verbrennt die Berge und die Täler und die schnellen Flüsse, er verbrennt auch das sumpfige Wasser, ein Adlerweibchen mit seinen jungen Adlern, einen Kastraten mit den jungen Kastraten, die abgemähten Gräser und die abgeholzten Wälder.

Ich komme näher und ich verbeuge mich tief: 'He du, Feuerdrache! Verbrenne keinen Berg, kein Tal, keinen schnellen Fluss, kein sumpfiges Wasser, kein Adlerweibchen mit jungen Adlern, keinen Kastraten mit jungen Kastraten; aber entflamme eine schöne Frau, ihre 77 Gelenke, ihre 77 Sehnen und ihre einzige Sehne und ihre Wünsche, damit sie wünscht und liebkost, damit sie am Tage bei der Sonne und in der Nacht beim Mond über mich (Name) traurig ist, damit sie sich über mich (Name) grämt, damit sie nicht schlafen kann, nicht essen kann, sich nicht bewegen kann.'

Wie ein weißer Hecht ohne strömendes Wasser nicht leben kann, so kann die schöne Frau (Name dieser) während meiner Abwesenheit nicht existieren. Seien meine Wörter stark und fest, stärker als ein Stein und kräftiger als eine Damaszener-Klinge, schärfer als ein scharfes Messer und schneller als ein schneller Speer. Die Kraft und die Festigung und der Schlüssel meiner Wörter sind am Himmel, und das Schloss ist in der Meerestiefe."

Wenn Sie diesen Zauberspruch drei Mal gesagt haben, verstreuen Sie das Salz und die Erde und vergießen das Weihwasser im Haus (oder auf dem Hof), wo die Person wohnt, die Sie behexen möchten und deren Liebe Sie erlangen möchten.

Man kocht Essen oder ein Getränk und sagt folgenden Zauberspruch sieben Mal (wenn ein Mann diesen Zauberspruch anwendet, dann fügt er Menstruationsblut ins Essen hinzu. Wenn eine Frau diesen Zauberspruch benutzt, dann fügt sie Sperma hinzu): *„Auf dem Meer, auf dem Ozean, auf einer Insel Bujan, auf einem Fluss Jordan[35] liegt ein weißer, heißer Alater-Stein, den niemand je gesehen hat.*

Unter diesem Stein ist die mächtige Kraft verbogen, und diese Kraft ist endlos. Ich lasse diese Kraft in alle Gelenke und in alle Halbgelenke, in alle Knochen und in alle Halbknochen, in alle Sehnen und in alle Halbsehnen, in die klaren Augen, in die purpurroten Wangen, in die weiße Brust, in das lebhafte Herz, in den Magen, in die Beine und in die Hände hinein.

Sei die mächtige Kraft in einer schönen jungen Frau (oder: in einem guten jungen Mann) unerschöpflich; die mächtige Kraft soll ihr (sein) lebhaftes Herz und ihr (sein) sprudelndes Blut verbrennen; und wie die Bullen auf die Kühe hüpfen und wie eine Kuh ihren Kopf in den Nacken wirft und ihren Schwanz in die Höhe richtet, so soll die Dienerin Gottes (oder: ein Diener Gottes) laufen und mich (Name), einen Diener Gottes (oder: eine Dienerin Gottes) suchen.

Sie (er) soll keine Angst vor dem Gott haben, sie (er) soll sich vor den Leuten nicht schämen, und mir die Lippen küssen, und mich mit den Händen umarmen, und sie (er) soll unzüchtig sein. Und wie die Bohnen sich um die Stangen schlingen, so soll die Dienerin Gottes (oder: der Diener Gottes) mich (Name) umschmeicheln. Mein Wort ist stark wie ein weißer, heißer Alater-Stein. Wie niemand das Wasser aus dem Meer austrinken kann, wie niemand das Gras aus dem Feld ausrupfen kann, so kann niemand meinen Zauberspruch bezwingen und die mächtige Kraft überwinden." Das ist ein stark wirkender Zauberspruch und Sie dürfen ihn nur in seltenen Fällen verwenden.

Ein weiterer Zauberspruch ist:

„Ich (Name), eine Dienerin Gottes, wasche mich morgens früh mit dem Quellwasser und mit dem Nachttau, ich trockne mich mit dem Jungfrauenzopf ab, damit mein lieber junger Mann (Name) wegen mir abmagert; damit er im Feuer brennt, auf andere Frauen nicht schaut und andere Frauen nicht wünscht und andere Frauen nicht liebt. Er soll nur auf mich (Name), der Dienerin Gottes schauen und er soll sich an mir nicht satt sehen können. Hier ist ein Schlüssel und ein Schloss, Amen." Kochen Sie ein Essen, sagen Sie dabei diesen Zauberspruch drei Mal und dann geben Sie dies dann einer Person zu essen. Damit können Sie die Liebe dieser Person erhalten.

---

[35]   Der Jordan, größter Fluss in Palästina, 330 Kilometer, entspringt am Hermon, durchfließt den Tiberiassee und mündet ins Tote Meer.

Finden Sie einen Fußabdruck der Person, die Sie behexen möchten, und besprechen Sie diesen Fußabdruck mit folgendem Zauberspruch: *„Ich stehe morgens früh auf und ich wasche mich; ich werde schöner als der leuchtende Mond und hübscher als die schöne Sonne, und dann werde ich jedem Menschen gefallen!*

Ich werde im Reigen hübscher als alle und ich werde im Gespräch besser als alle!

Und alle schauen auf mich und sehen mich an, und keiner lässt mich mehr aus den Augen.

Und ein guter junger Mann (Name) soll zu mir kommen, mir auf Schritt und Tritt folgen, von mir kein Auge wenden, mit mir zärtlich sprechen, im Reigen bei der Hand nehmen, nach einem Gespräch nach Hause bringen, mich die Seine nennen, bei den Leuten rühmen und meine Eltern um ihren Segen bitten!

Zu meinen Wörtern gibt es einen Schlüssel und ein Schloss. Amen!"

Diesen Zauberspruch benutzt ein Mann, wenn man die Liebe einer Frau erlangen möchte: *„Im Namen des Vaters, des Sohnes und des Heiligen Geistes.*

Ich (Name), ein Diener Gottes, stehe nicht gesegnet auf und gehe nicht bekreuzigt ins freie Feld und in breite Weite.

Gegen mich wehen 70 heftige Winde und 70 Wirbel und 70 kleine Winde und 70 kleine Wirbel.

Sie ziehen gegen das Heilige Russland[36], sie brechen die grünen Wälder, sie verbrennen die Steinhöhlen.

Und hier verbeuge ich mich (Name), ein Diener Gottes, und bete zu ihnen: '70 heftige Winde, 70 Wirbel, 70 kleine Winde, 70 kleine Wirbel!

Zieht nicht gegen das Heilige Russland, brecht nicht die grünen Wälder, verbrennt nicht die Steinhöhlen. Aber geht und verbrennt den weißen Körper, das lebhafte Herz, das gute Gedächtnis, die schwarze Leber, das heiße Blut, die Gelenke und die Sehnen der Dienerin Gottes (Name der Frau) und verbrennt diese Dienerin Gottes (Name der Frau).

Macht, dass sie, eine Dienerin Gottes (Name der Frau), nicht leben und nicht existieren kann, nicht trinken und nicht essen kann, kein Wort sagen und kein Gespräch während meiner Abwesenheit führen kann.

Und wenn sie, die Dienerin Gottes (Name der Frau), mich sieht und mich hört, soll ihr weißer Körper, ihr lebhaftes Herz, ihr gutes Gedächtnis, ihre schwarze Leber, ihr heißes Blut, ihre Knochen und Gelenke und ihre Sehnen sich vergnügen und froh sein.

Und wie die Menschen aufs Gottesfest – die Heilige Auferstehung unseres Herrn Jesus Christus – und aufs Glockenläuten warten, so soll sie, die Dienerin Gottes (Name der Frau), auf mich warten; wenn sie mich nicht sieht und meine Stimme nicht hört, magert sie ab, wie das gemähte Gras im Feld trocken wird. Wie ein Fisch ohne

---

[36] Das Land entsprechend ändern.

Wasser nicht leben kann, so könnte sie in meiner Abwesenheit nicht existieren. Zu meinen Wörtern und zu meinen Reden gibt es einen Schlüssel: Amen, Amen, A-men´".

Dieser Zauberspruch hilft die Liebe zu erwecken und man soll diesen Zauberspruch auf einem freien Feld drei Mal lesen: *„Ich (Name), ein Diener Gottes, stehe gesegnet auf und gehe bekreuzigt aus dem Haus durch die Tür, aus dem Hof durch das Tor und ich gehe ins freie Feld. Ich sehe und schaue nach Osten; im Osten stehen drei Öfen: ein Kupferofen, ein Eisenofen und ein Ziegelofen.*

Wie diese Öfen vom Himmel bis zur Erde brennen und wie diese Öfen den Himmel, die Erde und das Weltall anzünden, so sollen sich die Lunge, die Leber und das heiße Blut der Dienerin Gottes (Name des Opfers) vor mir (Name), einem Diener Gottes, entzünden. Und dann kann sie nicht leben, nicht existieren, nicht trinken, nicht essen, nicht schlafen, nicht liegen und sie wird nur an mich denken. Meine Wörter sind verschwiegen, aber sie sind besser und schärfer als ein scharfes Messer und als eine Luchskralle."

Diesen Zauberspruch benutzen Männer um Liebe zu bekommen. Ein Man sucht und findet einen Fußabdruck der Frau, die er liebt, und sagt folgenden Zauberspruch drei Mal: *„Im Namen des Vaters, des Sohnes und des Heiligen Geistes, Amen. Ich (Name), ein Diener Gottes, stehe gesegnet auf und gehe bekreuzigt aus dem Haus durch die Tür und aus dem Hof durch das Tor; ich gehe ins freie Feld, im freien Feld steht ein Haus, in dem Haus liegt ein Brett quer durch, auf dem Brett liegt die Traurigkeit.*

Ich (Name), ein Diener Gottes, bete zu diesem Brett und verbeuge mich vor ihm: 'O, Traurigkeit! Komm zu mir (Name), deinem Diener Gottes, nicht; gehe, Traurigkeit, und lege dich auf die Dienerin Gottes (Name); gehe in ihre klaren Augen, in ihre schwarzen Augenbrauen und in ihr lebhaftes Herz; entfache ihr lebhaftes Herz und ihr heißes Blut für mich (Name), einen Diener Gottes, damit sie nicht ohne mich leben und nicht existieren kann. Hier ist meine Kraft: Amen, Amen, Amen.'"

Nehmen Sie Eier oder Münzen und sagen Sie folgenden Zauberspruch: *„Ich (Name), ein Diener Gottes, stehe gesegnet auf, gehe bekreuzigt aus einer Tür durch eine andere Tür, aus einem Tor durch ein anderes Tor und ich gehe ins freie Feld; ich stehe mit dem Rücken zum Westen und mit dem Gesicht zum Osten.*

Ich schaue auf den klaren Himmel, aus dem klaren Himmel fliegt ein Feuerpfeil, ich bete zu diesem Pfeil, verbeuge mich vor ihm und frage ihn: 'Wohin fliegst du, Feuerpfeil?' – 'In die dunklen Wälder, in die schwankenden Sümpfe, in die feuchten Wurzeln!' – 'O, Feuerpfeil, komm zurück und fliege dahin, wohin ich dich schicke.

Im Heiligen Russland[37] wohnt eine schöne junge Frau (Name der Frau); fliege in ihr lebhaftes Herz, in ihre schwarze Leber, in ihr heißes Blut, in ihre stehende Sehne, in die süßen Lippen, in die klaren Augen, in die schwarzen Augenbrauen, damit sie den ganzen Tag, bei Sonne, bei Tagesanbruch, bei Neumond, bei Wind und bei Kälte, bei

---

[37] Das Land entsprechend ändern.

zunehmendem und bei abnehmendem Mond, jetzt und ewig mein sein wird.'" Dann übergibt der Mann die so besprochenen Eier oder Münzen seiner Wunsch-Frau um dadurch ihre Liebe zu erhalten.

Eine Frau sucht und findet einen Fußabdruck ihres Wunsch-Mannes und sagt diesen Zauberspruch drei Mal. Eine Frau benutzt ihn, wenn sie die Liebe eines Mannes erlangen möchte: *„Ich (Name), eine Dienerin Gottes, stehe gesegnet auf und gehe bekreuzigt aus dem Haus durch die Tür, aus dem Hof durch das Tor und ich gehe nach Osten ins freie Feld.*

Im Osten steht ein Haus, in der Mitte des Hauses liegt ein Brett, unter dem Brett liegt die Traurigkeit.

Die Traurigkeit weint, die Traurigkeit schluchzt, sie wartet auf die weiße Farbe[38], sie freut und vergnügt sich.

So sollst du auf mich (Name), auf die Dienerin Gottes warten, dich freuen und vergnügen; so kannst du während meiner Abwesenheit beim Morgenrot und beim Abendrot nicht leben, nicht essen, nicht trinken. Und wie ein Fisch ohne Wasser, wie ein Kleinkind ohne Muttermilch und ohne Mutterleib nicht leben kann, so kann der Diener Gottes (Name des Mannes) ohne die Dienerin Gottes (Name) bei Tagesanbruch und abends, morgens und mittags, unter den Sternen und bei den heftigen Winden, am Tage bei Sonne und in der Nacht beim Mond nicht leben, nicht existieren und nichts essen.

Sauge dich, Traurigkeit, an die Brust, ans Herz, an den Bauch des Knechtes Gottes (Name des Mannes) fest, breite dich in seinen Sehnen und seinen Knochen aus, damit er über die Dienerin Gottes (Name) traurig ist."

Folgenden Zauberspruch benutzt eine verheiratete Frau, wenn sie ihrem Mann gleichgültig geworden ist. Sie soll die Seife und die Unterwäsche ihres Mannes nehmen und sagen: *„Wie die Leute sich im Spiegel besehen, so soll ein Ehemann seine Frau sehen und er soll sich an ihr nicht satt sehen; so schnell diese Seife alle wird, so schnell soll ein Ehemann seine Frau lieben; wie weiß dieses Hemd ist, so hell und gut soll ein Ehemann sein."*

Goldener Brief (das Gebet der Heiligen Laura)

Dieser Brief ist von Jesus Christus mit goldenen Buchstaben geschrieben. Ein Mensch, der diesen Brief liest und richtig versteht, kann alles über Gott, Jesus Christus und Heilige Mutter Gottes erfahren. Den Brief hat uns die Mutter Gottes gegeben, damit wir unsere Sünden im Diesseits beichten können.

„Ich werde ewig mit den Winden, mit den Donnern und mit der Peitsche strafen. Ich werde einen Kaiser auf den anderen Kaiser und einen Bojar auf den anderen Bojar hetzen, ich werde einen blutigen Krieg entfachen, weil ihr vor mir gesündigt habt. Wenn ich keine Heilige Mutter Maria hätte, die zu Gott für euch betet, hätte ich euch schon längst mit meinem Namen bestraft. Verachtet ihr einander nicht, beleidigt ihr

---

[38] Die weiße Farbe = Symbol für das Brautkleid.

einander nicht und glaubet ihr an diesen Brief. Wer nicht glauben will, den werde ich bestrafen. Wer diesen Brief hat und ihn niemandem zu lesen gibt, der wird im Reich Gottes verbrannt. Wer diesen Brief im Krieg besitzt, den wird kein Feind verletzen. Wer ihn bei sich trägt, der wird gerettet, und er wird gute Gesundheit und das Reich Gottes bekommen, Amen."

Dieser Brief schützt vor Not und Unglück. Wenn der Teufel diesen Brief sehen würde, könnte er dem Menschen, der diesen Brief hat, keinen Schaden bringen. Wenn Sie den Brief auf eine Wunde legen, dann können Sie das Blut stillen. Wenn Sie an diesen Brief glauben, gravieren Sie auf einen Säbel die fünf Buchstaben BHYPK. Lassen Sie diesen Säbel im Haus und Sie werden immer in Eintracht leben. Wer diesen Brief bei sich trägt, der erleidet kein Unglück. Wenn eine Frau Schwierigkeiten bei der Entbindung hat, geben Sie ihr diesen Brief und sie hat keine Schmerzen und ihr Kind wird gesund. Dieser Brief ist wertvoller als Gold und Silber und besser als sichtbare und unsichtbare Waffen. Haben Sie keine Angst vor der Kugel, denn keine Kugel kann Ihrer Gesundheit schaden, der Brief lässt keine Kugel zu. Im Namen des Vaters, des Sohnes und des Heiligen Geistes, Amen.

Wer diesen Brief bei sich hat, der wird vor Feinden geschützt, weil unser Gott mit ihm ist. Wer an den Brief nicht glaubt und die Möglichkeiten des Briefes prüfen will, soll den Brief um Hals eines Tieres hängen und dann mit einem Gewehr auf es schießen. So er kann beobachten, dass er dem Tier keinen Schaden zufügen kann. Amen.

Dieser Brief war 1766 am Himmel bemerkt worden. Er schwebte in der Luft und niemand konnte ihn in die Hände nehmen. Erst im Jahre 1796 konnte man ihn abschreiben, weil er sich von einem heiligen Mönch hat fangen lassen.

Wer den Sonntag nicht feiert, den wird unser Gott als ein unvernünftiges Vieh verfluchen. Gott befahl, sechs Tage zu arbeiten und am siebten Tag zu feiern und den Gottesdienst zu zelebrieren. Wenn Sie das Wort Gottes nicht erfüllen, wird Gott Sie mit der Pest, mit Unglück und mit Missernte strafen. Bitten Sie um Verzeihung und machen Sie alles auf seinen Befehl, dann bekommen Sie Ruhe und Gesundheit. Wer an diesen Brief nicht glaubt, der hat kein Wohlergehen. Aber wir sagen Ihnen, dass dieser Brief von Jesus Christus geschrieben ist. Wer sich diesem Brief widersetzt, den lässt Gott fallen und er wird nicht errettet. Wer diesen Brief hat, soll seinen niemandem zeigen, aber sollte er ihn nicht für andere schreiben, der bekommt keine Vergebung und wird dem Jüngsten Gericht Rechenschaft ablegen müssen. Das Gericht wird gerecht richten und die frommen Menschen werden gesegnet, im Namen des Vaters, des Sohnes und des Heiligen Geistes, Amen.

Lesen Sie diesen ganzen Text drei Mal im Jahr und wenden Sie ihn in der Hellen Magie an, denn er schützt Sie vor jeder Dunklen Magie.

Das Anfertigen eines Zauberstabes mit Weidenbaum...

Man benutzt Weidenholz für die Anfertigung eines Zauberstabes; ein Zauberstab ist ein gabelförmiger, biegsamer Weidenzweig, der wie ein Buchstabe „Y" aussieht.

Man benutzt einen Zauberstab für die Suche nach unterirdischen Erzen, kostbarem Metall oder einem Schatz an. Meistens benutzt man einen Zauberstab, den man aus Weidenholz gemacht hat und um die magischen Zonen, die ein Mensch hat, zu bestimmen. Dieser Stab zeigt eine Verhexung und eine Behexung an. Er kann eine Krankheit bestimmen, die einem Menschen angehext worden ist, und er hilft, die dunkle Magie zu zerstören. Mit der Hilfe dieses Stabes kann man die bösen oder die dunklen Zonen finden; diese Zonen absorbieren die Menschenenergie und wenn sich eine dunkle Zone in Ihrem Haus befindet, dann fühlen Sie sich immer schlecht und werden an einer Krankheit leiden. Laden Sie einen Zauberer ein, damit er Ihr Haus prüft und wenn er eine dunkle Zone findet, soll er diese zerstören.

Karfunkel (Granat) gegen böse Geister...

Das ist ein blutroter Granat. Man fördert Karfunkel in Indien und in der Tschechoslowakei. Es ist gut, wenn ein Zauberer einen Karfunkel bei sich trägt, weil dieser Stein die bösen Geister zurück scheucht.

Rezept für eine Liebessalbe...

Wir schlagen Ihnen folgendes Rezept für eine Liebessalbe vor: Nehmen Sie Ziegenmist, vermischen Sie ihn mit Weizenmehl und lassen Sie das ganze etwas trocknen. Dann fügen Sie Sonnenblumenöl hinzu und wärmen diese Mischung auf. So bekommen Sie eine Salbe. Wenn Sie mit dieser Salbe Ihren Körper einreiben, dann wird Ihre Frau keinen anderen Mann lieben. Sie dürfen sich auch mit Ziegenfett einreiben. Ein Ziegenbock gilt als ein schmutziges Tier, deshalb benutzt man ihn in der dunklen Magie auch als eine Teufelsfigur.

Allgemeines über Hexerei...

Die Hexerei ist eine Wissenschaft über Mensch und Natur und über ihre Einheit. Die eigentliche Kunst der Hexerei ist, diese Kenntnisse anzuwenden. Wenn man diese Kenntnisse zu einem bösen Zweck benutzt, dann beschäftigt man sich mit der Dunklen Magie; wenn die Magie gute Ziele und Zwecke hat, dann arbeitet man mit der Hellen Magie. Aber es ist sehr schwer zu bestimmen, wann genau die Dunkle- und wann genau die Helle Magie anfängt oder endet. Deshalb schlagen wir verschiedene Zaubersprüche sowohl für die dunklen Zauberer als auch für die hellen vor. Sie sollen für sich selbst entscheiden, welchen Zauberspruch Sie bei Ihrer Arbeit benutzen. Wie es im Evangelium nach Matthäus (7,1 ff) geschrieben steht: „Richtet nicht, damit ihr nicht gerichtet werdet! Denn so, wie ihr richtet, werdet ihr gerichtet werden, und mit welchem Maß ihr messt, wird euch zugemessen werden. Was aber siehst du den Splitter, der in deines Bruders Auge ist, den Balken aber in deinem Auge nimmst du nicht wahr? Oder wie wirst du zu deinem Bruder sagen: 'Erlaube, ich will den Splitter aus deinem Auge ziehen'; und siehe, der Balken ist in deinem Auge? Heuchler, zieh zuerst den Balken aus deinem Auge! Und dann wirst du klar sehen, um den Splitter aus deines Bruders Auge zu ziehen. Gebt nicht das Heilige den Hunden; werft auch nicht eure Perlen vor die Schweine, damit sie diese nicht etwa mit ihren Füßen zertreten und sich umwenden und euch zerreißen!"

Rezepte um Blutungen zu stillen...

Gegen Uterusblutung: Kochen Sie die Schale von sieben Apfelsinen mit Wasser so lange, bis 1/3 Wasser im Topf bleibt. Dann fügen Sie 1 TL Zucker hinzu und rühren das ganze mehrmals um. 12 TL dieser Mischung geben Sie drei Mal pro Tag einer Frau, die Uterusblutung hat. Sie sollten auch einen Bund Hirtentäschelkraut[39] an ihre Hand binden.

Ein weiteres Rezept gegen Uterusblutung: Kochen Sie 30 Gramm Eichenrinde mit 400 Gramm Wasser oder rotem Wein. Nehmen Sie 3 EL drei Mal am Tag ein.

Gegen Wundblutung: feuchten Sie ein Tuch mit dem Blut eines Kranken an und legen es in Kupfervitriol[40] (dieses Tuch soll hier bis zur Genesung bleiben). Dann verbinden Sie die Wunde mit einem sauberen Tuch und wechseln die Verbände oft.

Menstruationsblut in der Hexerei...

Blut hat schöpferische Kraft, deshalb nimmt es den ersten Platz in der Hexerei ein. Wenn man einen Zaubertrank kocht, benutzt man meistens Menstruationsblut, weil dieses Blut als schmutzig gilt.

Der Faulbaum hilft gegen Behexung...

Wenn Sie die Zweige eines Faulbaums an Türen und Fenster hängen, helfen diese, verschiedene Verhexungen und Behexungen, die ein Zauberer Ihnen angetan hat, zu zerstören.

Behexung gegen Nachtblindheit...

Manchmal leidet man wegen einer Behexung an Nachtblindheit. In diesem Fall töten Sie ein Huhn uns lassen es ausbluten, dann kratzen Sie das getrocknete Blut das am Messer geblieben ist ab und übergeben es dem Wind.

Sie können die Nachtblindheit auch so heilen: Verbeugen Sie sich über einem kleinen Kübel mit Teer und sagen Sie: *„Teer, Teer! Nimm von mir die Nachtblindheit und gib mir meine klaren Augen zurück."* Danach gehen Sie auf einen Kreuzweg und tun so, als ob Sie nach etwas suchen würden. Dies müssen Sie solange tun bis eine irgendeine Person vorbeikommt die Sie fragt: „Wonach suchen Sie hier?" Dann antworten Sie: *„Was ich finde, das ich dir gebe."* Dann wischen Sie mit Ihren Händen Ihre Augen ab und winken (schütteln diese aus) in Richtung der (sich entfernenden) Person.

---

[39] Hirtentäschel (kraut), Gattung der Familie der Kreuzblütler mit herzförmigen Früchtchen die oft als Heilpflanze benutzt wird.

[40] Das *Vitriol*, [frz.], Schwefelsäuresalz eines zweiwertigen Metalls in wässriger Lösung, wie z.B. Kupfervitriol.

Den Ehering anstecken bei der Trauung...

Wenn ein Mann mit einer Frau sich kirchlich trauen lässt, soll er einen Ehering fest an den Finger seiner Frau anstecken, andernfalls gewinnt die Frau die Oberhand nach der Hochzeit.

Die heilenden Fähigkeiten der Brennnessel...

Man benutzt die Brennnessel, um das Blut zu stillen und die Männerpotenz zu verbessern. Die Brennnessel hilft einem Zauberer, böse Hexereien zu zerstören. Wenn Sie ein Dampfbad mit Brennnesseln in der Sauna nehmen, dann kann kein böser Geist Sie behexen und Sie werden einen Monat lang vor Menschen-Vampiren geschützt. Dieses Dampfbad hilft den Männern, die Potenz zu verbessern. Die Brennnessel verbessert den Blutkreislauf und reinigt die Haut. Dieses Kraut stabilisiert den Blutdruck und heilt das Nervensystem.

Man wendet die Brennnessel bei der Hellen Hexerei an: Ein Zauberer soll jede Woche die Brennnessel mit bloßen Händen abpflücken und dann zwischen den Handflächen zerreiben. Wenn er dieses Kraut pflückt, soll er sagen: *„Brennnessel, Brennnessel, Brennnessel, gib mir deine Kraft. Ich kann den Menschen Gutes bringen. Ich werde dir Dank abstatten, ich werde eine Kerze zu deinen Ehren anzünden und ich werde Gott von deiner Hilfe berichten."* Sprechen Sie diesen Zauberspruch drei Mal vor der Brennnessel, erst dann dürfen Sie sie pflücken.

Lavendel gegen böse Geister...

Diese Pflanze vertreibt böse Geister.

Liebestränke...

Ein Liebestrank ist eine selbst bereitete Mixtur, die Liebe einflößen kann. Die alten Zauberer konnten einen Liebestrank kochen, um böse Geister zu rufen. Dieser Zaubertrank bestand aus Tier- und Fischkörperteilen und Kräutern, die wie ein Sauger aussah, aus einigen Froschknochen, aus Steinen und aus Auswüchsen und oft auch aus Schwalben. Einige Zauberer benutzten einen Liebestrank, um eine Behexung zu machen; in diesem Fall fügten sie in einen Liebestrank Blut, Fingernägel und Haare. Ein solcher Liebestrank führt zu einer wahnsinnigen Leidenschaft.

Zaubereien mit der Lilie...

Die Wurzel einer Lilie, die Sie bei Neumond vergraben haben, hilft Ihnen, die Liebe einer Frau oder eines Mannes herbeizuführen, wenn Sie diese Wurzel bei sich tragen.

Für Liebesmagie können Sie eine Lilie auch so benutzen: Pressen Sie das Öl aus den Weißlilien[41] und gießen Sie dieses in einen Kristallbecher; dann lesen Sie den Psalm

---

[41] Liliengewächse: Pflanzenfamilie, meist krautige Zwiebelpflanzen mit großen, trichterförmigen Blüten (Mit zahlreichen Unterarten von Nutz- und Zierarten: z. B. Knoblauch, Zwiebeln, Hyazinthe, Tulpe, Lilie.)

137 und sagen den Namen „*Anael*" und den Namen Ihrer Liebesperson. Dann schreiben Sie den Namen eines Engels auf ein kleines Stück Zypresse[42] und tauchen dieses in das Weißlilienöl. Nach einiger Zeit reiben Sie Ihre Augenbrauen mit diesem Öl ein und binden sich ein Stück Zypresse an Ihre rechte Hand. In einem passenden Moment berühren Sie mit dieser Hand die rechte Hand Ihrer Liebesperson. Die beste Zeit dafür ist Freitags bei Neumond vor Sonnenaufgang.

Wahrsagungen mit einem Spiegel...

Eine junge Frau geht in ein leeres Zimmer und nimmt einen Spiegel und 2 Kerzen mit, sie stellt diese Dinge zusammen auf einen Tisch, zündet die beiden Kerzen an, setzt sich vor den Spiegel und fängt an wahrzusagen: „*Mein gerechter und gerichteter Mann, komm zu mir zum Abendessen.*" Nach einiger Zeit wird der Spiegel trübe und die junge Frau soll den Spiegel mit einem sauberen Tuch abwischen. Minuten später sieht sie z.B. irgendjemandes Gesicht im Spiegel und wenn sie die Gesichtszüge genau betrachtet und sie diesen Mann kennt, soll sie schreien: „*Gehe von seinem Platz weg!*" Dann verschwindet die Gestalt des Mannes. Dies soll sie so oft tun bis die junge Frau erkennt, das es das Gesicht ihres zukünftigen Bräutigams ist. Es kann aber auch sein, dass der Teufel in der Gestalt dieses Mannes kommt. Wenn er kommt, setzt er sich an den Tisch, zieht einen Ring oder ein Portemonnaie oder etwas Anderes aus seiner Tasche und legt es auf den Tisch. Wenn die Frau nicht ängstlich ist, soll sie etwas warten und dann noch einmal sagen: „*Gehe von seinem Platz weg*". Der Teufel verschwindet dann und alle abgelegten Dinge bleiben bei der Frau und die darf diese Dinge behalten.

Wahrsagen mit Zinn, Wachs, Blei oder Gold...

Man gießt heiß gemachtes Zinn, Wachs, Blei oder Gold in kaltes Wasser und stellt dabei eine Frage über seine Zukunft. Das Metall (oder das Wachs) erstarrt im Wasser und es erscheinen verschiedene Gestalten, an denen man erkennen kann, was in seinem Leben bald passieren wird.[43] Normalerweise (traditionell) sollte man die Gestalt erst durch den Schatten des Objektes interpretieren. Ob man es nun so oder so handhabt, es sollte nur vorher festgelegt sein.

Oder probieren Sie dies: Zerknüllen Sie eine Zeitung und überlegen sie sich dabei Ihre Frage. Dann legen Sie diese auf einen metallenen Teller und zünden sie an. Danach nehmen Sie diesen Teller und bringen ihn zu einer beleuchteten Wand; drehen

---

[42] Aus der Gattung der Zypressengewächse. Schlanke, kegelförmige Bäume mit Schuppenblättern und kugeligen Zapfen. Die *Echte Zypresse* ist ein beliebter Garten- und Kübelbaum im Mittelmeerraum.

[43] Zumindest in Deutschland wird diese Wahrsagetechnik meist nur zu Silvester ausgeführt: Früher wurde in der Neujahrsnacht nicht mit Zinn, sondern mit Blei (Blei scheidet jedoch hochgiftige Dämpfe aus, wenn man es erwärmt, ja sogar das Berühren ist schon gefährlich. *Akute Bleivergiftung* verursacht Magenkrämpfe, Erbrechen, Darmkoliken, Harnverhaltung (Verstopfung). Dies geht bis zur *chronischen Bleivergiftung* die zusätzlich Lähmungserscheinungen verursacht. Heutige Bleigießpackungen sind davon natürlich nicht mehr betroffen) gegossen. Natürlich kann man diese Technik jedoch jederzeit, in bezug auf ganz individuelle Fragen (Berufsaussichten, Eheglück usw.) anwenden.

Sie den Teller so, dass ein Schatten erscheint. Nach den Konturen an der Wand können Sie Ihre Zukunft bestimmen.

Die Figur sieht aus wie ein/eine...	Die Deutung der gegossenen Figuren
Acht	Geistige Kraft siegt über körperliche.
Acker (Bauernfeld)	Schicksal und Glück sind auf deiner Seite.
Adler	Du machst Gewinn/Profit in deinem Beruf (Job).
Affe	Achtung vor falschem Spiel.
Ähren	Deine Wünsche werden sich erfüllen.
Amboss	Sei vorsichtig in deinem Beruf. *Alternativ*: Du wirst Glück machen.
Anker	Du wirst Hilfe von anderen erhalten. *Alternativ:* Feste Bindung.
Apfel	Dein Vertrauen wird gebrochen werden. *Alternativ:* Man will dich verführen.
Ast	Das Glück bleibt dir treu.
Auge	Böses wird sich abwenden.
Auto	Chance auf ein vielversprechendes Wagnis oder Unternehmen.
Automat	Sei vorsichtig bei deinen Ausgaben.
Axt	Hüte dich vor Intrigen.
Ball	Du musst aktiv bleiben.
Bär	Erst denken dann handeln.
Baum	Du wächst in deiner Leistungsfähigkeit. *Alternativ:* Du wirst Deinem Weg gehen.
Becher, Krug	Glück und Gesundheit (Heilung). *Alternativ:* Eine Freundschaft festigt sich.
Beil, eine Axt	Enttäuschung in der Liebe.
Besen	Ein Konflikt oder kleines Argument wird ihre Sache stören. *Alternativ:* Vorsicht vor Höhenflügen.
Bett	Erfüllung deiner Träume.
Beutel, Tasche	Unerwartetes Glück erwartet dich.
Biene	Aussicht auf eine Heirat. *Alternativ*: Schlaues Handeln führt zum Erfolg.
Blatt	Kein Glück ohne Neid.
Blumen	Neue Freundschaften werden sich entwickeln.
Bock (Schafbock)	Erwarte eine Erbschaft.
Bombe	Du wist einer Gefahr entkommen.
Boten mit Brief	Dich werden sehr bald wichtige Nachrichten erreichen.

Die Figur sieht aus wie ein/eine...	Die Deutung der gegossenen Figuren
Brille	Du wirst sehr lange leben und sehr alt werden. *Alternativ:* Übe Weitsicht.
Brücke	Sie werden neue Regeln brauchen um weiter zu kommen. *Alternativ:* Sei kompromissbereit.
Brunnen, Quelle	Tiefe Liebe für jeden.
Burg, Festung	Dein Wunsch nach einem Wechsel wird sich erfüllen.
Chrysanthemen	Irgendjemand braucht deine Hilfe
Colt	Schnell reagieren.
Degen, Schwert	Ein einschneidender Wechsel steht dir bevor. *Alternativ:* Deine Kämpfernatur kommt durch.
Denkmal	Du überschätzt dich selbst. Überdenke deine Position.
Dolch	Du wirst erfolgreich in deinen Zielen sein. *Alternativ:* Man fordert dich heraus.
Drache	Du wächst über dich hinaus.
Dreieck	Deine Finanzen werden sich verbessern. *Alternativ:* Du bist heimlich verliebt.
Echse	Du weichst Problemen aus.
Ei	Deine Familie wird wachsen. *Alternativ:* Freude durch Familienzuwachs.
Eidechse	Eine große Belästigung wird schnell verschwinden.
Eimer	Erfolg und Befriedigung durch Beziehungen.
Eisenbahn	Die Trennung von einem Freund steht bevor.
Elefant	Du hast viel Kraft und Verständnis. *Alternativ:* Reichtum und Ansehen.
Engel	Gutes wird zu dir kommen. *Alternativ:* Schutz in der Not.
Erdwall	Du wirst erfolgreich sein, gerade wegen deiner Sorgen.
Eule	Veränderungen in naher Zukunft.
Fächer	Dicke Luft im Büro.
Fahne, wehend	Dein Herz und deine Gedanken sind an unterschiedlichen Plätzen. *Alternativ:* Gefahr droht.
Falke	Irgendjemand ist eifersüchtig auf dich.
Faust	Du spürst das du zurückgeworfen wirst.
Feder	Ein Wechsel wird bei dir Zuhause stattfinden.
Felsen	Du wirst viel Arbeit bekommen. *Alternativ:* Du fährst auf sicherem Gleis.
Finger	Man wird dich beleidigen.

Die Figur sieht aus wie ein/eine...	Die Deutung der gegossenen Figuren
Fische	Andere Menschen sprechen über dich. *Alternativ:* Jemand wird dir ins Netz gehen.
Flakon	Lass nicht alle auf dich Einfluss nehmen. Suche deinen eigenen Standpunkt.
Flasche	Glückliche Zeiten werden kommen.
Flugzeug	Glück während eines offenen Wettkampfes.
Frosch	Du wirst vielleicht viel Geld bei einer Lotterie gewinnen.
Frucht	Ein süßes Geheimnis erwartet dich.
Fuß	Vorsicht ist geboten.
Gabel	Konflikte und Beweisführung. *Alternativ*: Vorsicht vor Übergewicht.
Galgen	Sei misstrauisch vor falschen Freunden.
Gans	Die Liebe trägt Früchte.
Garten	Eine neue Liebe wird auf deinem Weg erscheinen.
Gebüsch	Bestätigen sie die Ausführung von anderen.
Geweih	Unglück in der Liebe.
Gewichte	Erfolg im Geschäft.
Gitarre	Deine geheimen Sehnsüchte werden wahr.
Glas	Eine tiefe Freundschaft entwickelt sich.
Glocke	Eine Erbschaft ist in Aussicht. *Alternativ*: Achtung ist geboten.
Gondel	Ein Abenteuer ist in Aussicht.
Haarlocke	Du wirst dich verlieben.
Hahn	Sei besonders vorsichtig mit Feuer. *Alternativ*: Sei auf der Hut.
Haken	Ein Hindernis wird auf deinem Weg erscheinen.
Halbmond	Dir fliegt der Storch aufs Dach.
Hammer	Du wirst deinen Weg gehen. *Alternativ:* Dein Wille versetzt Berge.
Hand	Lass Taten sprechen.
Hase	Warte ein bisschen auf dein Glück.
Haus	Deine Spekulation (dein Wagnis) wird gut gehen.
Herz	Harmonie und Freude.
Horn	Deine Chancen wachsen.
Hose	Du wirst dich lächerlich machen. *Alternativ:* Du wirst eine Schlacht gewinnen.
Hufeisen	Dich erwartet ein gutes Geschäft. *Alternativ:* Persönliches Glück.
Hund	Du erfährst eine unglaubliche Neuigkeit.

Die Figur sieht aus wie ein/eine...	Die Deutung der gegossenen Figuren
Hut	Gute Nachrichten werden dich erreichen.
Igel	Andere Menschen sind neidisch auf dich. Alternativ: Du musst eine Entscheidung treffen.
Insekt	Fleiß bringt dich voran.
Insel	Du bist/fühlst dich sehr alleine. *Alternativ:* Traute Stunden.
Käfer	Eine angenehme Erfahrung in der Liebe, steht dir bevor.
Kahn	Glück bei deinen zukünftigen Plänen und Absichten.
Kamel	Neue Pflichten.
Kanne	Unfreundlichkeit wird zu Entscheidungen führen.
Kanzel	Du magst es, wenn du recht hast.
Kapelle	Du sehnst dich nach Frieden und Ruhe.
Karpfen	Du wirst eine unerwartete Gehaltserhöhung erhalten.
Karussell	Lahme Witze eines Bekannten.
Katze	Die Macht ist dein.
Kegel	Sei vorsichtig im Beruf.
Kelch	Deine Zukunft wird glücklich sein.
Kerze	Dir geht ein Licht auf.
Kette	Jemand sucht deine Nähe.
Kirche	Du wirst schon bald einen neuen Hausstand gründen.
Klee	Befriedigung, Zufriedenheit und Glück.
Kleeblatt	Glück und Zuversicht.
Korb	Glück in der Liebe. *Alternativ:* Eine neue Liebe bringt Abwechslung.
Kranz	Versöhnung in einem Kreis von Freunden. *Alternativ:* Man verehrt dich.
Krone	Du wirst eine offizielle (öffentliche) Position erhalten.
Krug	Trink dir Deinen Partner schön.
Kuchen	Eine Festlichkeit wir kommen.
Kuckuck	Nicht in fremden Gewässern fischen.
Kugel	Lass deine schlechte Laune nicht an anderen aus.
Kuh	Heilung von einer Krankheit.
Lanze	Irgendjemand wird sich mit dir streiten (oder kämpfen). *Alternativ:* Sieg auf der ganzen Linie.
Leiter	Fortschritte in deinen Beruf werden sich einstellen. *Alternativ:* Man wird dich beschützen.
Leiter, zerbrochen	Entscheide dich schneller.

Die Figur sieht aus wie ein/eine...	Die Deutung der gegossenen Figuren
Leuchter	Dir wird ein Licht aufgehen. (Idee erhalten, oder etwas verstehen). *Alternativ:* Licht kommt ins Dunkel.
Leuchtturm	Gib deine Ziele nicht auf.
Libelle	Zärtliche Stunden.
Lippenstift	Sinnliche Stunden.
Löffel	Andere Menschen sprechen über dich.
Löwe	Wage es, weise zu sein.
Maske	Du wirst einen Gegner für dich gewinnen.
Mauer	Deine Ausdauer wird sich bald bezahlt machen.
Maus	Du findest Deinen Vorteil.
Meißel	Der kluge Mann baut vor.
Möhre	Gesundheit und langes Leben.
Mond	Du kannst Ehre erhoffen. Alternativ: Sucht und Unruhe.
Münze	Vorsicht in Finanzfragen.
Muschel	Träume erfüllen sich.
Nagel	Bald werden bessere Zeiten kommen.
Narzisse	Hochmut kommt vor dem Fall.
Nashorn	Du hast/brauchst ein gutes Nervenkostüm.
Nest mit Eiern oder Vögeln	Du wirst bald ein glückliches Zuhause haben. *Alternativ:* Schutz vor Feinden.
Netz	Glücklicher Fang.
Nikolaus	Du wirst reich beschenkt.
Nixe	Man bringt dir tiefe Zuneigung entgegen.
Obelisk	Ursprüngliche Kraft.
Ochse	In Deiner eigenen Kraft ruht dein Schicksal.
Orange	Fernweh.
Orgel	Sie spielen sich auf Ihre Weise durch das Leben. *Alternativ:* Bleibe Deinen Grundsätzen treu.
Palme	Eine langgehegte Hoffnung wird sich bald erfüllen. *Alternativ:* Lass dich nicht reizen.
Pantoffel	Du wirst schon bald verheiratet sein.
Panzer	Du brauchst ein dickes Fell.
Peitsche	Du brauchst eine starke Hand (die dich führt).
Pelikan	Erfolgreicher Fischzug.
Perle	Verschwendungssucht und Neid.
Pfeife	Sei vorsichtig, denn du kommst in eine gefährliche Situation. *Alternativ:* Ärger verpufft.

Die Figur sieht aus wie ein/eine...	Die Deutung der gegossenen Figuren
Pfeil	Das schnelle Leben ist das schönste.
Pferd	Kämpfe als Jüngling, genieße als Greis.
Pflug	Du musst in deinem Beruf härter arbeiten.
Pilz	Du wirst ein hohes Alter erreichen.
Pinguin	Unternehmung zu Zweit.
Pistole	Du willst in der Liebe betrügen.
Pokal	Du wirst ein begehrter Typ bleiben.
Quast	Bestelle dein Haus.
Rabe	Lasse dich beraten.
Rad	Ein großer Wechsel stellt deine Leben auf den Kopf.
Radieschen	Glück im Frühjahr.
Radio	Neuigkeiten.
Rakete	Kometenhafter Aufstieg.
Regenschirm	Sei hoffnungsvoll und vermeide es unfreundlich zu sein.
Reiter	Zähme deine wilden Kräfte.
Reptil	Gefahr im Anzug.
Ring	Du wirst dich verbinden.
Rute	Du findest die Quelle des Glücks.
Säge	Eine für sie vorteilhafte Trennung wird sich ergeben.
Salz	Jemand meint es gut mit dir.
Säule	Ein Wunsch wird unerfüllt bleiben. *Alternativ:* Deine Kraft macht die Schwachen mächtig.
Schaukel	Überprüfe was wirklich willst.
Schere	Wichtige Entscheidungen stehen bevor.
Schiff	Auf zu neuen Ufern.
Schildkröte	Suche die Weisheit in der Wahrheit.
Schlange	Andere Menschen sind neidisch auf deinen Erfolg. *Alternativ:* Achte auf deine Gesundheit.
Schlitten	Machen sie Ihre Verhältnisse und Beziehungen zu Menschen passend für sich selbst - Seien sie egoistischer.
Schlüssel	Lass anderen ihre Geheimnisse. *Alternativ:* Du kehrst zu deiner ersten Liebe zurück.
Schornsteinfeger	Glück überhaupt und besonders in der Liebe,
Schraubstock	Halte fest an dem, was du hast.
Schuh	Sie werden demnächst eine Menge Laufereien haben.
Schwalbe	Glück gehört dem, der sich selbst genügt.
Schwamm	Reinige deine Seele.

Die Figur sieht aus wie ein/eine...	Die Deutung der gegossenen Figuren
Schwein	Glück beim Spiel.
Segelboot	Du kommst in deinem Beruf (Job) gut voran.
Sichel	Verachte nicht die kleinen Freuden des Lebens.
Slip	Erfüllung deiner Träume.
Sonne	Heiße Stunden.
Spiegel	Du musst dich der Wahrheit stellen.
Spinne	Dein Glück hängt an einem seidenen Faden. *Alternativ:* Liebesabenteuer.
Stock	Dein Leben wird sich im Kreis drehen.
Storch	Du wirst verreisen. Alternativ: Nachwuchs steht ins Haus.
Stroh	Eine Fröhliche Zeit steht dir bevor.
Tänzerin	Lebe dein Leben nicht so furchtbar ernst.
Taube	Eine friedliche Zeit.
Teller	Du hast die Gelegenheit großzügig zu sein. *Alternativ:* Wohlstand.
Teppich	Du wirst eine weite Reise unternehmen.
Tintenfisch	Du hast etwas zu verbergen.
Tisch	Du wirst schon sehr bald zu einer Party eingeladen. *Alternativ:* Du gehörst zu den Auserwählten.
Tor	Du wirst den Ort deines Hauses wechseln.
Totenkopf	Du erntest Lob und Ehre.
Tränen	Liebeskummer.
Trauring	Du wirst schon bald verlobt sein. *Alternativ:* Warnung vor einem baldigen Seitensprung.
Treppe	Eine neue Aufgabe erwartet dich. *Alternativ:* Der Geist denkt, das Geld lenkt.
Trichter	Alles wendet sich zum Guten. *Alternativ:* Schütze deine Kräfte, sonst kommst du zu Schaden.
Trompete	Du wirst schon bald einen öffentlichen Job erhalten.
Tunnel	Sie werden sich von einem schrecklichen Erlebnis erholen.
Turm	Du solltest mehr Mut in dieser/einer Sache haben.
Ufo	Unbekannte Einflüsse beherrschen dich.
Uhr	Unruhige Zeiten.
Uhu	Achtung vor Einbrechern.
Urne	Bedaure deine Vergangenheit nicht.
Vampir	Du lebst gefährlich.

Die Figur sieht aus wie ein/eine...	Die Deutung der gegossenen Figuren
Vogel	Du wirst Glück haben. *Alternativ:* Flatterhaftes kurzes Glück.
Vulkan	Zügle dein Temperament.
Waage	Du triffst eine weise Entscheidung.
Wappen	Glückliches Familienleben.
Weinstock	Erfülltes, glückliches Leben.
Widder	Teile dir deine Kräfte ein.
Wiege	Sie nehmen an einer Taufe teil. *Alternativ:* Besinn dich.
Windmühle	Sinnesänderung.
Würfel	Gewinn im Glücksspiel.
Wurm	Du wirst ein Doppelleben führen.
Zahn	Ein Mensch verzaubert dich.
Zahnrad	Du hast gut kalkuliert.
Zaun	Zu hast ein Missverständnis zu klären.
Zelt	Bevorstehender Umzug.
Zeppelin	Glänzende Möglichkeiten erwarten Sie.
Zepter	Würde ist mit Bürde gesellt.
Ziege	Streit mit Nachbarn.
Zirkel	Der Gerechte muss viel leiden.
Zitrone	Zweifel und Misstrauen.
Zweige	Die Ehre wird deiner Tugend Lohn sein.
Zwerg	Man unterstützt deine Pläne.
Zwiebel	Glück im Unglück.
Zylinder	Eine sehr ernste Angelegenheit wird geschehen.

Den Namen ihres zukünftigen Mannes wahrsagen...

Eine junge Frau geht aus dem Haus und versteckt sich hinter einem Baum. Dann fragt sie den ersten Passanten nach seinem Namen. Den gleichen Namen hat ihr zukünftiger Mann.

Oder versuchen Sie das folgende: Eine junge Frau hängt einen Schlüssel von außen ans Fenster und wenn jemand vorbeikommt, soll diese Frau den Schlüssel berühren und den Passanten nach seinem Namen fragen. Dann weiß sie, welchen Namen ihr künftiger Mann hat.

Sie können auch folgendes versuchen: Zeichnen Sie einen Kreis und teilen Sie ihn in 78 Teile (drei Mal deutsches Alphabet) auf, dann schreiben Sie im Uhrzeigersinn das Alphabet drei Mal hintereinander auf. Nehmen Sie Körner und werfen diese auf die Buchstaben. Danach können Sie den Namen Ihres zukünftigen Mannes (oder Ihrer zukünftigen Frau) ablesen.

Oder: Zeichnen Sie einen Kreis und teilen Sie ihn in 26 Teile, dann schreiben Sie das Alphabet im Uhrzeigersinn darauf. Es ist wünschenswert, dass dieser Kreis auf blauem Papier gezeichnet wird. Nehmen Sie eine Nadel und fädeln Sie in diese einen weißen[44] Faden ein. Halten Sie diesen Faden mit Ihrer Hand und lassen dabei die Nadel nach unten hängen, lesen Sie ein Gebet und fangen Sie an wahrzusagen. Sie sollen beobachten, wann sich der Faden zu wiegen beginnt. Er wiegt sich über bestimmten Buchstaben und Sie sollten sich diese Buchstaben aufschreiben. So können Sie einen Namen bilden.[45]

Wahrsagen des Alters ihres zukünftigen Mannes...

An einem Winterabend, geht eine junge Frau raus und wirft Schneebälle. Dann hört sie, was für ein Hund bellt. Wenn es ein Hund mit einer klangvollen Stimme ist, dann wird diese Frau einen jungen Mann heiraten. Wenn es ein Hund mit einer rauen Stimme ist, dann wird sie einen alten Mann heiraten.

Wahrsagen der Qualität ihres zukünftigen Mannes...

In der Nacht zieht eine junge Frau ein Holzscheit aus dem Ofen oder aus einem Lagerfeuer. Wenn der Holzscheit glatt ist, dann wird sie einen guten Mann heiraten. Wenn er astig und voller Risse ist, dann wird sie einen schlechten und bösen Mann heiraten. Einige Zauberer sagen, dass, wenn ein Holzscheit astig ist, ihr Mann reich sein wird, und wenn er glatt ist, arm.

Wahrsagen der emotionalen Natur ihres zukünftigen Mannes...

In der Nacht, wenn alle Familienangehörigen schon ins Bett gegangen sind, setzt sich eine junge Frau ans geschlossene Fenster, denkt an ihren Wunsch-Mann und sagt: *„Mein gerechter und gerichteter Mann, fahre an meinem Fenster vorbei!"* Dann wartet sie, bis einige Leute vorbeigehen. Wenn diese Leute herum lärmen, schreien und pfeifen, dann wird diese Frau ein fröhliches Eheleben haben. Wenn diese Leute langsam gehen und still sind, dann wird diese Frau ein trauriges und armes Leben haben.

Oder Sie gehen folgendermaßen vor: Im Winter, an einem Abend, legen Sie sich in den Schnee, dann stehen Sie auf und gehen ins Bett. Am Morgen schauen Sie auf ihren Abdruck, den Sie am vorherigen Abend im Schnee hinterlassen haben. Wenn dieser Abdruck glatt ist, dann wird Ihr Mann ruhig und ausgeglichen sein - und wenn er geplatzt ist, dann wird Ihr Mann rauflustig und zänkisch sein.

Wahrsagen des Zeitpunktes der Heirat...

In der Nacht hängt eine junge Frau ein Handtuch außen ans Fenster und sagt: *„Mein gerechter und gerichteter Mann, komm und wische dich ab!"* Wenn dieses Tuch in Kürze nass wird, dann heiratet diese Frau einen Mann noch in diesem Jahr. Wenn

---

[44] Weiß = Als Symbol für Das Brautkleid.
[45] Eine Alternativform zum üblichen Pendeln.

das Tuch erst gegen Morgen nass wird, dann verheiratet sie sich viel später; wenn das Tuch trocken bleibt, dann heiratet sie nie.

Wahrsagen des Todes oder der Heirat...

In der Nacht geht ein Mensch zur Kirche, stellt sich an die Tür und hört die Lieder. Wenn das erste Lied, das er hört, ein Beerdigungslied ist, dann stirbt dieser Mensch in diesem Jahr. Wenn das erste Lied ein hochzeitliches Lied ist, dann heiratet er.

Oder Sie probieren folgendes: Am 7. Juli flechten Sie Birkenzweige zu einem Kranz und lassen diesen auf dem Wasser schwimmen (es kann ein Fluss oder ein See sein). Wenn der Kranz im Wasser untergeht, dann sterben Sie in diesem Jahr; wenn er schwimmt, dann heiraten Sie und wenn er ans Ufer geschwemmt wird, dann heiraten Sie noch in diesem Jahr.

Oder folgendes: Zerkleinern Sie eine Kerze und erwärmen Sie das Wachs auf einem Löffel. Wenn es geschmolzen ist, gießen Sie es in kaltes Wasser. Dann beobachten Sie, welches Figurchen dabei entsteht. Wenn Sie einen Sarg sehen, dann werden Sie in diesem Jahr sterben; sehen Sie einen Kranz, dann werden Sie heiraten.

Wahrsagen wo ihr zukünftiger Mann wohnt...

Eine junge Frau wirft einen Schuh über das Tor und beobachtet, in welche Richtung die Schuhspitze zeigt, denn dann kann sie bestimmen, in welcher Richtung ihr zukünftiger Mann wohnt. Wenn die Spitze aufs Tor zeigt, dann heiratet diese Frau in diesem Jahr nicht.

Eine andere Möglichkeit den Wohnort zu erfahren ist: Setzen Sie sich auf ein Pferd, verbinden Sie seine Augen mit einem Tuch und lassen Sie das Pferd frei gehen. Ihr Pferd geht dahin, wo Ihr zukünftiger Mann wohnt.

Noch eine Möglichkeit den Wohnort zu erfahren ist: Laufen Sie auf den Hof und rufen Sie „Hallo!" Das Echo schallt aus der Richtung zurück, wo Ihr künftiger Mann wohnt.

Wahrsagen des Gesichts Ihres zukünftigen Mannes...

Eine junge Frau nimmt einen Spiegel und geht des Nachts auf einen Kreuzweg. Hier stellt sie sich mit dem Rücken zum Mond, besieht sich im Spiegel und sagt: „*Mein gerechter und gerichteter Mann, mein Verlobter, zeige dich im Spiegel!*" Dann kann sie das Gesicht ihres zukünftigen Mannes sehen.

Oder Sie probieren folgendes: Um Mitternacht gehen Sie in die Sauna, ziehen sich aus und setzen sich an den Tisch. Stellen Sie einen Spiegel vor sich und zünden Sie zwei Kerzen an, die Sie zu beiden Seiten des Spiegels aufstellen. Dann stellen Sie einen anderen Spiegel hinter sich, so, dass er gegenüber dem ersten Spiegel steht. So können Sie einen Spiegeltunnel erzeugen und in diesem Tunnel zeigt sich Ihr zukünftiger Mann.

Oder: Zum Dreikönigsfest im Januar, wenn niemand zu Hause ist, nimmt eine junge Frau einen Besen und fängt an das Zimmer zu fegen. Jedes Mal, wenn sie nach rechts fegt, soll sie dem Teufel einen Zauberspruch sagen (sie soll den Teufel um Hilfe bitten). Dann nimmt sie ein Stück Holzkohle, stellt sich in die Mitte des Zimmers und zieht einen Strich, dann dreht sie sich um und sagt: *„Mein gerechter und gerichteter Mann, mein Verlobter! Finde dich vor mir ein wie ein Blatt vor dem Grase!"* Mittags kommt der Teufel und er hat das Gesicht ihres zukünftigen Mannes.

Wahrsagen im Schlaf...

Legen Sie Ihren Kamm unter das Kissen und sagen Sie: *„Mein gerechter und gerichteter Mann, mein Verlobter, komm zu mir und kämme meine Haare!"* Im Schlaf kommt der Teufel und in der Gestalt ihres Wunsch-Mannes und kämmt Ihre Haare.

Oder probieren Sie folgendes aus: Machen Sie eine kleine Brücke aus Gerten und legen Sie diese unter Ihr Kissen. Bevor Sie einschlafen, sagen Sie: *„Wer ist mein gerechter und gerichteter Mann und mein Verlobter, der mich über diese Brücke bringt?"* In der Nacht träumen Sie von dem Mann, der Ihr zukünftiger Mann sein wird.

Oder folgendes: Kochen Sie eine Speise zum Abendessen und versalzen Sie diese, um in der Nacht Durst zu haben. Bevor Sie ins Bett gehen, essen Sie diese Speise und sagen: *„Wer mein gerechter und gerichteter Mann, mein Verlobter ist, der bringt mir zu trinken."* In dieser Nacht träumen Sie von Ihrem zukünftigen Mann.

Hier noch eine andere Möglichkeit: Folgendes Wahrsagen macht man in der Nacht von Montag auf Dienstag. Nehmen Sie einen Fichtenzweig und legen Sie ihn ans Kopfende Ihres Bettes. Dann sagen Sie: *„Ich lege mich am Montag hin und ich träume von dem, der an mich denkt."* Sie träumen dann von einem Mann, der Sie liebt.

Und noch eine: Eine junge Frau macht einen Wasserhahn zu und sagt: *„Komm, mein gerechter und gerichteter Mann, mein Verlobter, und bitte mich um Wasser!"* Dann, in der Nacht, träumt sie von ihrem Zukünftigen.

Wahrsagen ob Wünsche erfüllt werden...

Denken Sie sich einen Wunsch aus, dann gießen Sie 6 SL[46] Wasser in ein Glas und stellen dieses ans Kopfende Ihres Bettes. Wenn morgens die Menge des Wassers zugenommen hat, dann wird sich Ihr Wunsch erfüllen; wenn der Wasserspiegel abgenommen hat, wird sich Ihr Wunsch nicht erfüllen.

Wunscherfüllung besonderst effektiv zu Neujahr...

Zu Silvester besorgen Sie sich einen Bleistift und ein kleines Blatt Papier. Zu Neujahr um Mitternacht, wenn Sie den ersten Schlag der Uhr hören, schreiben Sie Ihren Wunsch auf, verbrennen dieses Blatt und fügen die Asche einem Glas Sekt hinzu, rühren um und trinken es aus. Sie sollen das bis zum letzten Schlag der Uhr erledigt haben. Ihr Wunsch erfüllt sich in diesem Jahr unbedingt.

---

[46] Suppenlöffel

Die beste Zeit um wahrzusagen...

Die beste Zeit um wahrzusagen ist: um Mitternacht vor Neujahr, vor dem Dreikönigsfest und am 6. Juli.

Wahrsagen Sie Ihre nahe Zukunft...

Gießen Sie Wasser in ein Glas und legen Sie Ihren Verlobungsring hinein. Dann schauen Sie auf den Ring und Sie können Ihre (nahe) Zukunft sehen.

Oder Sie probieren das folgende: Nehmen Sie eine Schüssel mit Wasser und hängen Sie an das Becken vier[47] Papierblätter mit den Aufschriften: „eine Hochzeit", „eine Krankheit", „der Tod", „die Abfahrt". In eine Nussschale setzen Sie eine kleine Kerze, zünden diese an und dann lassen sie diese Schale mit der Kerze auf dem Wasser schwimmen. Dann beobachten Sie, an welches Blatt die Schale schwimmt. Sie können so erkennen, was die Zukunft Ihnen bringt.

Oder Sie probieren dies: (Buchlesekunst) Nehmen Sie einen Psalter, einen Vers-Sammelband oder ein anderes Buch, öffnen Sie dieses und fangen Sie auf gut Glück an zu lesen, dann deuten Sie alles, was Sie gelesen haben, und Sie können Ihre Zukunft bestimmen.

Oder dies: Nehmen Sie warmes Wasser, gießen Sie dieses in ein Glas und fügen Sie ein Eiweiß hinzu. Vermischen Sie alles und wenn das Wasser sich beruhigt hat, können Sie verschiedene Bilder sehen. So können Sie Ihre Zukunft bestimmen. Z.B. ein Bild, das wie eine Kirche aussieht, bedeutet für junge Leute eine Hochzeit, für alte den Tod. Ein Bild, das wie ein Schiff mit Segeln aussieht, bedeutet für eine verheiratete Frau die baldige Ankunft ihres Mannes, für eine junge Frau, sie verheiratet sich weit von ihrem Haus, und für einen Mann eine weite Reise. Wenn das Eiweiß auf den Boden absinkt und Sie kein Bild sehen, bedeutet es Tod, Brand, Unglück, Not oder dauerndes unverheiratetes Leben.

Oder: Folgendes Wahrsagen darf nur eine Hexe oder ein Zauberer anwenden. Man nimmt zwei Nadeln, reibt diese mit Fett ein und gibt diese Nadeln in ein Glas warmes Wasser. Wenn die Nadeln versinken, ist das ein schlechtes Vorzeichen, wenn sie zusammenkommen, dann wird bald eine Hochzeit stattfinden, wenn sie auseinander gehen, dann wird die Hochzeit aufgeschoben, wenn sie an verschiedenen Seitenwänden des Glases zu liegen kommen, dann bleibt man unverheiratet.

Oder dies: Dieses Wahrsagen benutzen die jungen Frauen, die verschiedene Wahrsagearten schon probiert haben. Eine Frau nimmt Blei und wärmt dieses auf einem Löffel auf. Dann, nach den Bildern, die im Löffel erscheinen, kann sie ihre Zukunft bestimmen; z.B. wenn eine Kirche erscheint, bedeutet das eine Hochzeit, wenn ein Sarg erscheint, bedeutet es Tod.

---

[47] Oder mehr – mit Aufschriften je nach Bedarf.

Wahrsagen, zusammen mit anderen Menschen...

An dieser Wahrsagung nehmen zwei Menschen teil. Jeder nimmt drei Bleistifte und legt damit eine Figur zusammen, die wie ein „Y" aussieht. Jeder hält die Querbalken dieser seiner Figur mit beiden Händen. Dann sagen beide drei Mal: *„Jesus Christus sei Dank."* Dann stellen sie ihre Fragen. Wenn zwei Bleistifte einer Figur zusammenkommen, dann bedeutet das, dass Sie eine Nein-Antwort bekommen; wenn die Bleistifte auseinandergehen, dann bekommen Sie eine Ja-Antwort.

Diese Art des Wahrsagens wenden junge Frauen zusammen an, die nicht verheiratet sind. Eine junge Frau aus der Gruppe nimmt einen alten Schlüssel und legt ihn so in ein Buch, dass der Schlüsselbart zwischen den Seiten bleibt und der Ring des Schlüssels nach außen ragt. Sie verbindet das Buch fest mit einer Schnur. Eine andere Schnur steckt sie durch den Ring des Schlüssels und hängt das Buch dann auf. Alle jungen Frauen, die an diesem Wahrsagen teilnehmen, nennen ihre Namen nacheinander und wenn das Buch sich zu drehen anfängt, dann wird die Frau, die gerade ihren Namen genannt hat, bald einen Mann heiraten.

Wahrsagen durch pendeln...

Nehmen Sie ein kleines Gewicht und binden sie es an eine Schnur. Dann halten Sie die Schnur in der Hand und sagen drei Mal: *„Jesus Christus sei Dank."* Dann fragen Sie: *„Gewicht! Bist du zur Arbeit bereit?"* Wenn das Gewicht zu pendeln beginnt, dann dürfen Sie weiter fragen. Nach jeder Frage sollen Sie schauen: Wenn sich das Gewicht im Uhrzeigersinn dreht, dann bekommen Sie eine Ja-Antwort. Wenn es entgegen dem Uhrzeigersinn schwingt, bewerten Sie es als eine Nein-Antwort.[48]

---

[48] Sie können sich auch auf einem Stück Papier einen Kreis aufmalen, mit z.B. *Ja, Nein, Vielleicht, Nie* (oder anderen Worten). Dann können Sie dies als Grundlage zum Pendeln nehmen.

Wahrsagen durch Kaffeesatz...

Nehmen Sie 3 TL Kaffee und kochen ihn mit Wasser auf. Lassen Sie den aufgekochten Kaffe auf einem Teller kalt werden. Dann gießen Sie die Flüssigkeit vorsichtig ab und fügen dem Kaffeesatz ein Glas kaltes Wasser hinzu. Rühren Sie das Ganze um und erwärmen Sie es noch mal bis auf 60 Grad. Dann gießen Sie alles auf einen sauberen Teller und schütteln diesen dabei ein wenig, damit der Kaffeesatz mit ganz heraus kommt. Warten Sie, bis der Kaffeesatz kalt geworden ist und gießen Sie das Wasser langsam ab. Schauen Sie dann, was im Teller geblieben ist. Sie können vermutlich verschiedene Figürchen sehen, z.B.:

Die Allgemeinen Figuren	Die Interpretation der Figuren
Augen	Eine Wendung
Ein Auto	Ein Weg
Ein Dreieck	Sie bekommen einen Arbeitsplatz
Ein Dreieck	Unerwartete Begegnung
Ein Fahrrad	Eine schwere Reise
Ein Gesicht im Kreis	Jemand liebt Sie
Ein Gitter	Eine Verhaftung
Ein großer, schwarzer Fleck	Ein schweres Unglück
Ein Handschuh	Eine alte Liebe
Ein Haus auf einer Erhebung	Wende zum Besseren
Ein Haus mit einem schönen Dach	Familienglück
Ein Haus neben einem Kreis	Sie kaufen bald ein Haus
Ein Herz	Die Liebe
Ein Hut	Jemand erweist Ihnen die Ehre
Ein junger Mann	Der Abschied
Ein kleines Haus	Not und zusammengedrängtes Leben
Ein kleines Mädchen	Eine herzliche Liebe
Ein Kranz	Erfolg im Beruf
Ein Kreis	Sie umgeben sich mit angenehmen Menschen
Ein Kreuz	Der Tod
Ein Mensch mit einem Tier	Jemand bemüht sich um Sie
Ein Menschenkopf ohne Körper	Ein neuer Freund, der Ihr Schicksal günstig beeinflusst
Ein Menschenkopf, der nach oben sieht	Eine geringfügige Gefahr
Ein Menschenkopf, der nach unten sieht	Ein mächtiger Beschützer, der bereit ist, Ihnen zu helfen
Ein Messer	Jemand fügt Ihnen viel Schaden zu
Ein Mond, der wie ein Horn gebogen ist	Vergebliche Träume

Die Allgemeinen Figuren	Die Interpretation der Figuren
Ein Mund	Fleiß und Bescheidenheit
Ein Mund auf einer Erhebung	Treue Freunde
Ein Mund in der Mitte des Tellers	Eine gute Nachricht
Ein Oval	Eine Ehe
Ein Pappdeckel	Gute und erfolgreiche Pläne
Ein Quadrat	Langeweile
Ein Rad	Abenteuer
Ein regelmäßiges Viereck	Ihr Leben wird glücklich und reich, bald erhalten Sie einen großen Gewinn
Ein Reiter	Hilfe von einem mächtigen Menschen
Ein Sarg	Traurigkeit, Unglück und Leid
Ein Sarg an einem Bett	Schwere Krankheit
Ein Sarg mit einem Kreuz	Eine Nachricht über jemandes Tod
Ein Schlüssel	Enttäuschung
Ein Schuhwerk	Gefahr und eine Begegnung
Ein Schwarzes Kreuz	Eine traurige Nachricht und Tod
Ein Stern	Ungebundenheit Befreiung von unnötiger Anhänglichkeit
Ein Stuhl	Erhabenheit Sie erringen einen Sieg
Ein ungeschlossenes Dreieck	Sie sind in Sicherheit
Ein Viereck	Unerwarteter Erfolg Glück in der Liebe
Ein weißes Kreuz	Ein glückliches Familienleben
Eine alte Frau	Zuverlässige und starke Liebe
Eine Gabel	Reichtum und üppiges Leben
Eine gepunktete oder gestrichelte Linie	Ein glückliches Vorzeichen
Eine gerade Linie, die von Kurven und gebrochenen Linien gekreuzt wird	Schwierigkeiten in der Liebe, Ihre Liebesperson beleidigt Sie
Eine Kerze	Ein Wunschtraum
Eine Kurve oder eine bogenförmige Linie	Seien Sie vorsichtig, Sie haben einen Feind
Eine Linie über den ganzen Teller	Eine schöne Reise
Eine mittelgroße gestrichelte Linie	Ein Wechsel in Ihrer Tätigkeit
Eine Schachtel	Glück und Erfolg
Eine Schaufel	Sie finden etwas, das Sie einst verloren haben
Eine Schaufel mit einem Kreuz oder mit einem Quadrat	Sie trennen sich von Ihrer Liebesperson
Eine Schere	Erfolg
Eine schiefe Linie	Krankheit

Die Allgemeinen Figuren	Die Interpretation der Figuren
Eine Tür	Der Erfolg in einer neuen Unternehmung
Eine wellenförmige Linie	Eine Seereise
Eine zickzack-förmige gebrochene Linie	Ein Abenteuer und eine Krankheit
Gebrochene Linien	Verschiedene Schwierigkeiten
Gerade Linien	Bedeutet: langes und glückliches Leben
Ein Geschirr	Tränen
Geschirr	Eine unerwartete Begegnung
Körner auf einer geraden Linie	Ein leicht zu nehmendes Hindernis
Kreise ohne Flecken	Geld
Kreise voller Flecken	Kinder (Anzahl der Flecken = Anzahl der l
Schwarze Punkte um ein Haus	Geld, Gewinn und Sicherstellung
Viele Dreiecke	Ein Gewinn oder eine Fundsache
Viele gebrochene Linien	Eine schwierige materielle Situation
Viele gerade Linien	Gesundheit und langes Leben
Viele Kurven	Sie haben viele Feinde, die wollen, dass sie Unannehmlichkeiten haben
Viele Menschen	Jemand möchte Ihnen helfen
Viele ovale Hügel	Der Erfolg im Beruf
Viele schiefe Linien	Seien Sie wachsam und vorsichtig, die Sache steht schlecht
Zwei Gesichter in einem Kreis	Baldige Ehe
Zwei Gesichter, die durch eine Linie getrennt sind	Eine Ehescheidung und ein Verrat
Zwei Gesichter, die sich ansehen	Sie lieben jemanden und werden geliebt
Zwei sich berührende Dreiecke	Ihre Situation ist unbeständig
Zwei sich überlappende Dreiecke	Glück mit und Erfolg bei Frauen

Die Tier-Figuren	Die Interpretation der Figuren
Ein Adler	Sie erringen einen Sieg nach ehrlichem Kampf
Ein Bär	Ein schwieriges Leben und eine Gefahr, der Sie entrinnen können
Ein Bär auf einer Erhebung	Sehen Sie sich vor Glück vor
Ein Bär in einer Senke	Das große Glück
Ein Büffel	Leiden
Ein Bulle auf einer Erhebung	Ein Gewinn und hoch bezahlte Arbeit
Ein Bulle unter der Höhe	Unverwüstliche Gesundheit
Ein Elefant	Kraft und Reichtum
Ein Entenküken	Sie haben einen treuen Ehemann (treue Ehefrau)
Ein Fisch	Ein Fest oder ein Gastmahl

Die Tier-Figuren	Die Interpretation der Figuren
Ein Frosch	Glück und große Liebe, eine gute Nachricht
Ein Frosch auf einem Weg	Jemand kommt von weitem und dient Ihnen
Ein Frosch auf einer Erhebung	Sie werden eine reiche Witwe lieben
Ein Frosch neben einem Käfig	Sie heilen Ihre schwere Krankheit:
Ein Fuchs	Betrug und Schlauheit
Ein Fuchs, der groß ist	Jemand möchte Sie beleidigen, aber es gelingt ihm nicht
Ein Hahn	Familieneinstimmigkeit, Wohlergehen, Nachrichten
Ein Hahn auf einer Erhebung	Glück und eine Ehe, gute Nachrichten
Ein Hahn in einer Senke	Jemand möchte Ihnen viel Schaden zufügen
Ein Hahn mit dem Kopf nach unten	Eine plötzliche Wendung zum Besseren
Ein Hirsch	Ehrlichkeit und Verstand
Ein Huhn	Sie tun einem unbekannten Menschen einen Gefallen
Ein Hund	Ein treuer Freund
Ein Kamel	Reichtum
Ein Krebs	Enttäuschung
Ein Pferd	Der Weg
Ein Rabe	Unglück für Ihre Familie
Ein Raubtier	Wut und Elend
Ein Schmetterling	Ein Liebesbrief
Ein Schwan	Unerwartetes Geld
Ein Vogel	Eine gute Nachricht
Eine Ameise	Unruhe
Eine Eidechse	Eine Überraschung
Eine Fliege	Großer Reichtum, Sie erhalten ein Erbe
Eine Katze	Elend und Schmutz
Eine Kuh	Glück
Eine Schlange	Verrat
Eine Taube	Eine unschuldige, naive und ehrliche Seele

Pflanzen & Baum-Figuren	Die Interpretation der Figuren
Ein Baum	Ein Bekannter
Ein Busch	Ein Misserfolg bei einer Beschäftigung
Ein Veilchen	Eine reiche Ehe
Ein Wald	Ein Irrtum im Lebensweg
Ein Weidenbaum	Traurigkeit, Weinen und Melancholie
Eine Blume	Die Liebe
Eine Blume mit einem Kreuz	Eine Ehe

Pflanzen & Baum-Figuren	Die Interpretation der Figuren
Eine Chrysantheme	Späte Liebe
Eine Eiche	Sie erringen einen Sieg
Eine Rose	Verlobung

Die Zahlen-Figuren	Die Interpretation der Figuren
Eins	Jemand liebt Sie
Zwei	Unglück und Krankheiten
Drei	Ein erfolgreicher Handelsvertrag
Vier	Hoffen Sie auf Erfolg
Fünf	Leeres Gespräch, Klatsch und Tratsch
Sechs	Eine Ehe
Sieben	Familienglück und Erfolg in der Liebe
Acht	Feindschaft mit einem Freund
Neun	Bekanntschaft mit neuen Menschen
Zehn	Erfolg und Glück
Einhundert	Ein glückliches und langes Leben

Die Buchstaben-Figuren	Die Interpretation der Figuren
A	Sie erringen einen Sieg über einen Feind
B	Macht
C	Unglück
D	Ein Schaden
E	Sie haben Gewissensbisse
F	Sie sollen dem Heiligen Georg in einer Kirche eine Kerze anzünden
H	Unruhe und Besorgnis
K	Kaufen Sie ein Kreuz für sich
P	Betrug
R	Ein Trinkgelage
S	Eine Ehe
X	Eine Bekanntschaft
Y	Besorgnis und Angst
Z	Eine Wendung zum Besseren

Die Ordnung beim Wahrsagen durch Kaffeesatz...

Sehen Sie zuerst an den Tellerrand, vom Tellerrand gehen Sie dann bis zum Zentrum des Tellers. Also lesen Sie die Figuren von außen nach innen.

Dann lesen Sie die Figuren von links nach rechts, dann horizontal.

Danach erst von rechts nach links und horizontal.

Die Zeichen oder die Bilder, die nah am Rand liegen, bedeuten die freundschaftlichen Dinge.

Die Zeichen, die nah beim Zentrum sind, bedeuten die fremden (und feindlichen) Dinge.

Wenn eine Menschengestalt rechts von einem Zeichen liegt, dann haben Sie einen Feind.

Der Bodensatz bedeutet das Herz. Wenn der Bodensatz dicht ist, dann steht ein Unglück kurz bevor und wenn der Boden von Bodensatz sauber ist, dann ist das Unglück weit von Ihnen entfernt.

Wenn Sie kleine Punkte sehen, bedeutet dies, dass Sie Geld haben: je mehr Punkte, desto mehr Geld.

Wenn Sie einen Schmetterling oder ein Vogel sehen, denn bekommen Sie bald einen Brief. Wenn ein Vogel sich in der Nähe des Herzen befindet, dann kriegen Sie einen Liebesbrief; wenn er weiter vom Herzen entfernt ist, dann kommt auch der Brief von weit her.

Wenn Sie schwarze Schatten sehen, bedeutet das Feinde und Böses; wenn Sie helle Schatten sehen, heißt das Freunde und Gutes.

Wenn Sie alles zum Wahrsagen vorbereitet haben, sollen Sie einen Bleistift und ein Papierblatt nehmen und folgendes darauf schreiben[49]: den Namen eines Tieres, einen Männernamen, einen Frauennamen, eine Summe Geld, einen Beruf und Ihren Namen. Dann drehen Sie den Teller drei Mal im Uhrzeigersinn und fangen Sie an wahrzusagen.

Wahrsagen um herauszufinden was für ein Dieb im Haus war...

Folgende Techniken benutzt man, wenn man herausfinden möchte, was für ein Dieb im Haus war: Nehmen Sie ein Sieb, legen Sie dieses auf den Zeigefinger und strecken Sie den Arm nach einer Seite aus. Dann sagen Sie die Namen der Menschen, die Sie verdächtigen. Das Sieb dreht sich, wenn Sie den Namen des Diebes nennen.

Oder versuchen Sie folgendes: Laden Sie zwei Personen ein, dann binden Sie die Schere von unten an ein Sieb und legen dieses Sieb dann auf die Hände der Personen, die Sie eingeladen haben. Diese Personen strecken ihre Hände aus und halten das Sieb so, dass die Schere auf ihren Mittelfingern liegt. Dann sollen Sie fragen: „Hat ein Weißer gestohlen?", „Hat ein Schwarzer gestohlen?", „Hat ein Rothaariger gestohlen?". Wenn das Sieb sich nach einer Frage dreht, dann dürfen Sie weiter fragen, um weitere Kennzeichen zu erfahren und die Personalbeschreibung des Diebes zu vervollständigen.

Auch folgendes ist möglich: Folgendes Wahrsagen kann Ihnen helfen, einen Dieb zu finden. Nehmen Sie ein schwarzes Huhn und bestreuen sie dieses mit Ruß. Dann

---

[49] Alternativ können Sie auch einfach die Frage und/oder die Angelegenheit kurz schriftlich notieren/schildern.

versammeln Sie schuldige und unschuldige Menschen in einem Haus, lassen Sie das Huhn ins Haus hinein und schalten Sie das Licht aus. Das Huhn läuft zwischen den Menschen hin und her und wenn dieses Huhn schreit, dann schalten Sie das Licht schnell wieder ein. Fast alle Menschen im Haus sind mit dem Ruß beschmutzt, nur einer ist sauber. Dies ist der Dieb.

Verschiedene Methoden um Liebe dauerhaft zu machen...

Wir schlagen verschiedene Methoden vor, mit denen Sie die Liebe fest und dauerhaft machen können.

Nehmen Sie Knochenmark aus dem linken Bein eines Wolfes, grauen Amber und Zypressenpulver und machen Sie aus diesen Komponenten eine Salbe. Sie sollen diese Salbe immer bei sich tragen und von Zeit zu Zeit Ihrer Liebesperson zu riechen geben.

Oder: An einem Freitag von 17 bis 19 Uhr nehmen Sie die Haare Ihrer Liebesperson und sagen folgendes Gebet: *„Oh, schönster Name! Name, der das Herz des Menschen kräftigt, Name des Lebens, kostbarer Name, heiliger Name; Name, der rettet, bewahrt, richtet und führt. Befiehl mit deinem Namen, unser Jesus Christus, dass der Teufel weg gehe. Öffne, Herr, meine blinde Augen, vernichte meine Taubheit, heile mein Lahmen, gib mir meine Sprechfähigkeit zurück, vernichte mein Lepra, gib mir mein Leben zurück, beschütze mich vor inneren und äußeren Feinden, teile mich mit deinem heiligen Namen, damit ich immer mit dir sein und dich verherrlichen und verehren kann, denn alles gehört zu dir, denn du bist der ehrenwerte Herr und Sohn des ewigen Gottes, der führt und alles freut sich. Mögen dir Ehre, Lob und Ruhm immer und für ewige Zeiten zukommen. So sei es. Jesus Christus, wirke in meinem Herzen. So sei es. Und unser Herr, Jesus Christus, sei für immer in mir; er rufe mich ins Leben zurück, er bewahre mich, er sei vor mir und er führe mich, er segne mich, er sei bei mir, um mich zu führen, er wirke in mir und er erwecke mich wieder zum Leben, er sei bei mir, um mich zu stärken. Er sei immer mit mir, um mich vor den Qualen des ewigen Todes zu schützen. Er lebe und herrsche für ewige Zeiten."* Dann bitten Sie unseren Herr Jesus Christus um die Liebe zu Ihrer Liebesperson (sagen Sie dies mit Ihren eigenen Worten), verbrennen Sie dann die Haare, reiben das Bett mit Honig ein und streuen Sie die Haar-Asche aufs Bett. Auf diesem Bett soll Ihre Liebesperson in dieser Nacht übernachten. Normalerweise benutzen diesen Zauberspruch die Männer.

Oder probieren Sie folgenden Zauber:

Folgenden Zauberspruch wenden die verheirateten Frauen an, um die Liebe ihrer Männer zu erhalten. *„Wie die Leute im Spiegel sich besehen, so soll ein Ehemann seine Frau ansehen, und er soll sich an ihr nicht satt sehen können; wie eine Seife schnell alle ist, so schnell soll ein Ehemann seine Frau lieben und wie dieses Hemd am Körper war, so soll ein Ehemann Zeuge sein."* Dann verbrennt eine verheiratete Frau den Kragen eines Hemdes Ihres Mannes. Wenn der Kragen brennt, soll sie sagen: *„Wie dieses Hemd bei einem Mann war, so soll dieser Mann immer bei seiner Frau sein."*

Tragen Sie immer ein getrocknetes Wolfsgehirn bei sich.

Nehmen Sie Salz und sagen Sie: *„Wie die Leute das Salz im Essen mögen, so soll ein Ehemann seine Frau lieben."* Salzen Sie das Essen, das Sie Ihrem Mann geben, immer mit diesem Salz.

Nehmen Sie Seife und sagen Sie: *„So schnell, wie sich diese Seife vom Gesicht abwaschen lässt, so schnell soll ein Ehemann seine Frau lieben."*

Man wendet diesen Zauberspruch an, um eine Braut vor verschiedenen Unannehmlichkeiten im Eheleben zu schützen. Wenn die Braut und der Bräutigam nach der Trauung ins Haus eintreten, soll die Braut sagen: *„Die erste, die zweite und ich bin die dritte. Alle hinaus! Dieses Haus gehört zu mir."* Diesen Zauberspruch benutzt man, wenn die Schwiegertöchter noch in diesem Haus wohnen.

Oder Sie benutzen folgenden Zauberspruch:

Man wendet diesen Zauberspruch an, um einen Bräutigam vor verschiedenen Unannehmlichkeiten im Eheleben zu beschützen. Wenn die Jungverheirateten im Haus der Brauteltern wohnen werden, dann soll der Bräutigam nach der Trauung sagen, wenn er ins Haus eintritt: *„Ich bin ein Tier, ich bin stolz, ich bin ein schreiender Wolf mit großen und scharfen Zähnen; ich bin ein Wolf und sie sind meine Schafe. Ich komme."*

Wie Sie Liebe zerstören...

Nehmen sie ein glühendes Eisenstück und lassen Sie es in einem Glas Wasser kalt werden; dann sagen Sie folgende Worte (Sie sollen diese Worte so sagen, dass Ihr Atem dieses Wasser berührt): *„Im Namen von Adonaja[50]! Die Leidenschaft erkaltet in dir, so wie dieses Eisen im Wasser kalt geworden ist."* Nach diesen Worten trinken Sie dieses Wasser sofort.

Oder: Wenn Sie keine Liebesträume mehr haben möchten, sollten Sie ein Kreuz aus Blei machen und dieses dann auf den Bauch legen. Machen Sie das drei Nächte lang und dann gießen Sie etwas anderes aus diesem Blei.

Oder probieren sie folgenden Trennungszauber bei zwei Menschen: Nehmen Sie irgend ein Getränk und sagen Sie: *„Wie leicht der schnelle Fluss Wolga strömt, wie leicht Sande mit den Sanden sich vermischen, wie leicht Büsche mit den Büschen sich zusammen ringeln, so leicht befreundet sich der Diener Gottes (Name) mit der Dienerin Gottes (Name) nicht! Er hat keinen Umgang mit ihr und mit ihrem Körper in Wut und in Liebe.*

In einem dunklen Gefängnis, in einem Käfig sitzt eine langhaarige Frau ohne Kopfbedeckung mit aufgerissenen Augen. So abstoßend scheint diese Dienerin Gottes (Name) mit langen Haaren, ohne Kopfbedeckung und mit aufgerissenen Augen zu sein.

---

[50] *Adonai*, (hebr. ADNI = mein Herr), israelitische Anrede Gottes, die *Jahwe* ersetzte.

Wie eine Katze mit einem Hund, und wie ein Hund mit einem Vielfraß lebt, so soll der Diener Gottes (Name) mit der Dienerin Gottes (Name) in der Nacht und am Tage, mittags und abends in Eintracht nicht leben." Sie sollen diesen Zauberspruch sieben Mal sagen und dann dieses Getränk den Menschen, die Sie trennen möchten, zu trinken geben.

Noch ein Trennungszauber für zwei Menschen: Kochen Sie eine Speise, sagen Sie diesen Zauberspruch drei Mal und geben Sie den Leuten, die Sie trennen möchten, davon zu essen: *„Geht, ihr vier Wetterleuchten, vier Schwestern, und entfernt die Traurigkeit und die große Trauer von den Gästen, von den Behörden, von den traurigen Gefangenen, von den Rekruten und von den kleinen Kindern, den gesäugten und den entwöhnten.*

Gebt dem Diener Gottes (Name) diese Traurigkeit und großen Gram, und große Trauer, damit er, der Diener Gottes (Name), während der Abwesenheit der Dienerin Gottes (Name) nicht leben, nicht gehen, nicht liegen, nicht schlafen kann, aber er soll immer wegen mir, der Dienerin Gottes (Name), traurig sein. Ich gebe diesen Worten und diesen Reden die Schlüsselwörter – Amen, Amen, Amen."

Ein weiterer Trennungszauber für zwei Menschen: Nehmen Sie zwei Stearinkerzen und färben Sie diese schwarz[51]. Dann schreiben Sie auf jede Kerze ganz oben die ersten Buchstaben des Familiennamens und des Vornamens der Person, die Sie behexen möchten. Stechen Sie Nadeln in diese Buchstaben ein und zünden Sie die Kerzen an. Wenn die Nadeln anfangen zu fallen, sollen Sie die Kerze ausblasen und an die Person denken, die Sie behexen möchten; dann sagen Sie: *„Ich stehe nicht gesegnet auf, ich gehe nicht bekreuzigt aus einer Tür durch eine andere Tür, aus einem Tor durch ein anderes Tor.*

Ich gehe ins freie Feld, ich stelle mich, drehe mich um, pfeife und knalle mit einer Reitpeitsche, ich rufe viele Geister.

Erweist ihr, treue Diener, mir einen richtigen Dienst, spannt einen Rappen[52] ein und reitet schnell ans Ende der Welt. Da wohnt eine schöne junge Frau in einem Bojarenhaus. Schneidet dieser Frau die Wege ab.

Oli-Jaksch und Teufels-Ritter, geht ihr durch das Tor, durch das Fenster, durch das Rohr, durch das Feuer und durch die Flamme, tretet ins Herz dieser Frau ein, nehmt ihr purpurrotes Blut und ihre weißen Haare, setzt diese Frau auf den Rappen und bringt sie ins freie Feld – über die Gebirge, über das Wasser, durch das Feuer und durch die Flamme, über den feuchten Erdboden, damit niemand euch auf dem Weg aufhält.

Bringt ihr, Oli-Jaksch und Teufels-Ritter, diese junge Frau ins freie Feld und zeigt dieser Frau viele junge Männer, viele Dämonen, viele Teufel und bringt mich (Name), einen Knecht Gottes, und setzt mich, (Name), einen Knecht Gottes, an einen Ei-

---

[51] Natürlich können Sie heutzutage auch einfach schwarze Kerzen kaufen.
[52] Visualisieren Sie ein schwarzes Pferd.

chentisch und an einen Traubentisch, und stellt auf den Tisch das Bruchkraut, damit er ihr schöner als die weite Welt und heißer als die schöne Sonne zu sein scheint.

Ich trete ins Herz der jungen Frau ein und nehme ihr die friedliche Freude. Ich lege den Herzensgram und die unvergessliche Traurigkeit in sie hinein, damit sie mich am Tage und in der Nacht nicht vergisst.

Ich (Name), ein Knecht Gottes, setze mich auf den Rappen und fliege zu der Dienerin (Name) mit dem flammenden Feuer und dem Herzensgram.

Ich trockne sie mit der Erde, ich zünde ihr Herz mit Feuer an, ich nehme ihr purpurrotes Blut und ich trinke das purpurrote Blut.

Ich sage diese Worte dem Oli-Jaksch und dem Teufels-Ritter: ich nehme dich mit, ich nehme dich weg, ich nehme deinen Rücken, deinen Bauch und dein Rückgrat, damit niemand dich mit Wasser hinunterspülen und auslöschen kann, damit sie mich, (Name), einen Knecht Gottes, in der Nacht und am Tage nicht vergessen kann.

Und ich gebe euch, meine treuen Diener, ein Geschenk von einer schönen Frau: das purpurrote Blut.

Ich (Name), ein Knecht Gottes, bin auf dem Rappen und daneben sind Oli-Jaksch und der Teufels-Ritter und ich sage: ali setschest tukulis tukulis sujda wali simeuli paschta mejla sujda derbu orschimet der Teufel meri musta das Herz serbi anka wali mujda asta mejla tuku palimet riste erch susa aki. "

Ein weiterer Trennungszauber für zwei Menschen: Gehen Sie ins freie Feld, sagen Sie diesen Zauberspruch drei Mal und pflücken Sie etwas Gras. Nehmen Sie dieses Gras mit und legen Sie es heimlich in das Haus, wo die junge Frau, die Sie behexen möchten, wohnt.

„Ich (Name), im Sinne einer leiblichen Mutter, behexe den geliebten jungen Mann (Name) für die Liebe einer schönen jungen Frau.

Trennt ihr, heftige Winde, ihre weiße Brust, öffnet ihr lebhaftes Herz, stimmt sie wehmütig, damit sie sich grämt und traurig ist, damit er für sie hübscher als ihr eigenes Gesicht ist, heller als ein klarer Tag, schöner als ihre Verwandten, freundlicher als ihr Vater und als ihre Mutter, damit sie über ihn weint und schluchzt, damit sie keine Freude während seiner Abwesenheit hat, damit sie keinen Trost finden kann. Nur wer den Alater-Stein abnagen kann, der kann meinen Zauberspruch bezwingen. Hier gibt es einen Schlüssel für mein Wort und für die Liebe der schönen jungen Frau (Name). "

Zaubereien um Liebeskummer zu erzeugen...

Gehen Sie zu einer Kirche und lesen Sie die Totenmesse für den Menschen, den Sie behexen und dem Sie Liebeskummer einflößen möchten. Sie sollen drei Mal die Totenmesse lesen. Dann drei Tage, jeden Morgen, gehen Sie nach draußen und werfen ein Handvoll Erde, die Sie von einem Friedhof genommen haben und jedes Mal sollen Sie sagen: *„Auf dem Meer, auf dem Ozean, auf der Insel Bujan steht ein Stein,* *auf diesem Stein liegen drei Steine, auf diesen drei Steinen stehen drei Särge, in diesen Särgen legen drei Bretter, auf jedem Brett liegen drei Traurigkeiten.*

Die erste Traurigkeit grämt sich und trennt sich vom Körper, die zweite Traurigkeit grämt sich und verbindet sich mit dem Körper, die dritte Traurigkeit grämt sich und tritt ins Herz ein.

Eine junge Frau ist zu diesen Särgen gekommen, sie hat drei Traurigkeiten von drei Brettern mitgenommen. Von diesen Särgen weht der Wind, er stimmt die Dienerin Gottes (Name) wehmütig und sie denkt im Gottesdienst, dass ich (Name), ihr, ein guter junger Mann, hübscher als die schöne Sonne sei.

Sie soll immer um meinetwegen traurig sein, ihr Herz soll mit meinem sich verbinden, sie soll abmagern, aber nicht sterben. Sie kann wegen der Traurigkeit nicht essen, sie kann wegen der Traurigkeit nicht trinken, sie soll ewig an mich denken und sie soll abmagern und traurig sein."

Ein weiterer Zauber: Kochen Sie eine Speise, sagen Sie diesen Zauberspruch drei Mal und dann geben Sie Ihrer Liebesperson davon zu essen. *„Ich (Name), ein Diener Gottes, liege gebettet, dann stehe ich gesegnet auf, ich wasche mich mit dem Tau, ich wische mich mit der Throndecke ab, ich gehe aus einer Tür durch eine andere Tür, aus einem Tor durch ein anderes Tor und ich gehe ins freie Feld, ins Küstenland.*

Ich stelle mich aufs feuchte Land, ich sehe nach Osten und sehe, wie die schöne Sonne aufgeht und wie sie die Moos-Sümpfe und den schwarzen Schmutz sticht. So soll sie (Name), die Dienerin Gottes, brennen und abmagern und an mich (Name), einen Diener Gottes denken – Augen in Auge, Herz in Herz, Gedanke in Gedanke; sie kann nicht schlafen sich und nicht unterhalten. Amen diesem Wort."

Ein weiterer Zauberspruch: Lesen Sie diesen Zauberspruch drei Mal nacheinander und dann dürfen Sie ihn zu verschiedenen Zeiten lesen, und jedes Mal, wenn Sie ihn lesen, sollen Sie sich verbeugen. *„Bringe, Herr, zur Ruhe die Seele deiner Dienerin Gottes (Name), die in ihrem Körper lebt.*

Ihr Herz soll schmerzen, ihr Gewissen soll brennen. Ihr rotes Blut, ihr wütender Körper, ihre Leber, ihre Lunge, ihr Gehirn sollen erdulden. Ihre Knochen sollen zerbrechen und ihre Gedanken sollen am Tage und in der Nacht und zu stiller Mitternacht und am hellen Mittag und jede Stunde und jede Minute nach mir (Name), einem Diener Gottes, sich sehnen.

Lege, Herr, ein flammendes Funkeln in ihr Herz, in ihre Lungen, in ihre Leber, in ihren Schweiß und ihr Blut, in ihre Knochen, in ihre Sehnen, in ihr Gehirn, in ihre Gedanken, in ihr Gehör, in ihr Sehvermögen, in ihren Geruchssinn und in ihr Tastgefühl, in ihre Haare und in eure Hände hinein und lege Traurigkeit, Gram, Pein, Mitleid, Trauer, Kummer und die Sorge um mich, deinen Diener Gottes (Name) dazu."

Dann verbeugen Sie sich und sagen weiter: *„Die Dienerin Gottes (Name) soll Mitleid mit dem Diener Gottes (Name) haben, so wie mit sich selbst.“* (Verbeugen Sie sich noch einmal).

„Möge die Dienerin Gottes (Name) um mich, einen Diener Gottes (Name), am Tage und in der Nacht und zu stiller Mitternacht und am hellen Mittag und jede Stunde und jede Minute traurig sein.“ (Verbeugen Sie sich).

„Hetze, Herr, auf die Dienerin Gottes (Name) die böse Trauer heimlich, damit ihr Körper, ihre Hände, ihre Beine, ihr Gehirn, ihre Knochen abmagern. Bestricke ihre Gedanken mit mir am Tage und in der Nacht, zu stiller Mitternacht und zu jeder Stunde und jeder Minute und ewig; damit sie während meiner Abwesenheit nicht schlafen kann, nicht essen kann, nicht trinken, nicht gehen, nicht sprechen und mich nicht bezaubern kann.

Und ich soll der Dienerin Gottes (Name) lieber als ihr Vater und als ihre Mutter, lieber als all ihre Verwandten, lieber als die schöne Sonne und lieber als alle Sterne, lieber als das Gras, lieber als das Wasser, lieber als die Kinder, lieber als alle irdischen Güter, lieber als die treuen Freunde, liebe als die freie Welt sein. Schicke, Schöpfer, deine Güte einem Diener Gottes (Name).“ (Verbeugen Sie sich).

Wenn sie sehen, dass der Zauberspruch wirkt, dann beten Sie zur Heiligen Mutter Gottes: *„Stille, Madonna, die Traurigkeit und den Gram in der Dienerin Gottes (Name) über den Diener Gottes (Name).“*

Zaubereien um Liebe zu verstärken...

Ein junger Mann fängt eine Taube, sticht sie ab und nimmt ihr Fett heraus, dann knetet er einen Teig mit diesem Fett, bäckt einen Kalatsch[53] oder ein Brötchen und gibt seiner Liebesfrau davon zu essen. Wenn sie isst, soll er sagen: *„Wie die Tauben einander lieben, so soll die Dienerin Gottes (Name) mich lieben.“*

Oder: Ein Mann soll ins Schwitzen geraten und den Schweiß mit einem Tuch abwischen. Dann soll er seine Liebesfrau mit diesem Tuch abwischen. Wenn er dies tut, soll er für sich sagen: *„Wie mein Schweiß siedet und brennt, so soll das Herz der Dienerin Gottes (Name) nach mir (Name), einem Diener Gottes, sieden und brennen.“*

Oder: Diesen Zauberspruch dürfen Sie auch bei anderen (bitte dann entsprechend abändern) magischen Riten anwenden. *„Ich beschwöre mit dieser Zauberformel, dass der Mann (Name) mit der Frau (Name) sich verbindet, so wie das Feuer, die Luft und das Wasser mit der Erde verbunden sind und dass die Gedanken des Mannes (Name) zu der Frau sich begeben, wie die Sonnenstrahlen ihr Licht und ihre Güte auf die Welt richten. Und dass er (Name) in seiner Fantasie und in seinem Blick erschafft, wie der Himmel mit den Sternen geschaffen ist, und wie der Baum mit den Früchten geschaffen ist. Und der Heilige Geist soll über seinen Geist schweben wie*

---

[53] Ein *Kalatsch* (russ.) ist ein Brot (u.a. ein rundes Zopfbrot).

das Wasser über die Erde. Und es soll so sein, dass der Mann (Name) keinen Wunsch hat, während ihrer Abwesenheit zu essen, zu trinken und sich zu freuen."

Ein weiterer Zauber: Nehmen Sie Sand von einem Friedhof und Wasser, mit dem ein Toter abgewaschen wurde, und besprechen Sie Sand und Wasser mit diesem Zauberspruch drei Mal. Dann streuen Sie den Sand und gießen das Wasser in das Haus, wo Ihre Liebesperson wohnt, die Sie behexen möchten. *„Auf dem Ozean, auf der Insel Bujan, liegt die Traurigkeit, schlägt sich die Traurigkeit, grämt sich die Traurigkeit, sie fließt aus dem Brett ins Wasser, aus dem Wasser ins Feuer, und der Teufel läuft aus dem Feuer hinaus und ruft: 'Pawgrischka Romaneja, renne schneller, blase ihr (Name) die Gemeinheit in die Lippen, in die Zähne, in die Knochen, in ihren weißen Körper, in ihr lebhaftes Herz, in ihre schwarze Leber ein, damit die Dienerin Gottes (Name) immer, jede Stunde, jede Minute, zu Mittag und zu Mitternacht traurig ist, damit sie nicht essen, nicht trinken und nicht schlafen kann, aber immer schwermütig ist, weil ich besser als ein fremder Mann, besser als der leibliche Vater, besser als die leibliche Mutter, besser als ihre Verwandten bin.'*

Ich schließe meinen Zauberspruch mit den 77 Schlüsseln und mit 77 Ketten, ich werfe den Schlüssel ins Meer, unter den weißen heißen Stein Alater; wer weiser als ich ist, der trägt den ganzen Sand aus dem Meer hinaus und der die Traurigkeit zurückscheucht".

Ein weiterer Zauber: Besprechen Sie Fleisch mit diesem Zauberspruch sieben Mal und dann geben Sie dieses Fleisch Ihrer Liebesperson zu essen: *„Im Meer, im Ozean gibt es einen weißen heißen Stein, Alater, den niemand je gesehen hat. Unter diesem Stein ist eine mächtige Kraft verborgen und diese Kraft ist endlos. Ich lasse diese mächtige Kraft in alle Sehnen und Halbsehnen, in alle Knochen und Halbknochen, in alle Gelenke und Halbgelenke, in ihre klaren Augen, in ihre purpurroten Wangen, in ihre weise Brust, in ihr lebhaftes Herz, in ihre Beine und Hände hinein.*

Du, mächtige Kraft, bist in der schönen jungen Frau (Name) unerschöpflich, verbrenne, mächtige Kraft, ihr heißes Blut und ihr lebhaftes Herz, damit sie einen guten jungen Mann (Name) liebt.

Und möge die schöne junge Frau (Name) dem guten jungen Mann (Name) bis in alle Ewigkeit gehorchen. Und diese schöne junge Frau kann sich nicht mit einem Zauberspruch oder einer Zauberformel schützen.

Und kein junger Mann und kein alter Mann kann ihr helfen. Mein Wort ist stark wie der weiße, heiße Alater-Stein. Nur wer alles Wasser aus dem Meer austrinken, alles Gras im freien Feld ausrupfen könnte, der könnte meinen Zauberspruch bezwingen und diese mächtige Kraft vernichten."

Oder: Besprechen Sie das Essen und die Getränke mit diesem Zauberspruch und dann bewirten Sie damit Ihre Liebesperson *„Wie der Diener Gottes (Name) die Dienerin Gottes (Name) liebt, so kann die Dienerin Gottes (Name) während seiner Abwesenheit nicht leben, nicht trinken, nicht essen; sie soll ihn, den Diener Gottes (Name), mehr als ihren Vater und als ihre Mutter, als den weißen Mond und die schöne Sonne lieben und verehren, vor aller Zeit und jetzt und in aller Ewigkeit.".*

Oder Sie probieren folgendes: Besprechen Sie das Essen oder die Getränke mit diesem Zauberspruch drei Mal, nach jedem Mal spucken Sie nach rechts aus. Dann bewirten Sie damit Ihre Liebesperson: *„Ich gehe ins freie Feld, dort ist eine weiße Gans. Ich bitte diese weiße Gans, sie möge ins freie Feld, ans blaue Meer, in die steilen Berge, in die dunklen Wälder, in die schwankenden Sümpfe fliegen.*

Die weiße Gans möge die sündige Kraft bitten, damit diese Kraft ihr hilft, ins hohe Haus einzutreten und den Knecht Gottes (Name) schlafend in der Nacht anzutreffen. Die weiße Gans möge sich auf die weiße Brust, aufs lebhafte Herz und auf die heiße Leber setzen, und sie soll dem Knecht (Name) auf seine sündigen Lippen etwas geben, damit er während der Abwesenheit der Dienerin Gottes (Name) nicht leben, nicht existieren, nicht trinken, nicht essen kann. "

Zaubersprüche für verheiratete Frauen, um ihre Ehe zu retten...

Folgenden Zauberspruch wenden verheiratete Frauen an um ihren Mann zurückzuerhalten, wenn er sie verlassen hat. Eine Frau findet eine Linde, spaltet diese in zwei Scheite und legt diese kreuzweise aufs Bett, dann sagt sie: *„Ich lege zwei Leben spendende Scheite, ich mache dies mit der Gnade Gottes. Ruhige Welt und Heilige Mutter Gottes! Helft mir! Ich bitte euch – gebt mir meinen Mann zurück.*

Ich nehme die Leben spendenden Scheite vom Bett und lege sie auf die glühenden Kohlen. Wie sie brennen und schmelzen und Feuer fangen, so soll mein Mann wegen meiner brennen und schmelzen. Bei Neumond, bei Tagesanbruch und am Abend, und bei abnehmendem Mond! Kommt, meine Wörter, in die Winterritzen, in die stillen Untiefen und gebt die Spuren meines Mannes an den gewohnten Ort zurück, auf Gnade Gottes. " Eine verheiratete Frau liest diesen Zauberspruch sieben Mal und verbrennt die Lindenscheite. Wenn ihr Mann nach Hause kommt, soll sie ihm Lindenblütentee mit Lindenblütenhonig zu trinken geben.

Zauberspruch von einer Mutter für Ihren Sohn...

Die Mutter eines jungen Mannes beschwört das Essen und die Getränke sieben Mal mit diesem Zauberspruch und dann bewirtet sie damit eine junge Frau, die ihr Sohn liebt. *„Jenseits des Meers Chwalünskö, in einem Eisenhaus sitzt ein guter, junger Mann. Er ist eingesperrt. Er ist in 77 Ketten gelegt. Er sitzt hinter verschlossenen Türen und die Türen sind mit 77 Schlössern und mit 77 Haken zugeschlossen.*

Niemand befreit den guten, jungen Mann aus dem Kerker. Niemand gibt ihm morgens zu essen, niemand gibt ihm zu essen.

Seine Mutter (Name) ist zu ihm, bitterlich weinend gekommen, sie hat ihm den ungekochten Honigwodka zu trinken geben, sie hat ihm eine schneeweiße Grütze zu essen gegeben.

Als sie ihm diese zu essen gab, redete sie dazu: 'Ein junger Mann möge übers freie Feld schnell nicht reiten, ein junger Mann möge eine fremde Beute nicht suchen, ein junger Mann möge sich an die heftigen Winde nicht gewöhnen, ein junger Mann möge sich über das mächtige Heer nicht freuen, ein junger Mann möge einen glü-

henden Pfeil an den Himmel nicht werfen, ein junger Mann möge nach den weißen Schwänen nicht schießen, weil diese Schwäne einem Fürst gehören; ein junger Mann möge einen Feind mit seinem Schwert nicht schlagen; aber ein junger Mann möge im Elternhaus mit seinem Vater und mit seiner Mutter und mit seinen Verwandten wohnen.'

Und der junge Mann fängt an zu sprechen: 'Das freie Feld verdarb mich nicht, die heftigen Winde verschlugen mich zu einer fremden Beute nicht, ich warf einen glühenden Pfeil auf die weißen Schwäne nicht, ich wollte die Feinde mit einem Schwert nicht schlagen, aber ich bin im fürstlichen Haus verdorben worden, denn ich liebe eine schöne, junge Frau.'

Dann sagt die Mutter: 'Ich (Name), die leibliche Mutter, beschwöre den guten, jungen Mann (Name) durch diesen Zauberspruch für die Liebe der schönen jungen Frau (Name). Mögen die heftigen Winde ihre weiße Brust trennen, ihr lebhaftes Herz öffnen, sie wehmütig stimmen, damit sie sich grämt und traurig ist, damit der junge Mann (Name) ihr schöner als ihr Gesicht, klarer als ein klarer Tag, schöner als ihre Verwandten, freundlicher als ihr Vater und ihre Mutter sei, damit sie von ihm im Schlaf und im Wachen, am Tage und mittags, in der Nacht und zu Mitternacht träume, damit der junge Mann (Name) ihr hübsch erscheine, damit sie über ihn weinen und schluchzen möge und damit sie während seiner Abwesenheit das Licht nicht sehen und Freude nicht finden möge.

Nur wer den Alater-Stein abnagen könnte, der könnte meinen Zauberspruch bezwingen. Ich gebe einen Schlüssel meinem Wort für die Liebe einer schönen jungen Frau.' "

Die Totenbeschwörung eines geliebten Verstorbenen...

Jede Totenbeschwörung[54] soll immer einen bestimmten und lobenswerten Zweck haben, andernfalls ist sie eine wahnsinnige Operation der Hexerei, die für die Gesundheit und den Verstand eines Zauberers sehr gefährlich sein kann. Wenn Sie eine solche Beschwörung aus purer Neugier machen, dann ermüden Sie sich nur zwecklos. Nur Liebe und Freundschaft sollten ein Beweggrund für eine Totenbeschwörung sein.

Eine Totenbeschwörung kann man folgendermaßen durchführen: Zuerst sammeln Sie die Dinge, die Sie an eine Person, die Sie sehen möchten, erinnern. Dann umgeben Sie sich mit den Dingen, die in der Umgebung der Person waren, die Sie beschwören möchten. Richten Sie dann ein Zimmer so ein, wie es zu Lebzeiten des Toten war. Sie dürfen die Beschwörung in seinem Zimmer durchführen, oder finden Sie ein ähnliches Zimmer. Die wichtigsten Vorbereitungen macht man 14 Tage vor einem bedeutenden Datum[55]. Stellen Sie ein Porträt (oder eine Fotografie) des Toten auf, bedecken Sie es mit einem weißen Tuch und stellen Sie Blumen darum herum

---

[54] Heutzutage wird dies als *Anrufung* bezeichnet.

[55] Z.B. dem Geburtstag des Toten oder seinem Namenstag, oder es kann ein ganz bestimmter Tag sein, der für den Toten einst besonders wichtig war.

auf, Blumen die der Tote geliebt[56] hat oder zumindest mochte. Sie sollen diese Blumen jeden Tag 14 Tage lang wechseln, die Vorbereitung dauert mindestens zwei Wochen. Während dieser Zeit sollen Sie niemandem Zeichen der Liebe erweisen. Sie sollen absolute Keuschheit einhalten, einsam wohnen und nur leichte Speisen essen. Jeden Abend, zur gleichen Zeit, sollen Sie in einem Zimmer, das Sie schon vorbereitet haben, allein sein. Hier zünden Sie eine Kerze und ein Öllämpchen an und setzen sich vor das Porträt (die Kerze und das Öllämpchen sollten möglichst hinter dem Porträt stehen). So sollten Sie eine Stunde sitzen und während dieser Zeit Stillschweigen bewahren. Betrachten Sie während dieser Zeit das Porträt und denken Sie an angenehme Momente, die Sie mit dem Toten zu Lebzeiten hatten. Danach räuchern Sie das Zimmer mit einem guten Weihrauch aus und gehen mit dem Rücken zuerst aus dem Zimmer hinaus.

An dem Tag, den Sie für die Beschwörung gewählt haben, kleiden Sie sich schön, als ob Sie zu einem Fest gehen, und lassen Sie sich den ganzen Tag mit niemandem in ein Gespräch ein. An diesem Tag essen Sie nur etwas Obst und Gemüse (es ist sogar wünschenswert, gar nichts zu essen). Wenn Sie dann am Abend ins Zimmer eintreten, bedecken Sie den Tisch mit einem weißen Tischtuch und stellen auf den Tisch zwei Bestecke. Legen Sie auch zwei Scheiben Brot hin, eine Scheibe für Sie und eine für den Toten und gießen Sie dann den Wein in die Gläser.

Am nächsten Tag kommen Sie in dieses Zimmer und decken den Tisch ab, dann machen Sie ein grelles Feuer an und werfen sieben mal Weihrauch ins Feuer, jedes Mal sagen Sie dabei den Namen des Toten. Wenn die Flamme erlischt, werfen Sie noch einmal Weihrauch hinein und beten[57] zu Gott und wenn Sie das Gebet beendet haben, denken Sie noch einige Zeit an den Toten. Dann wenden Sie sich vertraulich an den Toten, als ob er lebendig ist, und bitten ihn, sich zu zeigen. Wiederholen Sie die Bitte noch einmal und in Gedanken bedecken Sie Ihr Gesicht mit den Händen: Danach rufen Sie den Toten drei Mal laut und knien sich hin, schließen die Augen und sprechen mit dem Toten in Gedanken einige Zeit, dann rufen Sie den Toten mit leiser Stimme drei Mal und öffnen dann langsam die Augen (in diesem Tag soll das Porträt mit dem weißen Tuch bedeckt bleiben). Wenn Sie nichts gesehen haben, dann sollten Sie das Gleiche im nächsten Jahr am gleichen Tag noch einmal machen. Sie dürfen diese Beschwörung nur drei Mal machen (andernfalls können Sie sich viel Schaden zufügen). Wenn Sie daran glauben und alles richtig gemacht haben dann werden Sie diesen Menschen auf jeden Fall sehen.

---

[56] Sie können ihm auch seine Lieblingsspeise kochen und hinstellen. Ganze Mahlzeiten, bzw. Essen müssen jedoch jeden Tag ausgetauscht werden. Natürlich können Sie auch während dieser Zeit zwischen verschiedenen Dingen wechseln: mochte der Mensch z.b. eine bestimmte Zigarre, so können Sie an einem Tag eine von diesen verbrennen. Am nächsten Tag machen Sie ein Essen und am übernächsten Tag stellen Sie ihm Blumen hin. Dann, am 4. Tag stellen Sie ihm eine Süßigkeit, die er besonders mochte hin und usw., usw.. Je besser die Vorbereitung, desto besser das Ergebnis.

[57] Unbedingt wichtig dabei ist: Wenn Sie ein Gebet sagen, sollten Sie sich für identisch mit dem Toten erklären: z.B. sprechen Sie, wie der Tote zu seinen Lebzeiten sprach, stellen Sie sich vor, *Sie* wären dieser Mensch.

Die Beschwörung eines geliebten Lebenden...

Lassen Sie die Vorhänge herunter, stellen Sie einen Tisch vor das Fenster und bedecken Sie die Tischmitte mit einem neuen weißen Kopftuch, dann kleben Sie an die Mitte des Tuches eine Wachskerze und vor die Kerze stellen Sie ein Glas Wasser (das aber nicht ganz voll ist).

Mit einem anderen weißen Tuch bedecken Sie den Kopf (binden Sie das Tuch nicht) und sagen: *„La, illa, il, alla, alla, eckber."*

Setzen Sie sich vor die Kerze, legen Sie Ihre Hände auf die Tuchkante (hier meinen wir das Tuch auf dem Tisch) und Ihre Hände sollten dabei mit den Handflächen nach oben liegen. Sitzen Sie ruhig, bewegen Sie sich nicht und vertiefen Sie sich in Gedanken an den Menschen, den Sie beschwören möchten. Sie sollen dann in Gedanken einen Wunsch formulieren, z. B. *„Ich möchte, dass dieser Mensch mich liebt"*, oder *„Ich möchte, dass er mich heiratet"*, oder *„Ich möchte, dass er mich nicht verrät oder betrügt."* Zünden Sie dann die Kerze an und sagen Sie noch einmal: *„La, illa, il, alla, alla, eckber."*

Sehen Sie vor sich, aber schauen Sie nicht auf die Kerzenflamme, und stellen Sie sich vor, dass dieser Mensch bei Ihnen anwesend ist: Tun Sie dies 3 Tage nacheinander, morgens und abends und am vierten Tag machen Sie eine Pause. Wiederholen Sie die ganze Prozedur drei Mal. Das Beschwören dauert somit insgesamt 12 Tage. Wenn Ihr Wunsch sich nicht erfüllt oder wenn Sie die Gestalt dieses Menschen nicht sehen, aber nur dann - sollten Sie dies noch 12 weitere Tage machen.

Sie sollten folgendes wissen, bevor Sie Menschen beschwören...

Sie sollen folgendes wissen, bevor Sie anfangen, diese Hexerei anzuwenden. Zuerst beruhigen Sie sich und lösen sich von anderen Gedanken. Stellen Sie sich vor den Tisch, mit dem Gesicht zum Fenster, das noch nicht verhängt ist, und sagen Sie die oben genannten Worte: *„La, illa, il, alla, alla, eckber."* Sie dürfen diese Worte drei Mal sagen. Jeden Tag nach der Hexerei löschen Sie die Kerzenflamme so, dass Sie beim Löschen das Knistern hören; dann wird der Feuergeist zufrieden sein. Ihr Erfolg hängt letztendlich von Ihrer Offenherzigkeit und eigenen Kraft ab.

Zauberspruch, um eine Frau zu besitzen

Vor dem Beginn der Hexerei an einem Freitag kaufen Sie sich neues Pergamentpapier, bei dem Sie nicht nach dem Preis fragen dürfen. Dann, bei zunehmendem Mond (auf keinen Fall bei Vollmond), zwischen 11 und 12 Uhr in der Nacht, wählen Sie einen Stern am Himmel.

Nehmen Sie dann das Pergamentpapier, das Sie gekauft haben, und schreiben Sie auf die eine Seite den Namen der Frau, die Sie behexen möchten, und auf die andere Seite die folgenden Wörter: „Melchiael, Barechas".

Legen Sie das Pergamentpapier so auf den Erdboden, dass die Seite mit dem Namen der Frau unten ist, dann treten Sie mit dem rechten Bein auf das Papier und knicken das linke Knie dabei ein. Dann nehmen Sie eine dicke Wachskerze in die Hand, zünden diese an und sagen die folgenden Worte: *„Ich verbeuge mich vor euch und flehe euch an. Schöner Mond und wunderbare Sterne! Ich bitte euch mit dem Licht der Flamme, das ich in Händen halte, mit der Luft, die ich atme, mit der Luft, die in mir ist, mit dem Erdboden, auf dem ich stehe.*

Ich beschwöre euch bei den Fürstennamen der Geister, die über euch herrschen und die den Namen von „IHM" erhalten haben, denn „ER" hat diese Geister erschaffen.

Wunderschöner Engel Gabriel, mit dem Fürsten Merkur, mit Michael und Melchidael! Ich beschwöre euch bei allen Namen Gottes, damit ihr den Körper, die Seele, den Geist und die fünf Sinne einer Frau (Name) peinigt, martert und quält. Sie soll zu mir kommen (Datum, Tag, Uhrzeit angeben), um mir meinen Willen zu tun, sie soll für niemanden in aller Welt Zuneigung empfinden außer für mich.

Wenn sie mir gegenüber gleichgültig ist, dann sollt ihr sie peinigen, martern und quälen. Kommt, Melchidael, Barechas, Zazel, Malcha, Firiel und alle anderen schnell. Ich beschwöre euch bei dem Namen des lebendigen Gottes, sie unverzüglich zu mir zu schicken, damit sie mir meinen Willen tut. Und ich (Name) verspreche euch zu befriedigen."

Sagen Sie diesen Zauberspruch drei Mal, stellen Sie dann die Wachskerze auf das Pergamentpapier und lassen Sie diese mindestens eine Stunde brennen. Am nächsten Tag nehmen Sie dieses Pergamentpapier und legen es in den linken Stiefel. Es soll so lange im Stiefel bleiben, bis diese Frau zu Ihnen kommt.

Verschiedene Zaubereien um Liebe zu erwecken...

▶ An einem Freitag lassen Sie sich zur Ader, gießen Ihr Blut in einen kleinen Topf und vermischen es mit zwei Eiern und mit einer Taubenleber. Lassen Sie diese Mischung im Ofen trocknen und die getrocknete Mischung zerreiben Sie zu Pulver. Dann fügen Sie zwei Gramm Pulver ins Essen und geben Ihrer Liebesperson davon zu essen. Danach erlangen Sie die Liebe dieser Person. Wenn es nicht gleich wirkt, dürfen Sie diese Hexerei wiederholen.

▶ Machen Sie diese Hexerei in der Nacht vor Sonnenaufgang und auf nüchternen Magen. Nehmen Sie einen Goldring mit einem Diamanten, nähen Sie ihn in ein grünes Seidentuch ein und tragen das Ganze 9 Tage lang am Herzen unter der Kleidung. Danach nehmen Sie drei Ihrer Haare und drei Haare Ihrer Liebesperson, binden Sie diese Haare vor Sonnenaufgang zusammen und sagen Sie: *„O, Körper! Liebe mich und sei dein Verlangen so leidenschaftlich wie meine."* Binden Sie die Haare in Form der Zahl „8", umwickeln Sie den Diamantring mit diesen Haaren, und dann wickeln Sie Ihn wieder ins Seidentuch ein. Tragen Sie dies sechs weitere Tage am Herzen. Am siebten Tag entwirren Sie die Haare und verbrennen diese. Sie sollen diesen Ring danach Ihrer Liebesperson geben.

▶ Lassen Sie sich zur Ader, vermischen Sie das Blut mit Tauben-, Schwalbenoder Sperlingsherzen, lassen Sie diese Mischung trocknen, dann zerreiben Sie diese zu Pulver und tragen sie es neun Tage am Herzen. Schenken Sie dies dann Ihrer Liebesperson.

- Nehmen Sie ein Blatt Papier und reißen Sie es in zwei Hälften. Auf die eine Hälfte schreiben Sie Ihren Namen und den Namen Ihrer Liebesperson, auf die andere Hälfte das Wort „Schiwa". An einem Freitag vor Sonnenaufgang pflücken Sie einen Apfel. Dann umwickeln Sie die beiden Hälften des Papiers mit drei von ihren Haaren und mit drei Haaren Ihrer Liebesperson und legen Sie diese ins Kerngehäuse des Apfels. Dann stechen Sie den Apfel mit einem Myrtenzweig durch und wickeln ihn in Lorbeerblätter ein. Lassen Sie diesen Apfel im Ofen trocknen und dann legen Sie ihn dann unter das Kissen Ihrer Liebesperson.

- Am 15. April nehmen Sie ein Pergamentpapier und schreiben darauf: „Michael, Gabriel, Raphael! Machet, dass die Frau (Name) mich liebt, wie ich sie liebe!" Dann legen Sie dieses Pergamentpapier aufs Kopfende des Bettes, wo Ihre Liebesperson schlafen wird.

- Finden Sie ein Küken, das einen Fleischauswuchs am Kopf hat. Schneiden Sie diesen Auswuchs ab, lassen Sie ihn trocknen und zerreiben Sie ihn dann zu Pulver. Finden Sie einen roten Apfel, schneiden Sie ein kleines Stück in der Größe einer Bohne heraus und ziehen Sie die Kerne vorsichtig aus dem Apfel. Füllen Sie den leeren Platz gänzlich mit dem vorbereiteten Pulver und setzen Sie das ausgeschnittene Apfelstück wieder ein. Dann wickeln Sie diesen Apfel mit der Schale von einem anderen Apfel ein und um 6 Uhr morgens schreiben Sie auf diese Schale den Namen Ihrer Liebesperson und das Wort „Abuenop". Sie sollen dies mit Ihrem Blut aus dem Ringfinger der linken Hand machen. Ihre Liebesperson darf aber Ihre Wunde nicht sehen, andernfalls weist sie Sie zurück. Dann geben Sie ein Viertel des Apfels Ihrer Liebesperson zu essen. Wenn das unmöglich ist, dann lassen Sie den Apfel an einem warmen Ort trocknen, zerreiben Sie den getrockneten Apfel zu Pulver und legen Sie dieses Pulver heimlich in die Kleidung Ihrer Liebesperson.

- Am 15. August stehen Sie vor Sonnenaufgang auf, gehen in einen Garten und pflücken den besten Apfel. Dann schneiden Sie ihn in 4 Teile so auf, dass diese Teile trotzdem zusammenhalten und legen innen 3 Zettel hinein.

- Auf ersten Zettel schreiben Sie Ihren Namen mit ihrem Blut, auf den zweiten den Namen Ihrer Liebesperson, auf den dritten das Wort „Sebewa". Binden Sie diese Zettel mit vier Ihrer Haare zusammen.

- Dann finden Sie ein Lamm, töten es und ziehen sein Fell ab. Schneiden Sie ein kleines Stück von dem Fell ab und schreiben Sie darauf mit Ihrem Blut das Wort „Amre". Wickeln Sie den Apfel in dieses Stück Fell ein, lassen Sie ihn im warmen Ofen trocknen, dann zerreiben Sie ihn zu Pulver und bestreuen damit heimlich Ihre Liebesperson (diese Person soll das nicht bemerken, andernfalls ist alles vergeblich).

- Nehmen Sie einige Äpfel, schneiden Sie jeden Apfel in zwei Hälften auf und legen Sie zwischen die Hälften einen Zettel mit dem Namen Ihrer Liebesperson. Dann legen Sie diese Äpfel in die Sonne, damit sie trocken können.

- Nehmen Sie fünf Ihrer Haare und drei Haare der Person, die Sie lieben, werfen diese Haare ins Feuer und sagen: *„Herr, verbrenne unsere Nieren und unsere Herzen mit dem Feuer des Heiligen Geistes."* Danach haben Sie Erfolg in der Liebe.

- Am 6. Juli vor Sonnenaufgang pflücken Sie eine Inula-Pflanze, wickeln diese in ein dünnes Tuch ein und tragen sie neun Tage am Herzen. Dann vermischen Sie diese mit grauem Amber und machen ein Pulver daraus. Dann bestreuen Sie mit diesem Pulver die Blumen oder das Essen für Ihre Liebesperson.

- Pressen Sie das Öl aus der weißen Lilie und gießen Sie dieses Öl in einen Kristallbecher, lesen Sie den Psalm 137 und sagen Sie das Wort „Anael" und den Namen Ihrer Liebesperson. Dann nehmen Sie ein Stück Zypresse und schreiben darauf das Wort „Anael". Legen Sie dieses Stück Zypresse ins Weißlilienöl und nach einiger Zeit reiben Sie mit diesem Öl Ihre Augenbrauen ein; binden Sie das Stück Zypresse an Ihre rechte Hand und berühren Sie Ihre Liebesperson so, dass sie es nicht bemerkt. Wenn Sie möchten, dass es wirkt, sollen Sie dies an einem Freitag bei Neumond und bei Tagesanbruch machen. (Psalm 137).

- Am ersten Freitag nach Neumond kaufen Sie ein 40 Zentimeter rotes Band. Im Namen Ihrer Liebesperson machen Sie einen Knoten hinein und sagen folgendes Gebet: *„Unser Vater, der du bist im Himmel, geheiligt werde dein Name; dein Reich komme, dein Wille geschehe, wie im Himmel so auch auf Erden! Unser tägliches Brot gib uns heute; und vergib uns unsere Schulden, wie auch wir unseren Schuldnern vergeben haben; und führe uns nicht in Versuchung, sondern errette uns von dem Bösen! Denn dein ist das Reich und die Kraft und die Herrlichkeit in Ewigkeit. Amen."* Acht Tage lang machen Sie jeden Tag einen Knoten und lesen dieses Gebet (so bekommen Sie neun Knoten). Dann binden Sie dieses Band um Ihre Hand und berühren mit dieser Hand Ihre Liebesperson.

- Kaufen Sie ein flammend rotes Band und gehen Sie dann zu einer Kirche, um eine Morgenmesse zu besuchen. Hier setzen Sie sich zu der Person, die Sie behexen möchten. Sie sollten so sitzen, dass Sie diese Person von der Seite ansehen können. Halten Sie das Band kreuzweise in der Hand und sagen Sie: *„Geschöpf, das sich vor meinen Augen sich befindet. Dein Herz binde sich an meines. Es stimmt; es stimmt, dass unser sanftmütiger Heiland Jesus Christus am Holz des Kreuzes angenagelt wurde; und es stimmt, dass er an das Kreuz gebunden wurde, das nun ein Priester in der Hand hat".*

- Stellen Sie sich die Person, die Sie lieben, vor und sagen Sie ihr mit leiser Stimme: *„Die Natur hat einen Mann durch eine Frau geschaffen."* Wenn Sie diese Worte sagen, sollen Sie Ihre rechte Hand aufs Herz legen und Ihre linke

Hand auf die rechte Schulter dieser Person (in Gedanken); dann sagen Sie: *„Ich ziehe, ich ziehe heran."*

▶ Diesen Zauberspruch benutzt ein Mann, wenn seine Liebesfrau 30 Jahre alt oder älter ist. Ein Mann geht mit seiner Frau ins Feld und pflückt hier drei Bohnen. Eine Bohne legt er in seinen Mund, eine andere Bohne setzt er in ein frisches Grab ein, die nächste Bohne wirft er seiner Frau nach und sagt folgende Worte: *„Liebe, liebe immer mich, mehr und besser als ich dich."*

▶ Nehmen Sie eine Taubenleber und ein Drosselgehirn, lassen Sie diese trocknen und dann zerreiben Sie diese zu Pulver. Werfen Sie dieses Pulver der Person nach die sie lieben, dann wird sie sich in Sie verlieben.

▶ An einem Freitag bei zunehmendem Mond kaufen Sie folgende Dinge (diese Dinge sollen neu sein): ein Stück Pergamentpapier, ein kleines und dünnes Blatt Kupfer in Münzengröße, ein Taschenmesser, eine Schere, eine grüne Wachskerze und ein kleines Stück grünen Seidenstoff. Wenn Sie nach Hause kommen, bedecken Sie den Tisch mit einem weißen Tuch und legen diese Dinge auf den Tisch. Spitzen Sie einen Bleistift, schneiden Sie mit der Schere zwei Kreise (in Münzengröße) aus dem Pergamentpapier aus, zünden Sie die Wachskerze an, legen Sie den Weihrauch auf die Messerspitze und halten ihn ein wenig über der Kerzenflamme. Dann räuchern Sie mit diesem Rauch alle Dinge aus, die Sie gekauft haben, und sagen die folgenden Worte: *„Ich (name) will, dass (Name, der Liebesperson) mit mir durch die magische Kraft dieser Dinge und durch den Namen 'Anael' verbunden ist."* Dann legen Sie einen Kupferkreis zwischen die Pergamentpapierkreise, drehen diese drei Kreise durch und vereinigen diese mit der grünen Seide. So bekommen Sie einen Talisman. Auf eine Seite des Talismans schreiben Sie mit Ihrem Blut „Anael – Rachiel – Sachiel" und auf die andere Seite schreiben Sie die Wörter, die Sie beim Räuchern gesagt haben. Dann wickeln Sie diesen Talisman in die Seide. Tragen sie diesen dann immer an ihrem Herzen.

▶ An einem Freitag vor Sonnenaufgang fangen Sie einen Frosch am Fluss und hängen ihn an den Hinterschenkeln über das Feuer. Wenn er trocken wird, ziehen Sie seine Geschlechtsorgane heraus, wickeln diese ins ausgetrocknete Leder ein und vergraben das Ganze in der Erde. Nach drei Tagen graben Sie es wieder heraus, nehmen die Geschlechtsorgane und zerreiben Sie diese zu Pulver. Dann bestreuen Sie Blumen mit diesem Pulver und schenken diese Ihrer Liebesfrau. Wenn diese Frau an den Blumen riecht, dann werden Sie ihre Liebe bekommen.

▶ Finden Sie zwei Frösche, legen Sie diese in einen löcherigen Krug und laufen Sie damit ohne sich umzudrehen bis zu einem Ameisenhaufen. Hier vergraben Sie die Frösche. Nach drei Tagen graben Sie die Frösche aus, ziehen diese mit einer Gabel heraus und nehmen die Frösche mit. So sollen Sie es machen, wenn Sie möchten, dass eine Person Sie liebt.

- Finden Sie eine Schlange und drücken Sie diese mit einem Jagdspieß nieder. Dann stechen Sie ihre Augen mit einer Nadel, in die ein Faden eingefädelt ist, durch und sagen: *„Schlange, Schlange! Wie deine Augen dir leid tun, so soll die Dienerin Gottes (Name) lieben und Mitleid haben."* Dann, wenn Sie sich mit Ihrer Liebesfrau treffen, sollen Sie ihre Kleidung mit diesem Faden durchstechen. Außerdem, sollen Sie die Schlange mitnehmen und ihr Fett auslassen. Aus diesem Fett machen Sie eine Kerze und tragen diese dann bei sich. Wenn Sie fühlen, dass Ihre Frau Sie nicht mehr liebt, zünden Sie die Kerze an und sie kommt zurück.

- Finden Sie eine junge Stute mit einem Fleischauswuchs am Kopf, schneiden Sie den Auswuchs ab, legen ihn in einen glasierten Topf und lassen Sie ihn im Ofen trocknen. Wenn er getrocknet ist, ziehen Sie ihn heraus und tragen ihn bei sich. Wenn es möglich ist, geben Sie ein kleines Stück dieses Auswuchses Ihrer Liebesperson zu essen oder berühren Sie Ihre Liebesperson mit dem Auswuchs. Man macht diese Hexerei an einem Freitag bei zunehmendem Mond.

- Aus einem neuen Besen[58] ziehen Sie eine Rute und legen sie auf die Türschwelle des Hauses, wo Ihre Liebesperson wohnt. Wenn diese Person dann die Türschwelle übertreten hat, nehmen Sie die Rute wieder weg und legen sie an einen Ort, wo sie niemand sehen kann. Nach einigen Tagen gehen Sie in die Sauna und nehmen die Rute mit. Hier legen Sie diese auf die Bank und sagen: *„Wie diese Rute trocken wird, so soll ein Diener Gottes (Name) abmagern und an mich denken."* Sagen Sie diesen Zauberspruch drei Mal und dann vergraben Sie die Rute in einem trockenen Platz.

- Gehen Sie in die Sauna und nehmen Sie einen Pfefferkuchen mit. Hier halten Sie den Kuchen in der Hand und sagen: *„Herr Jesus Christus, Sohn Gottes, vergib uns, Amen. Auf dem Ozean, auf der Insel Bujan, am Fluss Jordan steht ein Sarg, im Sarg liegt eine junge Frau; möge die Dienerin Gottes (Name der Frau) aufstehen, erwachen, sich schön und bunt kleiden, den Stein und das Feuer nehmen, dein lebhaftes Herz für einen Diener Gottes (Name) anzünden, und zünde es gut an; du sollst dich grämen und über einen Diener Gottes (Name) traurig sein; und wie ein Mensch in der Schlinge hängt, so soll der Dienerin Gottes (Name der Frau) wegen des Knechtes Gottes (Name) übel sein. Wie einem Ertrunkenen im Meer übel ist, so soll der Dienerin Gottes (Name der Frau) wegen des Knechtes Gottes (Name) übel sein; wie die Seele sich vom Körper trennt, in allen Ewigkeiten – Amen. So sage ich mit Jesus Christus, mit der Heiligen Mutter Gottes Maria, mit allen Himmelskräften, in allen Ewigkeiten – Amen. Vor aller Zeit und jetzt und in alle Ewigkeit, Amen. Im Namen des Vaters, des Sohnes und des Heiligen Geistes, Amen. Im Namen des Vaters – Amen, im Namen des Sohnes – Amen, im Namen des Heiligen Geistes –*

---

[58] Früher waren die Besen natürlich aus Stroh.

Geistes – Amen. " Lesen Sie diesen Zauberspruch drei Mal und dann geben Sie diesen Pfefferkuchen Ihrer Liebesperson zu essen.

Liebeszaubersprüche um Liebe zu vertiefen...

▶ Schneiden Sie ein Stück Hornhaut von ihrem Fuß und lassen Sie es trocknen, dann zerreiben Sie die getrocknete Schwiele zu Pulver, fügen dieses Pulver einem Getränk hinzu und geben Ihrer Liebesperson davon zu trinken, dazu sollen Sie sagen: „*Wie meine Beine fest und stark den Erdboden erreichen, so soll der Diener Gottes (Name) mich, die Dienerin Gottes (Name), erreichen; wie ich meinen eigenen Körper liebe, so soll der Diener Gottes (Name) mich, eine Dienerin Gottes (Name) lieben.*" Lesen Sie diesen Zauberspruch drei Mal.

▶ „*Im Namen des Vaters, des Sohnes und des Heiligen Geistes, Amen! Das Feuer im Ofen brennt, glüht und sengt, verbrennt das Brennholz; und das Herz einer Dienerin Gottes (Name) soll wegen eines Knechtes Gottes (Name) den ganzen Tag, jede Stunde, vor aller Zeit und jetzt und in allen Ewigkeiten brennen und glimmen.*" Kochen Sie eine Speise, sagen diesen Zauberspruch und bewirten damit Ihre Liebesperson.

▶ Besprechen Sie ein Getränk mit diesem Zauberspruch und geben dieses Ihrer Liebesperson zu trinken (Sie sollen den Zauberspruch drei Mal lesen). „*Ich (Name), ein Diener Gottes, lege mich gebetet und stehe bekreuzigt auf; und ich gehe aus einem Tor durch ein anderes Tor ins freie Feld. Unter die leuchtenden Sterne, unter den Mond Gottes. Hierher führen drei Wege: ich gehe nach links nicht, ich gehe nach rechts nicht, ich gehe geradeaus und dieser Weg führt durch den dunklen Wald. In diesem Wald steht ein Baum der Trauer: die Trauer grämt sich, sie ist traurig und betrübt; ich versetze eine Dienerin Gottes (Name) in Trauer, ich gehe in ihren weißen Körper, in ihr lebhaftes Herz, in ihre blonden Haare, in ihr heißes Blut, damit sie über mich, einen Diener Gottes (Name), traurig ist und an mich immer denkt. Damit sie nicht essen, nicht trinken, nicht schlafen kann und immer nur mich, einen Diener Gottes (Name), im Kopf hat. Wie es kein Hindernis für Mond und Sonne gibt, so soll kein Hindernis meinen Zauberspruch stören. Amen. Amen. Amen.*"

▶ Verbrennen Sie Weihrauch auf Kohle und sagen Sie: „*Ich zünde keine Kerze an, aber die Seele und den Körper eines Knechtes Gottes (Name) für mich, eine Dienerin Gottes (Name), für ewige Zeiten.*" oder: „*Wie dieser Weihrauch brennt und schmilzt, so soll das Herz und die Seele des Knechtes Gottes (Name) immer brennen und schmelzen.*" So lange der Weihrauch brennt, so lange wiederholen Sie diesen Zauberspruch.

▶ Schreiben Sie folgenden Zauberspruch auf ein Blatt Papier: „*Wie die aufgehende Sonne den Tau vernichtet und den Erdboden trocknet, so sollst du, ein Diener Gottes (Name), wegen mir, einer Dienerin Gottes (Name) abmagern, um keine Ruhe am Tage, in der Nacht, in der Freude, in der Trauer, mit deinen Freunden, am Feiertag, bei der Arbeit zu haben, um immer an mich zu denken; ich beschwöre dich bei der Schöpfung der Welt, ich beschwöre dich bei dem*

Tag, als unser Herr Jesus Christus bekreuzigt wurde. Ich beschwöre dich bei meinem Geburtstag; ich beschwöre dich bei dem Tag, da Freud und Leid zusammen sind; und ich schließe meine Augen für immer. Ich beschwöre dich bei den Kräften der bösen Geister, die aus der Hölle gekommen sind. Amen." Bitten Sie eine alte Frau (oder, wenn Sie ein junger Mann sind, dann bitten Sie einen alten Mann), dieses Blatt Papier mit dem Zauberspruch in (bzw. seine) Socke zu legen und diese ans linke Bein anzuziehen. Diese Frau (oder der Mann) soll die Socke sieben Tage tragen, ohne sie auszuziehen. Am achten Tag soll sie (er) dieses Blatt Papier verbrennen und die Asche verstreuen.

▶ Mit dieser Zauberformel bespricht man einen Pfefferkuchen. Kaufen Sie sich einen großen Pfefferkuchen oder backen Sie ihn selbst, dann gehen Sie in die Sauna und nehmen den Kuchen mit. In der Sauna, wenn Sie ins Schwitzen geraten sind, wischen Sie den Schweiß mit einem sauberen Tuch ab und wringen das Tuch über dem Kuchen aus. Wenn Sie den Schweiß abwischen, sollen Sie folgendes sagen: *„Auf dem Meer, auf dem Ozean, auf der Insel Bujan steht ein Baum, auf dem Baum sitzen 70 Vögel wie ein Vogel. Diese Vögel rupfen die Zweige und werfen sie auf den Erdboden; und die bösen Geister heben die Zweige auf und bringen diese dem Teufel. Ach du, schlimmer Teufel! Ich verbeuge mich vor dir und bete dich an: Erweise mir einen Dienst und erweise mir einen Freundesdienst, zünde das Herz des Menschen (Name) für mich (Name) an, zünde die Leber und die Lungen und jede Sehne für mich (Name) an, und sei mein Wort fest und fester als drei Damaszener-Klingen, für ewige Zeiten.*" Sagen Sie diesen Zauberspruch drei Mal und dann essen Sie den Pfefferkuchen.

▶ Wenn Ihre Frau Ihnen die Treue ständig bricht, sollen Sie ihr ein Sperlingsherz zu essen geben, dann kommt ihre Liebe zurück.

▶ Wenn Ihr Mann Ihnen gegenüber treulos ist, sollen Sie sein Geschlechtsteil mit Bärenfett einreiben. Dann kann er keine andere Frau lieben.

▶ Legen Sie einen Ring oder ein Kreuz in die Brusttasche und kaufen Sie ein kleines Türschloss. Verabreden Sie sich mit Ihrer Liebesperson für einen Abend und wenn Sie auf diese Person warten, legen Sie das offene Schloss auf die Türschwelle, die diese Person übertreten soll (halten Sie den Schlüssel des Schlosses bei sich). Wenn Ihre Liebesperson die Türschwelle übertritt, schließen Sie das Schloss zu und sagen folgende Worte sieben Mal: *„Wie niemand dieses Schloss öffnen kann, so kann niemand uns trennen.*"

Zaubersprüche um allgemein beliebt zu werden...

Man sagt diesen Zauberspruch sieben Mal: *„Ich (Name), ein Diener Gottes, stehe morgens gesegnet und bekreuzigt auf, ich gehe ins freie Feld und sehe nach allen vier Seiten und schaue auf den Tempel Gottes. Wie die Leute auf diesen Tempel schauen, so mögen die alten Frauen und die alten Männer, die jungen Männer und die schönen jungen Frauen, und die hübschen Mädchen auf mich, einen Diener Got-*

tes (Name) schauen und auf mich erpicht sein. Mögen meine Worte so fest und stark sein wie die unterirdischen Schlüssel."

Diesen Zauberspruch wendet man vor Ostern an: *"Versammelt euch, gute Leute, zum Heiligen Fest unseres Herrn Jesus Christus. Wie die Leute die Kreuze und die Kuppeln, die Mutter Gottes Madonna und die Heiligenbilder ansehen, so sollen die alten und die jungen Männer, die alten und die jungen Frauen, die schönen Mädchen und die kleinen Kinder den Diener Gottes (Name) ansehen und sie sollen auf ihn erpicht sein. So soll die Dienerin Gottes (Name) sehen und schauen, und möge ihr der Diener Gottes (Name) hübscher als die schöne Sonne und reiner als das reinste Silber erscheinen. Seien meine Wörter fest und stark und für ewige Zeiten unverbrüchlich. Der Schlüssel ist im Wasser, das Schloss ist in der Hand."*

Diesen Zauberspruch wendet ein Mädchen oder eine Frau an, wenn sie möchte, dass verschiedene Leute sie lieben. Wenn sie zu Besuch geht, soll sie leise drei Mal sagen: *„Hier sind alles Hühner, und alle sind schlecht gekleidet; ich bin eine Pfauenhenne und ich bin gekommen; ich bin eine hübsche Frau, ich habe ein weißes Kopftuch um, mein Gesicht ist schön; ich werde lieb und schön erscheinen allen Knechten und allen Mägden, den alten und den jungen Leuten, den mittelalterlichen Leuten, den jungen Frauen und den jungen Männern – und einem Knecht, meinem Bräutigam, den unser Herr geschickt hat, nett und lieb."*

Nehmen Sie einen Eisenteller und legen Sie ihn auf glühende Birkenkohlen; dann legen Sie auf die Kohlen drei Stücke Weihrauch. Sie sollen diesen Teller in der linken Hand halten. Dann nehmen Sie eine Brotscheibe und salzen diese drei Mal. Halten Sie die Brotscheibe in der rechten Hand. So stellen Sie sich auf eine Türschwelle, bekreuzigen Sie sich drei Mal mit der Brotscheibe, die Sie in der rechten Hand halten, und sagen Sie folgenden Worte drei Mal: *„Gedenke, Herr, eines neu vorgestellten Dieners Gottes (Name) in deinem Reich."* Dann beißen Sie ein kleines Stück Brot ab und essen es. Stellen Sie sich auf eine andere Türschwelle und machen Sie das gleiche und zum Schluss stellen Sie sich auf die Ausgangtür-Schwelle und wiederholen das gleiche noch einmal. Sie sollen diese Hexerei jeden Tag von 10 bis 12 Uhr morgens (in der Zeit des Gottesdienstes in der Kirche) oder von 10 bis 12 Uhr abends sechs Wochen lang machen.

Zaubersprüche, um die Liebe einer Person zurückzugewinnen...

Nehmen Sie zwei Wachskerzen, binden Sie diese Kerzen zusammen und sagen Sie folgende Worte drei Mal: *„Wie diese Kerzen zusammengebunden sind, so werden wir auch zusammengebunden."* Dann stellen Sie die Kerzen vor ein Heiligenbild des Heiligen Nikolaus und zünden Sie an, dann sagen Sie: *„Ich zünde keine Kerze an, aber ich zünde die Seele und das Herz eines Knechtes Gottes (Name) für mich, eine Dienerin Gottes (Name) für ewige Zeiten an."* Sie sollen drei Mal die Kerzen anzünden und drei Mal diesen Zauberspruch sagen.

Magischer Kreis...

Der magische Kreis ist ein Kreis, den man mit einem Zauberstab auf den Erdboden zeichnet. Wenn ein Zauberer magische Handlungen oder eine Beschwörung durchführt, befindet er sich in der Mitte des magischen Kreises. Ein Zauberer darf unter keinen Umständen die Schutzschranken des Kreises übertreten, andernfalls fällt er in die Macht der Geister.

Baumzuordnung für Zauberstab und Hexerstab...

Wir schlagen Ihnen keine Methode vor, die Sie bei der Verfertigung eines Zauberstabes anwenden können, doch hier können Sie erfahren, welches Holz Sie für einen Zauberstab benutzen sollen. Für erfolgreiche Behandlungen fertigt man den Zauberstab aus Nussstrauch- oder aus Hainbuchenholz, für die Hexereien aus Nussstrauch- oder Erlenholz.

Magischer Stein...

Dieser Stein kann Ihnen helfen herauszufinden, ob Ihre Frau treu ist. Wenn sie wissen möchten, ob Ihre Frau einen anderen Mann hat, sollen Sie den magischen Stein unter das Kissen Ihrer Frau legen: wenn Ihre Frau treu ist, dann dreht sie sich um und umarmt Sie. Wenn Ihre Frau treulos ist, dann wacht sie auf und schreit.

Zauberei zur Zeugung eines Jungen...

Wenn Sie möchten, dass ein Junge geboren wird, sollten Sie dies gründlich vorbereiten. Zuerst wählen Sie den Empfängnistag – es soll der siebte Tag nach der Menstruation sein, der Mond soll abnehmen und die Mondsichel soll nach oben zeigen. An diesem Tag isst Ihr Mann ungekochte Eier, getrocknete Aprikosen, Rosinen, gedörrte Pflaumen, Nüsse, Petersilie und andere Produkte, welche die Potenz verbessern. Beim Geschlechtsverkehr sollten Sie Ekstase haben. Nach dem Geschlechtsakt trinken Sie ein Getränk, das Ihr Mann vorher für die Frau zubereitet hat. Das Rezept ist: Man nimmt die inneren Organe eines Bussards, lässt diese trocknen, dann zerreibt man sie zu Pulver und vermischt dieses mit Wein.

Mandragora in der Hexerei...

Mandragora[59] ist eine sehr giftige Pflanze und wenn Sie Mandragora bei der Hexerei benutzen, berühren Sie ihr Gesicht nicht. Diese Pflanze ist sehr gefährlich, insbesondere für Augen und Lippen. Die Mandragorawurzel wendet man an, wenn man Salbe für den Sabbat kocht. Mandragora gilt auch als ein Mittel gegen Behexung und hilft bei der Erfüllung von Liebeswünschen.

Man pflückt diese Pflanze am 7. Juli und bewahrt sie bis zum Kardonnerstag auf, erst dann wird sie benutzt.

---

[59] Weitergehende Informationen zu Rezepten von Hexensalben mit z. B. Mandragora erhalten sie in dem Buch: Rauschdrogen der Hexen von Wilfried Weustenfeld, Bohmeier Verlag.

Olivenöl gegen Trunkenheit...

Wenn Sie ein bisschen Olivenöl auf nüchternen Magen trinken (z.B. vor einem Fest oder vor einer Party), dann werden Sie nicht betrunken. Man benutzt Olivenöl für Hexereien, die das Familienleben zu bewahren helfen.

Malve bei Gebärmutterentzündung...

Diese Pflanze hilft bei der Behandlung der Gebärmutter. Nehmen Sie einen Teil Malve-Blumen und einen Teil inneres Schweinefett. Vermischen Sie diese Komponenten mit Terpentin und dann gießen Sie diese Mischung in eine dunkle Flasche. Bewahren Sie diese Mischung dann 24 Stunden kühl auf, damit sie sich setzt. Machen Sie danach damit einen kalten Umschlag auf den unteren Teil des Bauches und lassen ihn dort für eine Stunde. Seien Sie aber vorsichtig, damit die Mischung nicht an die Geschlechtsorgane kommt. Benutzen Sie diesen Umschlag bei Gebärmutterentzündung.

Wachholder gegen Böse Geister...

Der Wachholder jagt die bösen Geister aus dem Haus und schützt vor verschiedenen Behexungen.

Gebete als Schlüssel für Sicherheit beim Hexen...

Jede Zauber-Operation soll mit einem Gebet begonnen werden. Ein Gebet ist ein innerlicher und geistiger Akt, deshalb sollten Sie ein Gebet nicht auswendig lernen, sondern benutzen Sie jedes Mal verschiedene neue Ausdrücke und Wörter, damit Ihr Gebet nicht nur ein reflektorischer Akt ist. Ein Gebet ist ein Schlüssel, der die Tür zu einem Menschen öffnet; die Sicherheit unserer Arbeit, an die wir uns machen, hängt von unserem Glauben und von unserer Offenherzigkeit ab. Wenn Sie, als ein durchgeistetes Geschöpf, bei Ihrem Gebet den höchsten Punkt der geistigen Konzentration erreichen, dann können Sie außerordentliche Erscheinungen sehen oder fühlen. Sie dürfen die Texte von Gebeten also ändern, aber das gilt nur für Gebete! Sie dürfen nicht den Text eines Zauberspruches eigenmächtig verändern, andernfalls haben Sie große Probleme und Unannehmlichkeiten.

Vor der Hexerei soll ein Zauberer zwischen drei und zwölf Stunden nichts essen, er darf nur Wasser trinken. Er soll auch keinen Alkohol trinken. Am Tage, da er eine Hexerei durchführt, soll er keinen Kaffee und keinen Kakao trinken und keinen Zucker essen. Ein Zauberer soll vor der Arbeit seinen nackten Körper mit der Brennnessel schlagen oder wenigstens soll er die Brennnessel zwischen den Handflächen zerreiben, denn die Brennnessel verstärkt die Zauberkraft. Ein Zauberer soll auch für sich bestimmen, was er machen will, welches Ziel er sich setzt; er soll sich tief konzentrieren und sich seinen Gedanken dazu hingeben.

Ein Zauberer liest das erste Gebet (man nennt es Schutzgebet) mehrmals; wenn er nach diesem Gebet das Gefühl hat, dass er weiter arbeiten kann, dann darf er ein anderes Gebet oder einen Zauberspruch lesen. Er soll nicht hasten; wenn er plötzlich fühlt, dass seine Kraft nicht ausreicht, liest er den Zauberspruch zu Ende und dann wiederholt er das Schutzgebet. Dieses Gebet schützt einen Zauberer und die Menschen, mit denen er arbeitet, vor dem Bösen; und in diesem Gebet soll ein Zauberer um Sicherheit nicht nur für sich, sondern auch für diese Menschen bitten.

Gebet, das man vor der Arbeit, dem Unterricht und vor einer anderen Beschäftigung liest...

Setzen Sie sich an einen Tisch, legen Sie Ihre Hände auf den Tisch und sagen Sie: *„Ich (Name), ein Diener Gottes, stehe gesegnet auf, ich gehe aus einer Tür durch eine andere Tür, aus einem Tor durch ein anderes Tor, unter die schöne Sonne, unter den Mond Gottes; wie die schöne Sonne den Morgentau trocknet und erwärmt, so soll alle Welt trocken werden und mich, einen Diener Gottes (Name), erwärmen. Wie niemand eine Elster mit dem Gewehr schießen kann, so könnte niemand mich, einen Diener Gottes, bei einem Wort, bei einem Blick, bei einem Gedanken, bei einem Verstand, bei einem Einfluss in meinem ganzen Leben umbringen. Ich werfe Salz in die Augen und die Asche auf die Zunge aller meiner Übeltäter und Feinde. König David! Nimm alle meine Übeltäter und Feinde heimlich weg und hilf mir, gib mir, einem Knecht, den baldigen und glücklichen Erfolg für ewige Zeiten. Im Namen des Vaters, des Sohnes und des Heiligen Geistes."*

Gebet, damit die Vorgesetzten Sie respektieren...

„Gedenke, Herr, des Königs David. Wie König David sanft und demütig und gnädig ist, so hätte ich, ein Diener Gottes (Name), die sanften, demütigen, gnädigen Beamten und Vorgesetzten und die gerechten Richter."

Gebet gegen Gericht und ungerechte Anklage...

„Ich (Name), ein Diener Gottes, gehe aus dem Haus durch die Tür, aus dem Hof durch das Tor, in die grünen Wiesen, in die freien Felder, in die dunklen Wälder; ich, ein stummer Diener Gottes (Name), gehe zu einem Pfahl, ich habe viele Stäbe gefunden, hier liegen viele Särge und viele tote Menschen. Die Herzen der toten Menschen flammen nicht auf, ihre Hände sind nicht erhoben, ihre Lippen öffnen sich nicht; so soll das Herz eines Knechtes Gottes (Name) gegen mich, einen Diener Gottes, nicht aufflammen; so sollen seine Hände nicht erhoben sein, so sollen seine Lippen sich nicht öffnen, Halleluja, Halleluja, Halleluja. Jesus Christus bleibt mit uns, gestern und heute und immer. Du bist der Heilige Gott, du besiegst die dämonischen Kräfte; lass mich, einen Diener Gottes (Name), alle Knechte besiegen, die sich gegen mich ungerecht auflehnen! Amen, Amen, Amen." Nehmen Sie Salz und besprechen Sie es mit diesem Zauberspruch. Dann streuen Sie dieses Salz im Gerichtssaal aus. Sie dürfen diesen Zauberspruch nur für den Fall anwenden, dass Sie ungerecht angeklagt worden sind.

Knoten-Gebete zum Schutz...

In alten Zeiten machten die Leute die Knoten an der Waffe, weil Sie die Kraft der Feinde vernichten wollten. Wenn diese Leute die Knochen machten, sagten Sie folgende Worte: *„Ich mache fünf Knoten jedem untreuen und unfriedlichen Schützen –*

am Bogen, an jeder Armbrust und an jeder Kriegswaffe mache ich die Knoten. Knoten! Versperrt den Schützen die Wege, macht die Armbrüste zu, fesselt die Bogen, bindet die Kriegswaffen; die Kraft meiner Knoten ist stark!"

Oder: *"Mache, Herr, einen Knoten einem Diener Gottes (Name), damit ein Zauberer und eine Hexe, ein Kurpfuscher und eine Kurpfuscherin und ein Vampir das Böse nicht vorhaben; mache einen Knoten gegen einen Mönch und eine Nonne, gegen eine schöne junge Frau, gegen einen weißhaarigen, schwarzhaarigen, aschblonden, rothaarigen, hellbraunbärtigen, einäugigen, verschiedenäugigen Mensch und gegen einen Vampir."* Wenn ein Krieger in den Krieg zieht, nehmen Sie Kleidung, machen die Knoten an ihr und besprechen diese Kleidung mit einem der oben genannten Zaubersprüche sieben Mal. Legen Sie diese Kleidung in eine Truhe oder in einen Koffer und berühren Sie diese nicht, bis der Krieger heimkehrt.

Gebet für erfolgreiches Tun...

Zuerst sagen Sie folgende Worte fünf Mal: *"Unser Vater, der du bist im Himmel, geheiligt werde dein Name; dein Reich komme; dein Wille geschehe, wie im Himmel so auch auf Erden! Unser tägliches Brot gib uns heute; und vergib uns unsere Schuld, wie auch wir unseren Schuldigern vergeben; und führe uns nicht in Versuchung, sondern errette uns von dem Bösen! Denn dein ist das Reich und die Kraft und die Herrlichkeit in Ewigkeit. Amen!"* Dann beten Sie fünf Mal zur Heiligen Mutter Gottes Maria.

Dann schreiben Sie auf einen Zettel drei Mal: *"Ich habe das Hemd der Heiligen Maria an; die Wunden meines Gottes und vier Kronen des Himmels, des Heiligen Johannes, des Heiligen Evangelisten, des Heiligen Lukas, des Heiligen Matthäus, des Heiligen Markus beschatten mich. Sie, die Heilige Maria, schützt mich vor einem Mann, vor einer Frau, vor Blei, vor Eisen, vor Stahl, damit sie mich nicht verletzen, nicht schneiden und meine Knochen nicht brechen können. Friede dem Gott!"* Verschlucken Sie diesen Zettel und sagen Sie: *"Es gibt wirklich Erfolg, es gibt in der Tat Erfolg, Erfolg gibt es im Wort Gottes und überall."*

Gebet für Schutz gegen einen Feind...

Stoßen Sie das Tor mit der rechten Schulter auf und treten Sie auf den Hof mit dem linken Bein ein. Dann stützen Sie sich am Tor, bekreuzigen sich und sagen: *"Heiliger Herr und Heiliger Michael; Gott! Schütze mich vor einem bösen Menschen und vor einem Tyrannen, vor aller Zeit und jetzt und in allen Ewigkeiten, Amen."*

Wie Sie die Jungfernschaft einer Frau prüfen...

Nehmen Sie die Staubgefässe einer gelben Lilie und fügen Sie diese dem Essen hinzu. Wenn eine Frau nach dem Essen starr wird, dann ist sie keine keusche Jungfrau. Sie dürfen ihr auch einen Lattich zu riechen geben. Die Wirkungsweise ist die gleiche.

Ein Universalmittel gegen Unannehmlichkeiten...

Fangen und töten Sie einen Hirsch, und schneiden Sie einen Huf von einem seiner rechten Beine ab. Dann machen Sie aus dem Huf einen Ring und stecken sie diesen an. Sie werden keine Unannehmlichkeiten haben und keinen bösen Mensch treffen, solange Sie diesen Ring tragen.

Zauber um zukünftige Unglücksfälle vermeiden...

Wenn Sie verunglückt sind und sich verletzt haben, nehmen Sie Blut aus der Wunde und spritzen es in ein Hühnerei ein. Legen Sie dieses Ei wieder unter ein Huhn. Wenn das Ei verfault ist, vermischen Sie es mit Brot und Fleisch und geben es einem Hund oder einem Schwein zu fressen.

Wie Sie mit der Hilfe böser Geister ein Zauberbuch zu erhalten...

Fangen Sie eine Schlange, reißen Sie ihr den Kopf ab und sagen Sie folgenden Zauberspruch: *„Auf dem Meer, auf dem Ozean, auf der Insel Bujan steht eine Eiche, unter der Eiche steht eine Bruchweide, unter der Bruchweide liegt ein weißer Alater-Stein, auf dem Stein liegt ein Vlies, unter dem Vlies liegt eine Schlange. Sie hat die Schwestern: Arina und Katherina. Wir beten zum Teufel, verbeugen uns in alle vier Winde; komm und kläre uns auf!"*

Füllen Sie die Schlange mit Erbsen, vergraben Sie die Schlange und gießen Sie diesen Platz so lange, bis die Erbsen sprießen. Wenn die Erbsen zu blühen beginnen, pflücken Sie die Schösslinge und sagen: *„Ich (Name), ein Knecht Gottes, stehe nicht gesegnet auf und gehe nicht bekreuzigt; ich gehe aus dem Haus durch keine Tür, ich gehe aus dem Hof durch kein Tor, sondern ich gehe über den Kellerbalken und durch das rauchige Fenster ins freie Feld. Der Platz, wo die Erbsen blühen, lässt die Schlange nicht sterben. Komm, Teufel, zu den Erbsen und zu der Schlange, bringe dein schwarzes Buch mit, zeige es mir, aber sage kein Wort!"* Aus den Schösslingen machen Sie einen Ring, dann kneifen Sie das linke Auge zusammen und mit dem rechten Auge schauen Sie durch den Ring auf die Erbsen. Warten Sie etwas und die bösen Geister werden erscheinen. Einer von ihnen erscheint mit einer roten Mütze. Versuchen Sie, ihm die Mütze abzunehmen, und dann tauschen Sie die Mütze gegen das schwarze Buch. Diese Hexerei machen Sie um Mitternacht.

Hexerei um die Beine einer Person zu lähmen...

Nehmen Sie Erde aus einem frischen Grab, die Asche aus sieben Öfen und Salz aus sieben Häusern; vermischen Sie diese Komponenten und vernähen Sie diese in die Kleidung oder legen sie unter eine Einlegesohle einer Person, die Sie lähmen möchten.

Zauberspruch um Schönheit zu erlangen...

Sammeln Sie Tau am 7. Juli bis Mitternacht, und am 9. und 12. Juli vor Sonnenaufgang: Jedes Mal sammeln Sie ihn in verschiedene Gefäße. Dann nehmen Sie aus jedem Gefäß drei Tautropfen auf die linke Hand und waschen sich mit der selben das

Gesicht. Wenn Sie sich waschen, sollen Sie sagen: *„Ich wasche mich mit dem Tau und mit der fraulichen Schönheit, ich behänge mich mit den Sternen, ich gürte mich mit dem Mond, ich zeige mich an diesem Tag Gottes und ich werde weißer als die weiße Welt, heller als der helle Mond, schöner als die schöne Sonne für die Knechte und die Mägde, für die Männer und für die Frauen sein."*

Wie Sie Brandwunden heilen...

Spucken Sie auf die Brandwunde[60] und sagen Sie: *„Im Namen des Vaters, des Sohnes und des Heiligen Geistes. Eine schöne junge Frau geht mit einem feuchten Besen umher; sie löscht den Feuerfluss, die Feuerfunken und die Feuerflamme."* Sagen Sie diesen Zauberspruch sieben Mal.

Dann stellen Sie folgende Salbe her: 1 SL guter Essig, 12 SL Wasser und Kreideweiß. Mischen Sie diese Komponenten bis zur Sahnedichte, legen Sie diese Salbe auf ein sauberes Tuch und benutzen sie wie einen Umschlag.

Oder Sie nutzen folgenden Spruch: Sagen Sie diesen Zauberspruch drei Mal und jedes Mal blasen Sie auf die Wunde. *„Feuer, verliere deine glühende Kohlen, wie Judas seine Farbe verlor, als er unseren Gott im Olivengarten verriet."*

Zauberspruch gegen einen Werwolf...

Die alten Leute sagen, dass ein Werwolf ein Mensch ist, der sich in einen Wolf oder einen toten Menschen verwandeln kann. Wenn man einen Werwolf sieht, soll man ein Messer nehmen, die Messerschneide auf die Augen legen und auf den Werwolf schauen. Dann zeigt der Werwolf sich in seiner wirklichen Gestalt.

Zauberspruch gegen einen Werwolf: *„Auf dem Meer, auf dem Ozean, auf der Insel Bujan, auf der offenen Waldwiese steht ein Espenbaumstumpf, der Mond scheint auf den Baumstumpf, auf den grünen Wald und auf das weite Tal. Am Baumstumpf steht ein zottiger Wolf, er hält in den Zähnen das Rindvieh, aber er geht nicht in den Wald. Mond und die goldene Mondsichel! Schmelze die Kugel, mache die Messer stumpf, zerfasere die Knüppel, jage Angst dem Tier, dem Menschen und der Schlange ein, damit sie den grauen Wolf nicht nehmen und ihm sein warmes Fell abziehen. Mein Wort ist stark, fester als Schlaf und kräftiger als Riesenkraft."*

Schutzzauber gegen Blitz und Feuer...

Hängen Sie dieses Täfelchen ans Haus und lesen Sie diesen Zauberspruch von Zeit zu Zeit. Beim Lesen verbeugen Sie sich immer dort, wo ein „+" steht: *„Wenn du, Herr, mir nicht hilfst und mich nicht rettest, dann bin ich einverstanden, in die Hölle mitgenommen zu werden."* In einer Brandstätte finden Sie ein Stück Kohle. Zeichnen Sie drei Kreuze mit dieser Kohle auf Ihr Dach. Nehmen Sie ein Täfelchen und schreiben sie darauf: *„Geli, Eloim, Sooar, Emmanül, Sabaof, Agla, Tetragramma-*

---

[60] Wir weisen ausdrücklich darauf hin, dass eine solche Wundversorgung heutzutage unverantwortlich wäre, da sie größten Schaden anrichten würde. Heutzutage wird im allgemeinen empfohlen die verbrannte Stelle mit kaltem Wasser zu kühlen und ggf. einen Arzt zu Rate zu ziehen.

ton, *Galios, Fenost, Ishirost, Atanotost, Iegowa, Adonaja, Sadaj, Missionar. Unge-*
schöpfter Vater + ungeschöpfter Sohn + Jesus Christus, herrschender Zar, Frieden
komme. Ein Wort ist ein Leib +, und Gott ist ein Mensch geworden. Christus siegt
+, Christus herrscht +, Christus befiehlt +, Christus beschützt und schützt dieses
Haus vor Blitz und Feuer. "

Zauber um die Kraft und den Mut des Körpers zu erhalten...

Um die Kraft und den Mut des Körpers zu erhalten, tragen Sie um den Hals ein
Chalzedon[61]. Sie dürfen auch einen Diamanten tragen, den Sie gefunden oder von
Ihren Verwandten bekommen haben, oder der Ihnen geschenkt worden ist.

Heilungszauber bei einer Halsgeschwulst (Angina)...

„(Name) geht ins Bett, gesegnet und bekreuzigt. Auf dem Meer Kijan liegt ein Later-
Stein; bei diesem Stein steht ein Thron der Heiligen Mutter Gottes, bei diesem Thron
steht ein trockener Baum, auf diesem trockenen Baum sitzt ein Vogel – er hat einen
Eisenschnabel und Damaszener-Krallen, er kneift und zupft den trockenen und
feuchten Frosch, vor aller Zeit und jetzt und in allen Ewigkeiten. " Wenn Sie diesen
Zauberspruch sagen, reiben Sie die wunde Stelle mit Spindeln[62] ein. Sie sollen ihn
sieben Mal wiederholen. Dann winken Sie mit den Spindeln nach dem Feuer und
sagen: *„Gehe weg, trockener und feuchter Frosch, werde trocken!"* Sie sollen auch
das Wasser mit dem Ringfinger drei Mal bekreuzigen und mit diesem Zauberspruch
besprechen. Geben Sie dieses Wasser einem Kranken zu trinken und reiben Sie mit
diesem Wasser die wunde Stelle ein.

Besprechen Sie mit diesem Zauberspruch drei Mal die wunde Stelle: *„Wie der Kör-*
per eines toten Menschen nicht schmerzt, das heiße Blut nicht brennt, der gelbe
Knochen nicht bricht, so soll der Körper des Menschen (Name) nicht schmerzen und
der gelbe Knochen nicht brechen. Seien meine Wörter fest und klebrig, klebriger als
Leim, salziger als Salz, schärfer als ein Messer, fester als eine Damaszener-Klinge.
Ich gebe meinen Wörtern die Lippen und die Zähne, den Schlüssel und das Schloss. "

Lesen Sie diesen Zauberspruch drei Mal und beim Lesen drücken Sie den Zeigerfin-
ger an den wunden Hals: *„In der Stadt Jerusalem, am Fluss Jordan steht ein Zypres-*
senbaum, auf diesem Baum sitzt ein Vogel Fel. Er kneift und zupft mit den Krallen
und mit den Fußnägeln den Frosch des Knechtes Gottes (Name) über dessen Wan-
gen und Kiemen. Im Namen des Vaters, des Sohnes und des Heiligen Geistes. Heili-
ger Geist, Amen. Heiliger Geist, Amen. Heiliger Geist, Amen. "

Adlerstein, Schlangenhörnchen und Horn des Nashorns...

Zu den sympathetischen Mitteln gehören der Adlerstein, die Schlangenhörnchen und
das Horn eines Nashorns. Der Adlerstein hat wunderbare Wirkungen. Er befindet

---

[61] Der Chalzedon ist eine verschieden gefärbte, dichte Ausbildungen von Quarz, wie z. B. Achat,
Karneol, Onyx.

[62] Hier ist eine *biologische Spindel* gemeint, also die: Hauptachse von Blütenständen oder gefiederten
Blättern.

sich im Adlerhorst und wenn Sie ihn finden und mitnehmen, dann schützt er Ihre Kinder vor verschiedenem Bösen und Behexungen. Das Horn eines Nashorns ist ein seltenes und kostbares Mittel für Heilung von schweren Krankheiten und für die Aufrechterhaltung der Manneskräfte oder für die Verbesserung der Potenz.[63] Es ist wünschenswert, einen Becher aus einem Horn zu machen, und wenn Sie ständig aus diesem Becher trinken, dann können Sie Ihre Potenz erhalten. Schade, dass nur reiche Menschen sich dieses Mittel leisten können, weil das Horn eines Nashorns sehr teuer ist. Die armen Leute benutzen statt dessen Schlangenhörnchen. Sie lassen diese Hörnchen trocknen, zerreiben sie, zersetzen diese mit Alkohol und trinken dies dann.

Wie man ein Hexenöl herstellt und benutzt...

Aus Nussöl bereitet man Hexenöl, das Sie in folgenden Fällen benutzen können:

1. Eine Hexe kocht Hexenöl aus Nussöl und gibt dieses dann einer unschönen und hässlichen Frau. Diese Frau reibt den Körper mit diesem Öl ein (sie macht diese Hexerei in der Nacht) und in dieser Nacht kommt ein junger Mann zu dieser Frau.

2. Eine Hexe reibt ihren Körper mit dem Hexenöl ein und geht zum Sabbat oder zu einer Schwarzen Messe.

Zauberspruch gegen Pfeile und Messer

Besprechen Sie die Kleidung Ihres Mannes mit diesem Zauberspruch, wenn er in den Krieg zieht. *„All zu weit ist ein Eisen-Meer, auf diesem Meer steht ein Kupferpfahl, auf diesem Pfahl steht ein Gusseisenhirt, und der Pfahl geht von der Erde bis in den Himmel und von Osten bis Westen. Dieser Hirt vermacht und gebietet seinen Kindern; und er gibt dem Eisen, der roten und blauen Damaszener-Klinge, dem Stahl, dem Kupfer, dem Draht, dem Blei, dem Zinn, dem Silber, dem Gold, den Steinen, den Pfeilen, den Soldaten und den Faustkämpfern ein großes Gebot: Geht ihr, Blei, Eisen und Steine des Knechtes Gottes (Name) in ihre Mutter, geht ein Baum zu einem Land, gehen die Federn in einen Vogel, geht der Vogel in den Himmel, geht der Leim in einen Fisch, geht der Fisch aufs Meer; verheimlicht dies vor einem Knecht (Name).*

Er befiehlt dem Messer, der Axt, dem Jagdspieß, dem Dolch, den Pfeilen, den Kämpfern, ruhig und still zu sein. Er befiehlt jedem Soldaten mit einer Armbrust, nicht auf mich zu schießen, er befiehlt, die Bogensehnen wegzunehmen und die Pfeile auf die Erde zu werfen. Sei sein Körper stärker als ein Stein, härter als eine Damaszener-Klinge, seien meine Kleidung und meine Mütze fester als ein Panzer und ein Panzerhemd. Ich schließe meine Worte mit den Schlüsseln. Ich werfe den Schlüssel unter den weißen-heißen Alater-Stein. Meine Worte sind so fest, wie die Schlossschlüssel. "

---

[63] In der Zeit von Viagra, sollte man zugunsten der sowieso schon eingeschränkten Population von gefährdeten Tierarten auf solche Experimente verzichten, zumal es heutzutage – wie schon gesagt – viel bessere Möglichkeiten gibt.

Die Espe schützt vor den bösen Geistern...

Dieser Baum hat viel Kraft; vielleicht haben Sie schon einmal gesehen, dass Espenlaub immer zittert und es so aussieht, als ob die Blätter miteinander sprechen. Deshalb hält man diesen Baum für besonders schützend vor den bösen Geistern. Man hält diesen Baum auch für einen verdammten Baum, weil sich der Verräter Judas an diesem Baum erhängt hat und weil das Espenlaub immer zittert und rauscht, sogar wenn es nicht windig ist. Die Espe hat außerordentliche Kräfte gegen böse Hexerei; wenn ein toter Zauberer sich aus seinem Grab erhebt, dann schlägt man einen Espenpfahl in sein Herz. Danach geht der Zauberer nie mehr aus seinem Grab. Auch um einen Vampir umzubringen, soll man ihn mit einem Espenpfahl durchstoßen.

Zaubersprüche gegen Trauer...

Für **Männer**: *„Auf dem Meer, auf dem Ozean, auf der Insel Bujan, auf der Waldwiese, unter der Eiche sitzt der Diener Gottes (Name), er grämt sich in ungekannter Trauer und in unerträglicher Schwermut. Acht alte Mönche kommen mit einem ungeladenen, ungebetenen Greis; er ist wie du, ein Diener Gottes (Name), weil du von morgens bis abends traurig bist, und so du sitzest du auf der Waldwiese, auf der Insel Bujan, auf dem Meer Kijan! Ein Diener Gottes (Name) spricht mit acht Mönchen und mit einem Greis; das Unglück legt sich ins lebhafte Herz, der Kopf tut weh und schmerzt, die weiße Welt ist nicht lieb und das Kissen ist kalt geworden. Ich rufe acht Mönche und einen schrecklichen Greis; sie fangen an, die Trauer zu brechen, die Trauer zu schmeißen, die Trauer über dem Zaun zu werfen. Die Trauer stürzt sich von Osten nach Westen, vom Fluss bis zum Meer, vom Weg bis zum Scheideweg und vom Dorf bis zum Dorffriedhof nimmt man die Trauer nirgends, und man verbirgt die Trauer nirgends. Und die Trauer wirft sich auf die Insel Bujan, aufs Meer, auf den Ozean, unter die Eiche. Ich beschwöre einen Diener Gottes (Name) gegen trübe und kalte Trauer, an diesem Tag, und zu dieser Uhrzeit, in dieser Minute; niemand kann mein Wort mit der Luft und mit dem Geist bezwingen.“* Sagen Sie diesen Zauberspruch in Ihrem Zimmer.

Für **Frauen**: *„Ich (Name), eine Magd Gottes, gehe ins Bett beim Abendrot, es ist sehr dunkel; ich (Name) stehe bei roter Dämmerung auf, es ist sehr hell; ich wasche mich mit dem frischen Wasser und ich wische mich mit dem weißen Tuch ab. Ich gehe aus einer Tür durch eine andere, aus einem Tor durch ein anderes, ich gehe auf dem Landweg bis zum Meer; auf der Heiligen Insel am Meer sehe ich und beobachte: Im freien Feld schaut die schöne Sonne nach Osten. Und im freien Feld sehe ich und beobachte: Ein Siebenturmhaus steht, in diesem Turmhaus sitzt eine schöne junge Frau, sie sitzt auf einem goldenen Stuhl, sie sitzt und beruhigt die Krankheiten, sie hält auf dem Schoß eine silberne Untertasse, auf der Untertasse liegen die Damaszener-Messer. Eine Magd Gottes (Name) tritt ins Turmhaus ein, senkt den Kopf demütig und unterwürfig, sie unterwirft sich mit dem Herzen und sagt: 'Ich bin zu dir, einer schönen jungen Frau, mit meiner Trauer über einen Diener Gottes (Name) gekommen. Nimm, schöne junge Frau, das Damaszener-Messer von der silbernen Untertasse mit der rechten Hand, schneide das weiße Fleisch des Knechtes*

(Name) ab, rupfe es ab und wickle es ein; nimm die Krankheiten und die Traurigkeiten, die Warnungen und die Behexungen, vernarbe seine blutigen Wunden mit deiner reinen und ewigen Decke. Schütze ihn vor jedem Menschen, vor einer alten Hexe, vor einem gewöhnlichen Mädchen, vor einem Mann, vor einem schwarzhaarigen und vor einem rothaarigen Mann. Nimm, schöne junge Frau, zwölf Schlüssel mit der rechten Hand und verschließe zwölf Schlösser, und werfe diese Schlösser ins Meer, unter den Alater-Stein. Im Wasser schwimmt ein großer weißer Fisch, er berührt die Schlüssel und verschluckt diese, und der große weiße Fisch zieht die Schlüssel nicht heraus und öffnet die Schlösser nicht.' Der Knecht (Name) wird gesund in dieser Zeit und an diesem Tag; und wie ein Abendrot erlöscht, so sollen alle Krankheiten meines lieben Freundes erlöschen, mein Wort ist stark vor aller Zeit und jetzt und in allen Ewigkeiten".

Zauberspruch um einen Menschen für immer loszuwerden...

Gehen Sie zu einer Beerdigung und warten Sie, bis der Trauerzug durch den Wald fährt. Im Wald heben Sie einen Fichtenzweig auf und teilen diesen in drei Teile. Dann werfen Sie die Zweige auf die Türschwelle Ihres Hauses und eine unerwünschte Person betritt nie wieder Ihr Haus. Wenn diese Person trotzdem kommt, dann lesen Sie vor der Ankunft und vor dem Weggang dieser Person folgenden Zauberspruch drei Mal: „Wie ein Verstorbener über diesen Fichtenzweig zum letzten Mal gefahren ist, so sollst du (Name) die Türschwelle dieses Hauses zum letzten Mal übertreten haben."

Zauberspruch gegen Elend und Unglück...

Nehmen Sie einen neuen Besen und fegen Ihr Haus aus. Dabei sollen Sie drei Mal sagen: „Mit diesem Besen geht mein Unglück und Misserfolg weg." Dann lassen Sie diesen Besen an einer Straßenkreuzung stehen. Wer diesen Besen mitnimmt, der bekommt Ihr Unglück und Ihren Misserfolg. Manchmal tut man dies auch seinen Feinden an. Wenn Sie einen Besen an der Straßenkreuzung finden, heben Sie ihn nicht auf und spucken Sie nach links aus!

Zauberspruch um sich an einem Beleidiger zu rächen...

Finden Sie einen jungen Nussstrauch, der noch keine Früchte getragen hat, und schneiden Sie einen Zweig an einem Sonnabend ab. Dazu sollen Sie sagen: „Ich schneide dich, einen diesjährigen Zweig ab. Im Namen von (der Name Ihres Beleidigers), den ich bestrafen will." Wenn Sie nach Hause zurückkommen, bedecken Sie einen neuen Tisch mit einem neuen Tuch und sagen: „Im Namen des Vaters + und des Sohnes + und des Heiligen Geistes und in der Ecke Drotsch + Mirotsch + Esenarotsch + Beti + Bwrotsch + Maarotsch." („+"- bedeutet, dass Sie sich bekreuzigen sollen). Sagen Sie diesen Zauberspruch drei Mal und dann sollen Sie noch folgende Worte sagen: „Heilige Dreieinigkeit! Bestrafe (der Namen Ihres Beleidigers), der mir Böses getan hat, und befreie mich von diesem Bösen durch deine Rechtspflege + Ellion + Ellion + Esmatis. Amen."

Danach schlagen Sie gegen das Tuch, mit dem der Tisch bedeckt ist, und eine Person, die Sie beleidigt hat, bekommt so viele Schläge, wie Sie der Decke versetzen.

Es gibt noch eine andere Methode:

An einem Freitag verschaffen Sie sich ein Haar Ihres Beleidigers und im Laufe von neun Tagen machen Sie jeden Tag einen Knoten in dieses Haar. Am neunten Tag (am Sonnabend) wickeln Sie das Haar in neues Pergament ein und schlagen dagegen. Die Schläge bekommt Ihr Beleidiger. Machen Sie diese Hexerei in der Nacht von 1 bis 3 Uhr.

Beschwörung für teuflische Energien...

Machen Sie diese Beschwörung der Nacht von 1 bis 3 Uhr. Ziehen Sie sich aus (wenn Sie eine Frau sind, lösen Sie Ihre Haare), legen Sie Ihr Kreuz ab, tragen Sie die Heiligenbilder raus (wenn diese an der Wand hängen), stellen Sie sich auf ein schwarzes Tuch, legen Sie sich unter die Fersen silberne Münzen.

Suchen Sie sich einen Namen aus, stellen Sie sich diesen Menschen vor und sagen Sie: *„Ich gehe aus der Tür nicht gesegnet, aus dem Tor nicht bekreuzigt, ich gehe ins freie Feld, jenseits des Feldes befindet sich ein grüner Hain, in diesem grünen Hain steht ein großer Espenbaum, die Espe hat eine grüne Spitze, auf der grünen Spitze sitzt der größte und älteste Teufel. Teufel-Vater! Hilf mir, erweise mir einen großen Dienst, rufe deine 99 kleinen Teufel herbei und schicke sie zu einer schönen jungen Frau (Name, oder: zu einem jungen Mann). Sie sollen ihr (sein) Herz mitnehmen, ihre (seine) Seele ziehen, die Brust von Trauer austrocknen lassen, das Herz und die Seele mir (Name) bringen."* Lesen Sie diesen Zauberspruch drei Mal; dann wechseln Sie das Geld und geben es den Bettlern. Sie dürfen diese Hexerei neun Mal machen, bis Sie Ihren Zweck erreichen.

Zauberspruch gegen Zauber (Heilung)...

„Im Namen des Vaters, des Sohnes und des Heiligen Geistes, Amen. Er hat das Abendmahl empfangen, er ist der Statthalter der Apostel; als er ein Apostel war, hatte er die Möglichkeit zu handeln, und es war die Begeisterung zu Gott, er hat wegen der Wahrheit und des Glaubens gelitten, deswegen hat er sein Blut vergossen; Heiligen Märtyrer Kiprian und Iustineja, betet zu Jesus Christus, um einen Diener Gottes (Name) vor dem Bösen und vor der Hexerei, vor einem Feind und vor einem Tyrann, vor Schaden und vor Ränke zu bewahren. Das engelhafte Gesicht wende sich dem Gott, der Weisheit und der Erkenntnis zu; es zeige sich dem Gott. Gott schenkt den Heiligen Kiprian und Iustineja die Heilung. Mit ihnen beten wir zum menschenfreundlichem Gott und zu der Heiligen Mutter Gottes, um einem Diener Gottes (Name) zu gefallen und um ihn vor dem Bösen, vor dem bösen Zauber, vor der Hexerei, vor der Zauberei, vor Ränke, vor bösen Taten zu schützen; von dieser Stunde und von dieser Minute an, für ewige Zeiten und für sein ganzes Leben, in allen Ewigkeiten, Amen." Lesen Sie diesen Zauberspruch sieben Mal.

Zauberspruch gegen Misserfolg...

Wenn die Sache schlecht steht und Sie können nicht aus dieser schwierigen Lage herausfinden, dann versuchen Sie folgenden Zauber anzuwenden: Am 25 Oktober um Mitternacht gehen Sie ins freie Feld, zeichnen einen Kreis, nehmen einen Stab, wischen Sie ihn mit einem alten und schmutzigen Tuch ab und zünden Sie ihn an. Drehen Sie den brennenden Stab und sagen Sie die folgenden Worte sieben Mal: *„Tretet, Dunkelheit und Geheul, von mir zurück! Geht, herzlose Gram und verdammte Qual, von mir! Kommt, schöne Himmelskraft und silberner Stern, zu mir. Verwandle, meine Mutter, dies in die schöne und lebhafte Kraft und flöße mir diese Kraft auf dem Feuerwege ein."*

Zaubertrank gegen Gehirnerschütterung...

Wenn Sie gestürzt sind und eine Gehirnerschütterung haben, benutzen dieses Mittel: Nehmen Sie ein Ei und hauen Sie es mit einem scharfen Messer in zwei Teile, gießen Sie das Eiweiß in eine große Tasse; dann gießen Sie Essig in beide Hälften der Eierschale und geben Sie das Ganze in eine Tasse, schlagen Sie den Essig mit dem Eiweiß zu Schaum und trinken dies dann sofort. Sie dürfen das nur einmal machen.

Schatzsuche...

Vor Sonnenaufgang gehen Sie in den Wald und suchen einen jungen Nussstrauch, der noch keine Früchte hat; dann wählen Sie einen Zweig mit einer Gabelung und schneiden ihn mit drei Schlägen ab; während Sie dies tun, sagen Sie: *„Ich schneide dich im Namen Eloims, Mettatrons, Adonajas und Schemamforaschs ab, weil du die Beschaffenheit des Stabes von Mose und des Spazierstockes von Jakob hast, damit ich alles, was ich mir wünsche, finden kann."* Dann halten Sie den Ast an der Gablung und sagen: *„Ich befehle dir im Namen Eloims, Mettatrons, Adonajas und Schemamforaschs, mir den Schatz zu zeigen."* Der Zweig dreht sich, wenn Sie den Schatz gefunden haben.

Wenn Sie Erz, Gold, Silber oder ein anderes Metall finden möchten, brauchen Sie einen Nussbaumzweig. Ende August um Mitternacht schneiden Sie einen Nussbaumzweig: mit einer Gabelung, 50 Zentimeter lang, fingerdick und ohne kleine Triebe.

Durch den Schwarzen Farn die Kraft der Hexerei erlangen...

Normalerweise blüht Farn nicht, aber die Zauberer sagen, dass es einen Farn gibt, der am 7. Juli um Mitternacht blüht. Wer diesen Farn findet und die Farnblüte pflückt, der erhält die Kraft der Hexerei. Nach der Meinung der Zauberer herrscht dieser Farn über die bösen Geister, die Erde, das Wasser und über versteckte Schätze. Auf der Suche nach Schätzen werfen Sie den Farn und er beginnt sich zu drehen, wenn es einen Schatz in der Nähe gibt. Und er fällt auf den Platz, wo der Schatz sich befindet.

Er schützt vor Alpträumen, vor Zaubereien, vor dem Teufel, vor Blitz und vor Hagel. Ein Farnstängel hilft auch bei Glücksspielen, aber nur wenn Sie ihn am 7. Juli abgeschnitten haben. Wenn Sie die Farnblätter auf nacktem Körper tragen, dann können Sie sich vor Hexerei und vor Bösen Geistern schützen. Behalten Sie einen Farn im Haus und er schützt es vor Blitz und bringt Ihnen Erfolg in der Arbeit, im Glücksspiel und in der Liebe.

Wenn Sie einen Farn ausgraben möchten, legen Sie zuerst vier Stücke Silber kreuzweise auf den Erdboden und dann sagen Sie folgenden Zauberspruch: *„Herr, erbarme Dich unser! Herr, segne deinen Knecht (Name) und dieses gute Kraut. Wenn dieses Kraut kein Herz in sich hätte, hätten meine Feinde und andere Menschen in ihren Herzen kein Böses gegen mich, einen Diener Gottes (Name); wie die Leute sich über Silber und Gold freuen, so sollen alle Menschen sich über mich, einen Diener Gottes (Name), freuen. Behalte das gute Herz in mir, Gott; weihe den guten Geist in meinem Körper, weise mich nicht zurück. Amen."*

Wenn Sie den Farn ausgegraben haben, nehmen Sie das Silber wieder an sich und tauschen es gegen Geld und geben dieses Geld den Bettlern.

Wie sie mit der Trauerweide böse Geister vertreiben...

Am 7. Juli bei Tagesanbruch gräbt man eine Trauerweidenwurzel ohne Eisenwerkzeug aus. Die Hauptwirkung ist die, böse Geister zu vertreiben. Wenn Sie eine Trauerweide mit der Wurzel ausgegraben haben, nehmen Sie diese mit und gehen zur Kirche; in der Kirche stellen Sie sich vor den Altar, halten die Trauerweide in den Händen nach Osten und sagen: *„Trauerweide, Trauerweide! Du hast lang und viel geweint, aber du hast noch nicht ausgeweint. Mögen deine Tränen über das freie Feld rinnen, dein Geheul übers Meer nicht schallen. Sei du furchtbar für die Teufel, für die Halbteufel und für die alten Hexen aus Kiew. Wenn sie sich dir nicht unterwerfen, ertränke sie in den Tränen; wenn sie deine Schmach vermeiden, schließe sie in den Gruben der Hölle ein. Mein Wort sei in deiner Anwesenheit fest und stark für ewige Zeiten."*

Die Trauerweide hat ungewöhnliche magische Kräfte, sie herrscht über die bösen Geister und hilft, Schätze zu finden.

Nach dem Volksglauben werden Schätze von gefesselten Geistern bewacht und die Trauerweide zwingt diese Geister zu weinen und die Geister verraten dadurch die Schätze. Wenn Sie auf Schatzsuche gehen, graben Sie eine Trauerweide ohne Eisenwerkzeug am 7. Juli aus, nehmen einen Farn oder einen Zauberstab und vier Stücke Silber mit. Wenn Sie einen Schatz gefunden haben, aber noch nicht ausgegraben haben, nehmen Sie die Trauerweide in die linke Hand und sagen: *„Mein Schatz ist zu zwei gleichen Teilen mit Gott."* Dann legen Sie das Silber kreuzweise auf dem Erdboden, nehmen Ihre Mütze ab, legen sie auf den Schatzplatz und sagen: *„Amen, Amen, Amen, zerfalle."* Dann fangen Sie an zu graben. Das Silber geben Sie den Bettlern.

Zaubereien gegen eine Feuersbrunst...

Gegen eine Feuerbrunst haben Sie immer eine Ikone oder ein Heiligenbild unseres Herrn Jesus Christus bei sich oder in Ihrem Haus.

Zu Ostern, wenn Sie morgens zur Kirche gehen, nehmen Sie ein Osterei mit und tauschen es mit dem ersten Menschen, den Sie treffen, gegen ein anderes aus. Wenn Feuer in Ihrem Haus ausbricht, gehen Sie drei Mal mit diesem Osterei um Ihr Haus herum und dann werfen Sie es ins Feuer.

Wenn Ihr Haus anfängt zu brennen, gehen Sie um Ihr Haus drei Mal herum und lesen das Gebet zu Gott und zur Mutter Gottes Maria, und dann sagen Sie: *„Phardon, Chabelion! Brenne nieder, und fange Feuer nie wieder."*

Wie sie eine Hochzeit verhindern...

Reiben Sie das Tor, durch das der Hochzeitszug fahren wird, mit Bären- oder Wolfsfett und mit Blut ein; dann nehmen Sie Steine, reiben diese auch mit dem Fett ein und werfen diese Steine gleichmäßig von der Kirche bis zum Haus auseinander.

Um diese Hexerei zu vernichten, reiben Sie das Tor mit Knoblauch ein.

Jemanden in ein Zimmer einsperren...

Nehmen Sie ein Wolfs- und ein Pferdeherz, lassen Sie dieses trocknen, dann zerreiben Sie es zu Pulver und schütten dieses Pulver auf die Eingangstürschwelle.

Wie Sie Schlaflosigkeit erzeugen...

Nehmen Sie eine Feder aus dem rechten Flügel einer Drossel, binden Sie einen roten Faden an diese Feder und hängen sie ins Schlafzimmer der Person die unter Schlaflosigkeit leiden soll..

Zaubersprüche, um Blut zu stillen...

▶ *„Eine alte Frau ist auf den Fluss gegangen und hat einen jungen Bullen an einem Strick geführt; der Strick ist gerissen, das Blut ist gestillt. Ich trete auf einen Stein, mein Blut tropft nicht; ich trete auf einen Ziegel, mein Blut gerinnt."*

▶ *„Eine alte Frau ist auf dem Weg gegangen, sie hat einen Hund hinter sich her geführt; die alte Frau ist gefallen, der Hund ist weg; das Erz zeigt sich, das Blut tropft nicht."*

▶ Berühren Sie eine Wunde mit dem Zeigefinger drei Mal und sagen Sie: *„Trete auf den Stein, das Blut tropft nicht, trete auf das Eisen, das Blut kriecht nicht; trete auf den Sand, keine Blutung mehr."*

▶ *„Am Meer, auf dem Ozean, auf der Insel Bujan liegt ein weißer, heißer Stein. Auf dem weißen, heißen Stein wickelt die alte Frau Geburtshelferin Salmanida Jesus Christus in Windeln, sie hält ihn mit den weißen Händen und flüstert einem Diener Gottes (Name) zu."*

▶ Wenn Sie Nasenbluten haben oder Ihre Wunde blutet, bekreuzigen Sie die Wunde (oder die Nase) mit einem scharfen Messer drei Mal und sagen: *„Herr Gott, komm in meine Rippen, damit der Teufel in Angst gerät, damit ein Geschwür zurückgeht, damit eine falsche Gerte verwelkt, im Namen des Vaters,* *des Sohnes und des Heiligen Geistes, vor aller Zeit und jetzt und in alle Ewigkeit. Amen."*

▶ *„Am Meer, auf dem Ozean, auf der Insel Bujan liegt ein weißer, heißer Alater-Stein und auf diesem Stein sitzt eine schöne junge Frau. Sie ist eine Näherin; sie hält eine Damaszener-Nadel, sie fädelt einen seidenen Faden und das Eisenerz ein, sie näht eine blutige Wunde zu. Ich (Name) beschwöre einen Diener Gottes gegen meine Schnittwunde. Gehe die Damaszener Klinge weg, und gerinne auch mein Blut."*

▶ *„Ein schwarzes Pferd rennt, auf diesem Pferd sitzt ein alter Mann; möge das Blut nicht tropfen."*

▶ Drücken Sie die Wunde fest mit Daumen und Zeigefinger und sagen Sie drei Mal folgende Worte: *„Kämpfe, kämpfe; die Erde sei hart. Gerinne, Blut eines Knechtes Gottes (Name)!"*

▶ *„Am Meer, auf dem Ozean, auf der Insel Bujan näht eine junge Frau mit roter Seide; sie hat aufgehört zu nähen und hat das Blut gestillt."*

Zaubereien um anderen viel Schaden zufügen...

Um jemandem viel Schaden zuzufügen, nehmen Sie einen blutroten Faden und machen viele Knoten hinein. Dann lassen Sie diesen Faden in einem Ort, wo die Person, die Sie behexen möchten, auf diesen Faden treten muss.

Während Sie die Knoten machen, sollen Sie folgende Wörter mindestens drei Mal sagen: *„Am späten Abend gehe ich nach draußen und sage mich von Jesus Christus, vom irdischen König, von Gott, vom griechisch-orthodoxen Glauben, vom Vater und von der Mutter los.*

Ich widme mich den bösen Geistern und dem Teufel und bitte den Teufel um Hilfe, damit er mir Unterstützung gibt; ich gehe gegen einen Dieb, gegen einen Plünderer, gegen einen Nachtschwärmer, gegen (Name) vor.

Ich will ihn brechen, ich will ihm viel Schaden zufügen; sei es am Tage, sei es in der Nacht, sei es im freien Feld, sei es in den dunklen Wäldern, sie es in schwankenden Sümpfen; sei er schlafend, sei er schlummernd, sei er im Haus, sei er an Eichentischen, sei er beim honigsüßen Essen, soll er gehen und stolpern, soll er auf sich selbst verzichten. Böse Geister, kommt herbei, helft mir und gebt mir Unterstützung, damit (Name) am Tage nicht leben und in der Nacht nicht schlafen kann, jede Stunde keine Kraft hat und jede halbe Stunde keine Geduld. Pfeile und Brüche sollen ihn ereilen, er soll jede Minute Traurigkeit und den Gram fühlen." Nach diesem Zauberspruch fängt der Körper des Menschen, den Sie behexen möchten, an zu eitern. Zuerst erscheint eine Eiterbeule, dann, nach einem Monat, bricht sie auf. Aus dieser Wunde sondert sich Eiter ab und es erscheinen noch 12 weitere Eiterbeulen, und so weiter. Es ist fast unmöglich diese Eiterbeulen zu heilen.

Oder probieren Sie folgenden Zauber: Verschaffen Sie sich den Urin eines Menschen, dem Sie viel Schaden zufügen möchten, kaufen Sie ein Ei und gehen an einem Dienstag oder Sonnabend in der Nacht zu einem öden, entlegenen Platz, damit niemand Sie sehen kann. Machen Sie ein kleines Loch in das Ei und lassen Sie das Eiweiß auslaufen. Das Eigelb soll im Ei verbleiben. Füllen Sie das Ei dann mit dem Urin, den Sie sich verschafft haben, und sagen Sie den Namen des Menschen, für den Sie diese Behexung machen. Dann kleben Sie das Eierloch mit bearbeitetem Schlangen- oder Krötenleder zu und vergraben das Ei im Erdboden in Sargtiefe. Gehen Sie nach Hause, ohne sich umzusehen. Wenn das Ei verfault, fängt dieser Mensch an abzumagern und im Laufe eines Jahres stirb er. Es gibt keine Methode, um diesen Mensch zu heilen, bis das Ei nicht ausgegraben wird. Das Ei soll nicht zerbrochen werden. Nur ein Mensch, der diese Hexerei gemacht hat, darf das Ei ausgraben und verbrennen. Wenn das Ei zufällig zerbrochen worden ist, gibt man es einem Hund zu essen.

Ein weiterer Schadenszauber ist: An einem Sonnabend kaufen Sie ein Bullenherz und in der Nacht gehen Sie an einen öden und entlegenen Platz, graben eine Grube in Sargtiefe, schütten ungelöschten Kalk hinein und legen das Bullenherz in diese Grube. Dann stechen Sie vielmal in das Herz und sprechen den Namen Ihres Feindes dabei aus. Stellen Sie sich vor, dass Sie ins Feindesherz stechen. Danach sollen Sie drei Mal folgende Worte sagen: *„Wie das Bullenherz für ewige Zeiten angehalten hat und für immer gestochen ist, so soll das Herz meines Feindes (Name) für ewige Zeiten aufhören zu schlagen und (Name) Ruhe nur in Sargtiefe finden, für immer."* In kurzer Zeit bekommt der Mensch, den Sie derart behext haben, einen Herzanfall und stirbt. (Wenn Sie eine Frau behexen wollen, benutzen Sie ein Kuhherz).

Und noch ein Schadenszauber: Wenn Sie möchten, dass sich eine Frau Ihnen hingibt, streuen Sie Pfeffer oder Tabak in einem Raum aus, wo Sie mit dieser Frau tanzen werden. Sie sollen mit ihr nicht weniger als eine Stunde tanzen und sie wird einverstanden sein, mit Ihnen zu schlafen. Sie dürfen diese Hexerei zusammen mit Ihren Freunden durchführen: normalerweise versammeln sich die jungen Männer, bereiten einen Raum zum Tanzen vor und laden dann die jungen Frauen ein. Es gibt noch eine andere Methode: Am 6. Juli pflücken Sie Dost,[64] Kümmel, Myrtenblätter, drei Nussblätter und ein Bund Dillstängel. Lassen Sie alles im Schatten trocknen; dann zerreiben Sie es zu Pulver und geben es durch ein Seidensieb. Danach bestreuen Sie heimlich die Beine einer Frau mit diesem Pulver und nach einer Stunde (nach dem Tanzen) gibt sie sich Ihnen hin. Diese Methode ist individuell und Sie sollen allein sein, wenn Sie sich darauf vorbereiten.

Ein weiterer Zauber: Wenn ein Mann weiß, dass er zum letzten Mal Geschlechtsverkehr mit einer bestimmten Frau haben wird, und ihr Schaden zufügen will, soll er folgendes machen: Er soll seine Schamhaare mit Knoblauch einreiben und nach dem Geschlechtsakt soll er sich eine Zeitlang an den Schamlippen dieser Frau mit seinen Haaren reiben. Wenn die Frau auffährt, soll der Mann weggehen.

Eine besonders gefährliche Behexung: Die gefährlichste Behexung ist eine Behexung durch Fuß-abdrücke. Wenn Sie einen Menschen behexen und ihm viel Scha-

---

[64] Gehört zur Art der Lippenblütler. Die einzige mitteleuropäische Art ist der *Gemeine Dost* (Wilder Majoran) eine Gewürzpflanze.

den zufügen wollen, sollen Sie zuerst seine Fußabdrücke finden (es kann ein Fußabdruck auf Schnee oder auf dem Erdboden sein). Dann schneiden Sie diesen mit einem Messer aus. Diese Fußabdrücke dürfen Sie im Feuer verbrennen oder schlagen Sie vier Nägel in den Fußstapfen ein. Wenn Sie das machen, sollen Sie diesem Menschen Elend, Unglück und Krankheiten wünschen. Die Behexung machen Sie in der Nacht von 1 bis 3 Uhr, bei abnehmendem Mond. Vor der Operation sollen Sie einen schwarzen Kater töten.

Eine Behexung mit Zauberstab: Für diese Behexung benutzt ein Zauberer Staub, Schnee oder Erde von einem Friedhof. Wählen Sie die passende Zeit, nehmen Sie am Weg gelegenen Staub, den Schnee oder den Erdboden von einem Friedhof und werfen dies in Richtung des Hauses, wo Ihr Feind wohnt. Sie können dies auch heimlich unter die Türschwelle oder unter das Tor streuen.

Dazu sagen Sie: *„Kulla! Kulla! Blende die schwarzen, die blauen, die braunen, die weißen, die roten Augen des Menschen (Name). Vergrößere seinen Bauch, mache ihn dicker als eine Kohlengrube, trockne seinen Körper, mache ihn dünner als Wiesengras. Quäle ihn zu Tode, schneller als eine Schlange".*

Es gibt natürlich verschiedene Zaubersprüche, aber die Hauptsache dabei, ist die Kraft eines Zauberers, sein Wunsch und die Konzentration seines Willens.

Manchmal verwendet man auch Seifenblasen statt Staub, Erdboden oder Schnee. Man wählt den günstigsten Wind und für die Seifenblasen benutzt man die Seife oder das Wasser, mit dem sich das Opfer gewaschen hat. Man darf auch das Wasser nehmen, mit dem ein Toter gewaschen worden ist. Dieses Wasser macht die Behexungskraft stärker. Man darf die Seifenblasen nicht machen, wenn ein Zaun oder ein Pfahlzaun zwischen dem Zauberer und seinem Opfer steht.

Wenn Sie möchten, dass ein Mensch lange Schluckauf hat, sollen Sie folgende Worte drei Mal sagen: *„Der Mensch (Name) soll von einer Krankheit befallen werden, die den Namen 'Schluckauf' hat; schüttle und quäle (Name) bis zum Ende seines Lebens."*

Am Wochenende, wenn Sie von der Kirche nach Hause gehen, werfen Sie Salz auf den Weg, wo ein Mensch, den Sie als ein Opfer gewählt haben, normalerweise spazieren geht; wenn Sie das Salz werfen, sollen Sie sagen: *„Wie dieses Salz trocken wird, so soll der Knecht Gottes (Name) abmagern; möge der Teufel von mir weg und zu ihm hin gehen!"*

Oder: Nehmen Sie das Salz (oder Mohn) und werfen davon etwas kreuzweise auf den Weg; den Rest werfen Sie in ein frisches Grab auf einem Friedhof (es soll kein Sarg im Grab sein) und sagen Sie drei Mal *„Gehe der Teufel von mir weg!"*

Oder Sie fügen jemanden auf diese Weise viel Schaden zu: Gehen Sie auf den Friedhof und sammeln ein paar alte Nägel von einem Sarg und sagen Sie dazu: *„Ich nehme dich, einen Nagel, damit du mir dienst und hilfst, einen Menschen zu verführen und einem Menschen Übel zu tun, dem ich das machen will, Amen."* Wenn Sie diese Nägel benutzen möchten, sollen Sie zuerst auf dem Erdboden die Beine zeichnen. Dann stechen Sie einen Nagel in die Mitte der Zeichnung leicht ein und sagen:

„Unser Vater im Himmel, geheiligt werde dein Name; dein Reich komme; dein Wille geschehe, wie im Himmel so auch auf Erden!" Dann schlagen Sie diesen Nagel mit einem Stein ein und sagen: *„Du sollst einem Menschen so lange weh tun, wie ich dich nicht heraus ziehe."* Bestreuen Sie diesen Platz mit der Erde, damit niemand diese Zeichnung sehen kann. Der Mensch, dem Sie dies anhexen, wird immer Schmerzen haben. Und Sie können den Schmerz stillen, wenn Sie den Nagel heraus ziehen und folgende Worte sagen: *„Ich ziehe dich heraus, um den Schmerz des Menschen (Name) zu stillen. Im Namen des Vaters, des Sohnes und des Heiligen Geistes, Amen".* Dann wischen Sie die Zeichnung weg.

Eine besonders gefährliche Behexung: Nehmen Sie ein Foto eines Menschen, dem Sie viel Schaden zufügen möchten (er soll allein auf dem Foto sein). In der Nacht bespritzen Sie das Foto mit Totenwasser (Wasser, mit dem ein Toter gewaschen wurde) und sagen Sie folgendes: *„Kulla, Kulla! Ich mache ein fettes Kreuz und ein schwarzes Zeichen, damit der verdammte Knecht (Name) nicht aufstehen kann. Nimm, Teufel, den Knecht und bringe ihn in Grabtiefe, damit der Knecht (Name) nicht zurückkommen kann, damit er die schöne Sonne nicht sehen kann, damit er den Mond nicht treffen kann; wie das Papier schwarz geworden ist, so soll das Leben dieses Knechtes vor Blut rot werden. Der Hund ist weiß, die Katze ist weiß, es gibt nur einen Schlangengeist. Ich gebe den Schlüssel und das Schloss meinen Wörtern."* Bevor Sie diese Worte sagen, zeichnen Sie auf das Foto ein dickes Kreuz und ein schwarzes Zeichen.

So beseitigen Sie eine schlimme Behexung...

Wir haben Ihnen verschiedene Arten von Verhexungen vorgestellt und Ihnen gezeigt, wie sic ausgeführt werden. Aber wir erinnern Sie daran, dass wenn Sie jemandem etwas angehext haben, Sie kein Recht dazu haben, die Behexungen wieder zu entfernen, weil Sie schon die Grenze zwischen dem Guten und dem Bösen überschritten haben und Sie in diesem Fall nicht zum Guten zurückkehren können, weil Ihre Kraft nicht genügt, um Böses zu bezwingen.

Aber wer kann schon bestimmen, was gut und was böse ist? Wir haben keine Waage, nur Gott hat eine. Das Gericht Gottes wird darüber abwägen und bestimmen; wir aber, sollen nur den Willen Gottes, unseres Herrn Jesus Christus erfüllen.

Aber das Leben ist kompliziert und es gibt ausweglose Situationen, und wir haben nicht nur Freunde, sondern auch Feinde. Im Zweifelsfall machen Sie keine Behexung selbst, sondern bitten Sie lieber einen (anderen) Zauberer darum. Das ist keine große Sünde und Sie können Vergebung durch Gebete und gute Taten erhalten.

Bevor Sie damit beginnen, eine Behexung zu entfernen, sollten Sie einige Regeln kennen: Sie dürfen nur von Sonnenaufgang bis Sonnenuntergang und nur bei zunehmendem Mond arbeiten. Auf keinen Fall arbeiten Sie bei Mondfinsternis oder bei Vollmond, weil Sie sich dann selbst Schaden zufügen können.

Wenn Sie von jemandem eine Behexung entfernen, soll dieser Mensch Sie dafür bezahlen. Warum? Ein Mensch bekommt eine Behexung wegen einer Sünde. Aber Sie wissen nicht, was für eine Sünde er begangen hat, und Sie haben kein Recht zu urteilen. Aber ein Mensch soll bereuen und seine Reue ist seine Bezahlung. Wohin diese Behexung verschwindet, hängt von Ihrer Überzeugung, von der Kraft Gottes und von Ihrer Kraft ab.

Sie glauben an die Kraft Gottes, Sie haben das Zeichen vom Himmel bekommen, dass sie eine Behexung entfernen dürfen und jemandem vom Teufel befreien können. Jetzt sollen Sie den Tag der Entzauberung bestimmen. Ein Mensch, dem Sie helfen, soll folgendes dabei haben: Kerzen, Salz, Wasser aus drei Quellen, ein Messer, Honig, Mohn, Eier, Wachs und Blei. Und Sie sollen das Haus dieses Menschen vorbereiten und es von bösen Geistern befreien: Bekreuzigen Sie jede Ecke und jeden Winkel mit Weihwasser, um das Böse der Erde, das Böse des Wassers, das Böse der Luft und das Böse der schwarzen Kreuze zu beseitigen. Um sich vor diesem Bösen zu schützen, beten Sie zur Heiligen Mutter Gottes.

Wenn Sie nach der Arbeit erkennen, dass es Ihnen nicht gelang, die Behexung zu entfernen, dann sind die Sünden dieses Menschen zu groß und Sie sollten ihm das ehrlich sagen. Wenn Sie lügen und für Ihre Arbeit die ihnen in diesem Fall nicht zustehende Bezahlung einfordern, dann werden Sie von Gott bestraft.

Hier schlagen wir Ihnen einige Arten der Entzauberung vor:

► Nehmen Sie 200 Gramm reines Wachs[65] und legen Sie ihn einen sauberen Topf, stellen Sie den Topf auf die Flamme und warten Sie, bis der Wachs zu kochen beginnt. Setzen Sie das Opfer der Behexung auf die Ausgangtür-Schwelle mit dem Gesicht zur Tür. Dann geben Sie Ihrem Helfer einen Becher mit Quellwasser, den er über dem Kopf des Opfers hält; wenn er den Becher hält, sollen Sie das kochende Wachs langsam in diesen Becher gießen; dazu lesen Sie: *„Unser Vater im Himmel, geheiligt werde dein Name; dein Reich komme; dein Wille geschehe, wie im Himmel so auch auf Erden! Unser tägliches Brot gib uns heute; und vergib uns unsere Schuld, wie auch wir vergeben unseren Schuldigern; und führe uns nicht in Versuchung, sondern errette uns von dem Bösen! Denn dein ist das Reich und die Kraft und die Herrlichkeit in Ewigkeit. Amen."* Lesen Sie noch den Psalm 90[66] und sagen dann *„Ich glau-*

---

[65] Vermutlich ist hier Bienenwachs gemeint.

[66] [Psalm 90: Ein Gebet des Mose, des Mannes Gottes.] Herr, du warst unsere Zuflucht von Geschlecht zu Geschlecht. Ehe die Berge geboren wurden, / die Erde entstand und das Weltall, bist du, o Gott, von Ewigkeit zu Ewigkeit. Du läßt die Menschen zurückkehren zum Staub und sprichst: «Kommt wieder, ihr Menschen!» Denn tausend Jahre sind für dich / wie der Tag, der gestern vergangen ist, wie eine Wache in der Nacht. Von Jahr zu Jahr säst du die Menschen aus; sie gleichen dem sprossenden Gras. Am Morgen grünt es und blüht, am Abend wird es geschnitten und welkt. Denn wir vergehen durch deinen Zorn, werden vernichtet durch deinen Grimm. Du hast uns're Sünden vor dich hingestellt, unsere geheime Schuld in das Licht deines Angesichts. Denn all uns're Tage gehn hin unter deinem Zorn, wir beenden unsere Jahre wie einen Seufzer. Unser Leben währt siebzig Jahre, und wenn es hoch kommt, sind es achtzig. Das Beste daran ist nur Mühsal und Beschwer, rasch geht es vorbei, wir fliegen dahin. Wer kennt die Gewalt deines Zornes und fürchtet sich vor deinem Grimm? Uns're Tage zu zählen, lehre uns! Dann gewinnen wir ein weises Herz. Herr, wende dich uns doch endlich zu! Hab Mitleid mit deinen Knechten! Sättige uns am Morgen mit deiner Huld! Dann wollen

be "; lesen Sie jedes Gebet drei Mal. Machen Sie die Entzauberung drei Mal in einem Abstand von 12 Stunden. Wenn die Behexung sehr schwer ist, dann wiederholen Sie die Entzauberung weitere neun Mal. Nach der Arbeit werfen Sie den Wachs in fließendes Wasser.

▶ Nehmen Sie Wasser aus drei verschiedenen Quellen, stellen Sie einen Becher auf den Tisch und stellen Sie vier Kerzen um den Becher. Zünden Sie die Kerzen mit neuen Streichhölzern an. Auf den Becher legen Sie 2 Messer kreuzweise und gießen das Wasser, das Sie vorbereitet haben, in den Becher ein. Fügen Sie dem Wasser feine Kupferspäne aus einer Kirchenglocke hinzu. Dann sagen Sie folgendes Gebet drei Mal: *„Die Stimme deines Donners werde hell, der Weltblitz rühre sich, die Erde bebe; auf dem Meer sind deine Wege, deine Pfade sind in allen Wassern, gehen deine Füße, die Leute und die Schafe werden mit der Hand des Heiligen Mose und Aaramij hingestellt."* Trinken Sie etwas Wasser durch die Schwanenkehle (Suppenkelle) und mit dem Rest waschen Sie sich ab. Danach sagen Sie: *„Zittere am ganzen Körper wie vor Erschütterung."*

▶ Zu Pfingsten, morgens und abends, gehen Sie mit Blumen zur Kirche, bleiben Sie in der Kirche bei der Vesper und bei der Morgenmesse. Wenn Sie nach Hause kommen, lassen Sie die Blumen trocknen. Dann, wenn Sie eine Beseitigung machen, nehmen Sie eine von diesen Blumen, legen sie diese auf einen Teller und begießen Sie mit Weihwasser; dann bespritzen Sie Ihren Scheitel drei Mal mit diesem Wasser und den Rest trinken Sie aus. Danach legen Sie eine Münze in eine Schachtel. Dies machen Sie 40 Tage lang. Nach dieser Zeit halten Sie 3 Gottesdienste ab.

▶ Nehmen Sie Wasser aus drei Quellen. Während Sie das Wasser aus einer Quelle schöpfen, sollen Sie sagen: *„König-Wasser! Gib mir das durchgeschüttelte Wasser für die Leichtigkeit und für die Gesundheit des Knechtes Gottes (Name)."* Wenn Sie das Wasser nach Hause tragen, grüßen Sie niemanden und sprechen Sie mit niemandem. Dieses Wasser gießen Sie dem Behexungsopfer über. Dann nehmen Sie einen trockenen Kiefernzweig und führen ihn über das Opfer und sagen dazu: *„Wie die Äste und die Wurzeln der trockenen Kiefer trocken werden, so sollen die Behexungen, die Aufsichten und der Schaden in dem heftigen Kopf, in den hellbraunen Haaren, in dem heißen Blut und in dem zitternden Körper trocken werden."*

▶ Wenn Sie durch Ihren Fußstapfen behext worden sind, ziehen Sie sich aus und am Vortag der Maria Verkündigung verbrennen Sie die Kleidung.

▶ Ein Zauberspruch gegen Behexung: *„Im Namen des Vaters, des Sohnes und des Heiligen Geistes, Amen. Trenne sich der Teufel, der verdammte Geist, von*

---

wir jubeln und uns freuen all unsre Tage. Erfreue uns so viele Tage, wie du uns gebeugt hast, so viele Jahre, wie wir Unglück erlitten. Zeig deinen Knechten deine Taten und ihren Kindern deine erhabene Macht! Es komme über uns die Güte des Herrn, unsres Gottes. / Laß das Werk unsrer Hände gedeihen, ja, laß gedeihen das Werk unsrer Hände!

dem Gebet der Heiligen Mutter Gottes, von dem Kreuz Jesu Christi, von dem Siegel Jesu Christi, von den Heiligen Reliquien, von meinem Wort und gehe zu den trockenen Bäumen, auf die Moose und auf die Sümpfe, da ist dein Platz, dein Leben, dein Aufenthalt und dein Wille; schreie dort, aber handle in einem Diener Gottes (Name) eigenwillig nicht. Herr Jesus Christus, Heilige Mutter Gottes, alle Himmelskräfte, Erzengel Michael, Engel Aboid und alle Heiligen Wundertäter: Niphont und Maroph, Iustinea, Konon Isabrian, Demetrius aus Rostow, Prophet Ilija, Wundertäter Nikolaus, Sieger Georg und Blasij, Istopher und Märtyrer Nickita; mein Wort ist furchtbar und mein Zauberspruch ist stark; ich verbiete dir, verdammter Teufel, böser Geist; in einem Diener Gottes (Name) zu leben! Gehe jetzt, in dieser Minute, mit allen Behexungen und Verzauberungen weg. Trenne dich von dem Knecht Gottes (Name) und gehe an deinen Platz, wo du warst und wohin Herr Gott Jesus Christus dich geschickt hat, wo er dir zu sein befohlen hat. Gehe in den Abgrund, in die Hölle, in die leere brach liegende Erde, gehe dahin und lebe da, und lasse den Diener Gottes (Name) vor aller Zeit und jetzt und in aller Ewigkeiten in Ruhe! Amen. Amen. Amen."

► Ein Gürtel gegen Behexung: „Im Namen des Vaters, des Sohnes und des Heiligen Geistes, Amen. Ich beschwöre deinen weißen Körper und mache ihn stärker als Stahl und Damaszener-Klinge, stärker als Kupfer und deutsches Eisen, stärker als den straffen Bogen und als glühende Pfeile und binde einen beschworenen Gürtel um; ich verschließe mit vielen Schlüsseln und mit vielen Schlössern, und werfe diese Schlüssel aufs Meer und ein Hecht nimmt diese; wie niemand einen Hecht aus dem Meer fischen kann, so soll niemand die Schlösser des Knechtes Gottes (Name) aufmachen; wer die Schlüssel heraus nimmt, der öffnet die Schlösser. Amen." Besprechen Sie das Behexungsopfer und einen dünnen Gürtel oder Schal mit diesem Zauberspruch sieben Mal. Während Sie die Entzauberung durchführen, soll dieser Mensch nackt sein; dann bindet er den Schal um und trägt ihn immer.

► „Im Namen des Vaters, des Sohnes und des Heiligen Geistes. Dieser Zauberspruch ist nicht für eine Stunde, nicht für einen Tag, nicht für einen Monat und nicht für ein Jahr, sondern für alle Ewigkeit und fürs ganze Leben, Amen, Amen, Amen. Im Namen des Vaters, des Sohnes und des Heiligen Geistes, Amen. Die heiligen Wundertäter, die Geistlichen und die Märtyrer sind von Gott, sie sind aus dem Meer und zu dem verdammten Wirkungsbereich, zu den bösen Geistern und zu dem verfluchten Teufeln gekommen. Die Heiligen Wundertäter, die Geistlichen und die Märtyrer: Niphont, Maroph, Kiprian und Iustinea, Konon Isabrian und Demetrius aus Rostow, ich frage euch: Was für verdammte böse Geister sind sie und warum sind sie gegen ein Gebet Gottes gekommen? Sie antworten: 'Wir sind die verdammten und die bösen Geister, wir sind die Kinder des Teufels, des höllischen Fürsten und der anderen.' Und die heiligen und großen Wundertäter, die Geistlichen und die Märtyrer fragen: 'Weshalb sind die bösen Geister gekommen?' Sie antworten: 'Wir sind gekommen um die Menschengeneration und die christliche Generation zu martern, die Knochen zu brechen, den Verstand und das Gefühl zu verletzen, Krankheiten und Leiden zu bringen, Gemeinheit und viel Schaden zuzufügen, den Herzschmerz zu bringen, einen Knecht zu langweilen und zu entkräften, das Gute wegzunehmen, Ränke zu schmieden, zu verderben und zu Tode zu bringen; wer nicht betet, trinkt und isst, und wer sich in Gelagen und Hochzeiten befindet, der ist unser Sklave, und wir nisten uns in sein Haus ein; die Zauberer schicken und setzen uns in ihn'. Und es beten die Heiligen Geister, die großen Wundertäter, die Geistlichen und die Märtyrer: Niphont und Maroph, Kiprian und Iustinea, Konon Isabrian und Demetrius aus Rostow zu Gott für einen Knecht (Name): 'Herr, Herr, errette die Menschengeneration vor der qualvollen Krankheit und vor der Hexerei.' Als der Herr dieses Gebet hörte, hat er ihnen das Heilige Kreuz, Erzengel Michael, Engel Aboid, Prophet Ilija und Wundertäter Nikolaus geschickt , damit sie die bösen Geister verjagen; und sie fangen an die bösen Geister mit verschiedener Pein zu quälen, mit Schwertern und mit Eisenstäben zu schlagen, mit Pfeilen zu verletzen, und sie versetzen den verhassten bösen Geistern viele Schläge und Wunden; und die bösen Geister fangen an zu schreien und mit der rauen Stimme zu sprechen: 'Die hellen Wundertäter Niphont und Maroth, Kiprian und Iustinea, Konon Isabrian und Demetrius aus Rostow, Erzengel Michael und Engel Aboid, Prophet Ilija und Wundertäter Nikolaus quälen uns und lassen uns in unsere Zecherei gehen, und wenn wir Ihren hellen und Heiligen Namen hören, dann laufen wir von einem Knecht (Name), von seinen Verwandten und von seinem Haus weg und schmieden keine Ränke mehr.' Und die hellen und heiligen Wundertäter, die Engel und die Erzengel fragen nach den Namen der bösen Geister.

Der erste sagt: 'Mein Name ist Schuttler. Ein Mensch kann nicht auf der Ofenbank sich erwärmen, weil ich ihn fallen lasse und stoße und verschiedene Anfälle einjage'. Herr Jesus Christus und die Heiligen Väter verfluchen ihn, Amen.

Der zweite sagt: 'Mein Name ist Feurig. Wie das harzige Brennholz im Ofen verbrennt, so verbrenne ich das Herz und den Kopf jedes Menschen'. Herr Jesus Christus und die Heiligen Väter verfluchen ihn, Amen.

Der dritte sagt: 'Mein Name ist Trockenheit. Ich liege unter der Rippe und in der Seite eines Menschen wie ein Stein und lasse diesen Menschen nicht atmen; ich reiße die Seele aus, ich quäle das Herz, ich vernichte, ich peinige und trockne und gebe kein Wasser'. Herr Jesus Christus und die Heiligen Väter verfluchen ihn, Amen.

Der vierte sagt: 'Mein Name ist Verrückt. Ich verstopfe den Verstand, damit er nach der Reihe nicht zählt, und andere Leute nicht kennt, und den Verstand verliert, nicht trinkt und nicht isst; und so mache ich ihn verrückt'. Herr Jesus Christus und die Heiligen Väter verfluchen ihn, Amen.

Der fünfte sagt: 'Mein Name ist Beklemmung. Ich schnüre die Kehle zu, ich lasse nicht husten, stehe ums Herz, reiße die Seele aus und lasse nicht essen'. Herr Jesus Christus und die Heiligen Väter verfluchen ihn, Amen.

Der sechste sagt: „Mein Name ist Geschwulst. Ich mache den Bauch eines Menschen geschwollen wie eine Rinderblase, ich reiße die Seele aus, ich lasse nicht sprechen, ich mache ihn schwerfällig'. Herr Gott und die Heiligen Väter verfluchen ihn, Amen.

Der siebente sagt: 'Mein Name ist Brechender. Ich breche die Knochen, den Kopf, die Hände, die Beine, das Kreuz und den Rücken, die Brust und andere Körperteile eines Menschen'. Herr Gott und die Heiligen Väter verfluchen ihn, Amen.

Der achte sagt: 'Mein Name ist Trocken und Geheim. Ich trockne einen Menschen und seine Knochen, ich verstecke mich und verheimliche, und dieser Mensch magert ab und stirbt'. Herr Gott und die Heiligen Väter verfluchen ihn, Amen.

Der neunte sagt: 'Mein Name ist Besessen und Epileptiker. Ich sitze in einem Menschen und martere ihn, ich gehe von einer Seele in eine andere, rufe, weine und erschrecke, ich mag alles Gottes nicht, ich lasse in Ohnmacht fallen und führe oft Anfälle herbei, ich mache Übel, gebe Angst und verletze'. Herr Gott und die heiligen Väter verfluchen ihn, Amen.

Der zehnte sagte: 'Mein Name ist Entkräftet. Ich ziehe die Beine eines Menschen weg und lasse ihn nicht gehen, ich entkräfte die Körperteile, ich krümme die Hand und die Beinsehnen, ich breche den Kopf und ich quäle das Herz'. Herr Gott und die Heiligen Väter verfluchen ihn, Amen.

Der elfte sagt: 'Mein Name ist Betrunkener und Unzüchtig. Ich zwinge einen Mensch zur Trunksucht, Unzucht und Ausschweifung, ich führe zu der Traurigkeit und der Schwermut, ich lasse ihn in der Nacht nicht schlafen, die bösen Geister kommen und kreischen in den Ohren, damit er nicht schlafen kann'. Herr Gott und die Heiligen Väter verfluchen ihn, Amen.

Der zwölfte sagt: 'Mein Name ist Sterblicher und mächtiger Vorgesetzter der bösen Geister: der furchtbare Quälgeist der Menschen und Zerstörer der Menschen. Ich vergewaltige, quäle, zerstöre, mache Gemeinheiten und Übel, ich schimpfe, hasse und ich bin stolz, ich verderbe die Kinder, ich nehme alles weg, ich habe keine Angst, ich nehme kein Heiligtum, ich bin hart zu Tode; ich gehe aus einem Knecht (Name) nicht'. Herr Gott und die Heiligen Geister verfluchen ihn, Amen.

Und die anderen sagen, dass ihre Namen Gemeinheiten sind, verschiedene böse Geister, verdammte Teufel, das Böse, die verfluchten Dämonen und andere teuflische Hexen. 'Wir tun Böses und begehen Gemeinheiten'. Herr Jesus Christus und die Heiligen Geister verfluchen sie.

Lauft, verhasste, böse Geister, von den Verwandten Gottes und von den Verwandten des Knechtes Gottes (Name) weg, weil ich die Erzengel, die Engel, die Cherubim, die Seraphim des Thrones Gottes, die Propheten, die Apostel, die Märtyrer, die frommen und die gefälligen Menschen, und alle Heiliger rufe, Amen.

Das Kreuz ist der Beschützer des Universums. Das Kreuz ist die Kirchenschönheit, das Kreuz ist die Macht des Herrn, das Kreuz ist die Bestätigung der Gläubigen, das Kreuz ist die Befreiung der kranken und behexten Menschen, es ist die Heilung des Kopfes, der Brust, des Herzens und des Bauches, der Beine und der Hände, des Körpers, der Gelenke, der Knochen, der Sehnen, des Verstandes, der Körperteile, der Organe, des Blutes, des Gefühls und des Menschen.

Der Herr Jesus Christus, Erzengel Michael, Engel Aboid und alle Heiligen Wundertäter: Niphont und Maroph, Kiprian, Iustinea, Konon Isabrian, Demetrius aus Rostow, Prophet Ilija, Wundertäter Nikolaus, Sieger Georg und König David und alle Heiligen haben das Kreuz für die Heilung gegeben; Herr Jesus Christus, Sohn Gottes, erbarme Dich unser und vergib einen Diener Gottes (Name). Amen. Amen. Amen.

▶ Die Entfernung einer Behexung mit Hilfe von Eiern. Ein Behexungsopfer kauft 10 Eier und gibt diese einem Zauberer. Bei der Entzauberung soll der Mensch, dem ein Zauberer hilft, eine Behexung zu beseitigen, mit dem Rücken zum Ausgang sitzen. Der Zauberer rollt dem Behexungsopfer jedes Ei drei Mal entgegen dem Uhrzeigersinn über den Kopf, über die Brust und über das Herz und liest dazu: „*Vater unser, der du bist im Himmel, geheiligt werde dein Name; dein Reich komme; dein Wille geschehe, wie im Himmel so auch auf Erden! Unser tägliches Brot gib uns heute; und vergib uns unsere Schuld, wie auch wir unseren Schuldigern vergeben; und führe uns nicht in Versuchung, sondern errette uns von dem Bösen! Denn dein ist das Reich und die Kraft und die Herrlichkeit in Ewigkeit. Amen.*" Dann liest er noch den Psalm 6[67] und danach zerbricht der Zauberer die Eier und schaut, was sich darin befindet. Dann gibt er diese einem Hund zu fressen oder wirft sie in fließendes Wasser. Diese Hexerei soll der Zauberer drei Mal machen.

---

[67] [Psalm 6: Für den Chormeister. Mit Saitenspiel nach der Achten. Ein Psalm Davids.] Herr, strafe mich nicht in deinem Zorn, und züchtige mich nicht in deinem Grimm! Sei mir gnädig, Herr, ich sieche dahin; heile mich, Herr, denn meine Glieder zerfallen! Meine Seele ist tief verstört. Du aber, Herr, wie lange säumst du noch? Herr, wende dich mir zu und errette mich, in deiner Huld bring mir Hilfe! Denn bei den Toten denkt niemand mehr an dich. Wer wird dich in der Unterwelt noch preisen? Ich bin erschöpft vom Seufzen, / jede Nacht benetzen Ströme von Tränen mein Bett, ich überschwemme mein Lager mit Tränen. Mein Auge ist getrübt vor Kummer, ich bin gealtert wegen all meiner Gegner. Weicht zurück von mir, all ihr Frevler; denn der Herr hat mein lautes Weinen gehört. Gehört hat der Herr mein Flehen, der Herr nimmt mein Beten an. In Schmach und Verstörung geraten all meine Feinde, sie müssen weichen und gehen plötzlich zugrunde.

► Bei zunehmendem Mond nehmen Sie die Kleidung des verhexten Menschen und legen Fotos von ihm hinein. Am Tage tragen Sie die Kleidung auf den Hof hinaus und bespritzen sie mit Weihwasser, dann sagen Sie: *„Im Namen des Vaters, des Sohnes und des Heiligen Geistes, Amen. Selig ist er, der an die Armen denkt. Herr, rette ihn an den Tag der Not. Herr, bewahre ihn und schütze sein Leben; er werde selig auf Erden. Herr, überlasse ihn nicht der Gnade und Ungnade der Feinde. Herr, gib ihm die Kraft auf dem Lager seiner Krankheit. Er verändert sein Lager zu der Zeit seiner Krankheit. Ich habe gesagt: 'Herr! Vergib mir und allen deinen Knechten, heile meine Seele und die Seelen deiner Knechte, denn wir alle haben vor dir gesündigt.' Meine Feinde und die Feinde deiner Knechte sagen ein Wort: 'Wenn sie sterben, kommen ihre Namen um?' Alle, die deine Knechte hassen, flüstern miteinander, sie beabsichtigen Böses gegen deine Knechte. Das böse Wort ist zu deinen Knechten gekommen und sie haben sich krank zu Bett gelegt; sie stehen nicht mehr auf. Herr, erbarme Dich unser, und lasse uns wieder aufstehen, und wir vergelten. Wenn unser Feind uns nicht besiegt, dann werden wir wissen, dass du uns begünstigst. Beschütze uns heil und ganz und stelle uns vor deinem Gesicht für alle Zeiten. Sei, Herr Gott, gesegnet in alle Ewigkeit! Amen! Amen!"*

Verschiedene Mittel gegen kleinere Behexungen...

► Legen Sie einen Strohhalm unter das Kissen, den Sie im vorab mit Quecksilber gefüllt haben.

► Nehmen Sie eine Kröte und legen Sie diese in ein Hornschächtelchen. Tragen Sie das Schächtelchen immer bei sich.

► Nehmen Sie eine Zwirnspule roten Faden, wickeln den Faden ab, und wickeln den Faden um die Beine, die Hände, den Bauch und den Kopf; je mehr Fäden, desto besser. Dann wickeln Sie den Faden vorsichtig von sich ab und wickeln ihn auf ein Papier. Um Mitternacht gehen Sie auf den Friedhof, messen das siebente, das neunte oder das zwölfte Grab und vergraben in diesem das Papier mit dem Faden; dazu sagen Sie: *„Lasse die Toten die toten Menschen begraben"* oder: *„Die Lebendigen sind den Lebenden, die Toten sind den Toten, im Namen des Vaters, Amen."* Dann drehen Sie dem Grab den Rücken zu und gehen weg, ohne sich umzusehen. Wenn Sie nach Hause kommen, bleiben Sie im Haus bis zum Morgen.

► Finden Sie einen Platz, wo ein Fluss ins Meer mündet. Waschen Sie sich hier drei Mal und nach jedem Mal schütteln Sie das verbliebene Wasser von den Handflächen in den Fluss; dazu sagen Sie: *„Schwemme das reine Wasser die Behexung weg."* Dann drehen Sie dem Fluss den Rücken zu, werfen Wasser, das in der rechten Hand geblieben ist, über die linke Schulter und sagen: *„Wie das Wasser über die linke Schulter wegfliegt, so soll die Behexung über die linke Schulter wegfliegen. Im Namen des Vaters. Amen."* Danach bekreuzigen Sie sich drei Mal und gehen nach Hause, ohne sich umzusehen. Bleiben Sie im Haus bis zum Sonnenaufgang.

► *„Dibibi Dibibi kazaschasch ao koija aia ija kalak w kalak ja mama murzel wjaslwiam."* Lesen Sie diesen Zauberspruch drei Mal und dann bitten Sie um Hilfe.

Wenn ein Kind durch den bösen Blick behext wurde...

Wenn jemand auf ein Kind schaut und sagt, dass es Kind schön und gesund ist, dann leckt die Mutter des Kindes sein Gesicht drei Mal ab und jedes Mal spuckt sie danach aus, damit dieser Mensch das Kind nicht durch den bösen Blick behexen kann.

Oder: Gießen Sie Wasser in ein Becken, legen Sie drei Birkenkohlen hinein und besprechen Sie das Wasser mit folgender Zauberformel: *„Wasser! Du umspülst die steilen Ufer. Die gelben Sande, den weißen heißen Stein mit deinem schnellen und goldenen Strahl! Wasche deine steilen roten Ufer, gelbe Sande und den weißen heißen Stein nicht! Wasche besser die Traurigkeiten und die Krankheiten, das Gliederreißen und den Schmerz und die böse Magerkeit von einem Diener Gottes, dem Kind (Name) weg. Bringe doch, schneller Fluss, dieses Kind mit deinem schnellen und goldenen Strahl ins freie Feld, aufs offene Meer, über den versenkenden Schmutz, über die schwankenden Sümpfe, über den Kiefernwald, über den Espenpfahlzaun! Seien meine Wörter fest und klebrig; im Vertrag sind meine Wörter vorn, außerhalb des Vertrages sind sie hinten. Der Schlüssel ist im Meer, die Zunge ist im Mund."* Dann waschen Sie mit diesem Wasser das Kind, das durch den bösen Blick behext wurde.

Bei ungewollten Erscheinungen von Geistern...

Wenn ein Geist in Ihrem Haus erscheint, schlagen Sie einen Nagel oder stechen Sie ein Messer in den Ort ein, wo Sie den Geist gesehen haben.

Wenn Sie eine Frau besitzen wollen...

Nehmen Sie ein Taubenherz, eine Sperlingsleber, Schwalbenkot und die Hoden eines Hasen; lassen Sie diese Komponenten trocknen, zerreiben Sie sie zu Pulver, fügen Sie ins Pulver die gleiche Menge Ihres Blutes, vermischen Sie das ganze und geben es der Frau zu essen.

Wie Sie einen Jungen Mann anziehen...

Eine junge Frau wartet auf den Neumond und in der Nacht schaut sie auf den Neumond, dreht sich auf der Ferse des rechten Beins und sagt sieben Mal: „Neumond! Lasse die Bräutigame mich umschmeicheln, wie ich dich umschmeichle."

Wie Sie Reisen glücklich überstehen..

► Tragen Sie Wermut und einen Weidenzweig bei sich.

► In der Zeit, da Sie sich auf den Weg machen, schreiben Sie auf ein Stück Leder die Namen dreier Geister: Kaspar, Melchior, Baltazar. Legen Sie dieses Leder in den linken Schuh, sagen Sie diese Namen laut und machen Sie den ersten Schritt mit dem linken Fuß.

►   Finden Sie ein Heilkraut, sagen Sie diesen Zauberspruch und nähen Sie es in ein Amulett ein. Tragen Sie dieses Amulett immer bei sich: *„Ich gehe aus einem Feld in ein anderes Feld, auf die grünen Wiesen, in entfernte Orte, bei Tagesanbruch und bei Abendrot; ich wasche mich mit eiskaltem Tau, wische mich ab, ich ziehe die Wolken an, ich gürte mich mit den klaren Sternen. Ich gehe ins freie Feld und im freien Feld gedeiht das Überwindungskraut. Überwindungskraut! Ich habe dich nicht gegossen, ich habe dich nicht erzeugt; der feuchte Erdboden hat dich erzeugt, die barhäuptigen Mädchen und die alten Frauen haben dich gegossen. Überwindungskraut! Überwinde die bösen Menschen, damit sie nicht schlecht an uns denken; scheuche einen Zauberer und einen Verleumder zurück. Überwindungskraut! Überwinde das hohe Gebirge, die niedrigen Täler, die blauen Seen, die steilen Ufer, die dunklen Wälder, einen Baumstumpf und einen Holzklotz. Überwindungskraut! Ich gehe mit dir an die See, an den Fluss Jordan; an der See und am Fluss Jordan liegt der weiße heiße Alater-Stein. Wie fest er vor mir liegt, so können die bösen Menschen nicht sprechen, ihre Hände nicht heben; und sollen sie so fest liegen, wie dieser weiße heiße Alater-Stein liegt. Ich verstecke dich, Überwindungskraut, ums lebhafte Herz, um Erfolg auf dem Weg zu haben."*

Zaubersprüche gegen Trunksucht...

„Im Namen des Vaters, des Sohnes und des Heiligen Geistes, Amen. Gehe der Hopfen und der Wein von dem Diener Gottes (Name) in die dunklen Wälder, wo kein Mensch geht und wo kein Vogel fliegt und wo kein Pferd rennt."

Oder Sie benutzen folgende Verzauberung: *„Im Namen des Vaters, des Sohnes und des Heiligen Geistes, Amen. Im Namen des Vaters, des Sohnes und des Heiligen Geistes, Amen.*

Gehe der Hopfen und der Wein ins flüssige Wasser, wo kein Mensch schwimmt; gehe der Hopfen und der Wein von dem Diener Gottes (Name) zu dem heftigen Wind, der weit weht. Im Namen des Vaters, des Sohnes und des Heiligen Geistes, Amen. Geht ihr zu einem bösen Menschen, der über (Name) schlecht denkt; bindet euch an einen Menschen, der kein Gutes tut, lasst mich für ewige Zeiten in Ruhe. Im Namen des Vaters, des Sohnes und des Heiligen Geistes, Amen."

Oder Sie benutzen folgende Verzauberung: *„Höre, Himmel; siehe, Himmel, was ich mit dem Körper des Knechtes Gottes (Name) machen will. Kommt, klare Sterne, in einen hochzeitlichen Becher, und in meinem Becher gibt es Wasser aus einem Bergbrunnen. Komm, roter Mond, in meinen Käfig, und mein Käfig hat keinen Boden und keinen Deckel. Gehe, freie Sonne über meinem Hof auf, und auf meinem Hof gibt es kein Mensch und kein Tier. Trag, Sterne, den Diener Gottes (Name) von dem Wein weg, schicke, Mond, den Diener Gottes (Name) vom Wein weg, nimm, Sonne, den Diener Gottes (Name) vom Wein weg. Mein Wort sei stark."*

Verschiedene Rezepte um Trunksucht zu heilen...

Aale: Nehmen Sie ein paar lebendige Aale, legen Sie diese in einen Topf mit Wein (oder mit Wodka) und warten Sie, bis die Aale einschlafen. Geben Sie diesen Wein (oder diesen Wodka) einem Menschen, der an Trunksucht leidet, zu trinken und er hat für lange Zeit Abscheu vor Alkohol.

Tausendgüldenkraut: kochen Sie folgenden Aufguss: 20 Gramm Tausendgüldenkraut mit 200 Gramm kochendem Wasser; trinken Sie 1/4 Glas Aufguss viermal am Tag vor dem Essen.

Tausendgüldenkraut: Setzen Sie 6 TL[68] Tausendgüldenkraut mit 400 Gramm kaltem, abgekochten Wasser für acht Stunden an. Dann teilen Sie den Aufguss in 6 gleichen Portionen und trinken davon alle 4 Stunden. Sie dürfen diese Prozedur mehrmals machen.

Haselwurz: Setzen Sie 5 Gramm Haselwurzwurzel mit 200 Gramm kochendem Wasser an; wenn der Aufguss kalt wird, fügen Sie 100 Gramm Wodka hinzu. Trinken Sie 100 Gramm Aufguss drei Mal am Tag 30 Minuten vor dem Essen. Die Heilung dauert 3 Wochen.

Schmalblättrige Pfingstrose: Nehmen Sie eine Pfingstrosenwurzel, zerkleinern Sie diese und schütten Sie 1 TL der zerkleinerten Wurzel in einen Topf. Gießen Sie in diesen Topf gekochtes Wasser und setzen das Ganze 30 Minuten an. Dann filtrieren Sie den Aufguss und nehmen 1 TL davon 15 Minuten vor dem Essen ein.

Lycopodium[69]: 1 SL Lycopodium-Sporen + 200 Gramm Wasser, kochen Sie dies 15 Minuten und rühren Sie es die ganze Zeit um. Nehmen 1 SL Aufguss jede zweite Stunde ein.

Das Süßholz (Lakritzenholz): 10 Gramm Süßholz + 200 Gramm kochendes Wasser, setzen Sie dies an. 1 SL Aufguss 15 Minuten vor dem Essen einnehmen. Die Kur dauert 21 Tage. Dann machen Sie dann sieben Tage Pause. Sie dürfen diese Kur nur drei Mal im Jahr machen.

Voraussetzungen um ein Zauberer zu werden...

Wenn Sie ein Zauberer werden möchten, sollten Sie:

1. Einen Ahnen oder Vorfahren haben (entweder Großvater oder Urgroßvater), der zu seinen Lebzeiten ein Zauberer war.
2. Ein Leiden durchmachen (z.B. klinischer Tod, eine schwere Krankheit) oder durchgemacht haben.
3. Einen „Austritt"[70] in den Himmeln haben, um die Leiden und die Krankheiten der Menschen dem Himmel zu geben. Andernfalls werden Sie selbst an diesen Krankheiten leiden.

---

[68] TL = Teelöffel; SL = Suppenlöffel
[69] Lykopodium [gr.], eine artenreiche Sporenpflanzengruppe, Bärlapp (Heilpflanze).
[70] Eine Möglichkeit, schlechte Aura von sich zu weisen.

4. Nicht an Eigennutz denken. Denken Sie an die Hilfe, die Sie verschiedenen Menschen bringen können; andernfalls büßen Sie die Zauberkraft ein (viele Zauberer bedauerten schon ihre Gier).
5. Das Abendmahl empfangen und zu Gott beten, damit er Sie mit Ihren Sünden verschone.
6. 10 Tage hungern um zu beweisen, dass Sie Willenskraft besitzen und dass Ihr Verstand kräftiger und höher ist als Ihr Körper.
7. älter als 33 Jahre sein
8. Unterricht bei einem Zauberer nehmen (vorbehaltlich, dass ein Zauberer Sie findet. Sie sollen nicht selbst einen Zauberer suchen).
9. Ein Zeichen Gottes bekommen, das Ihnen erlaubt, Menschen zu heilen. Es ist eine große Verantwortung ein Zauberer zu sein.

Für Ihre Fehler können Sie bestraft werden:
Die 1. Strafe ist – Sie büßen die Zauberkraft ein
Die 2. Strafe ist – Sie leiden an einer schweren Krankheit
Die 3. Strafe ist – Sie werden geisteskrank
Die 4. Strafe ist – Sie sterben

Die Strafe hängt von Ihren Sünden ab und wenn Sie den Weg der Hexerei gewählt haben, seien Sie vorsichtig. Heilen Sie mit dem Namen Jesus Christus und unser Herr bestraft Sie nicht. Erinnern wir uns an das Buch Gottes: *„Am Anfang war das Wort, und das Wort war bei Gott, und das Wort war Gott. Dieses war im Anfang bei Gott. Alles wurde durch dasselbe, und ohne dasselbe wurde auch nicht eines, das geworden ist. In ihm war Leben, und das Leben war das Licht der Menschen. Und das Licht scheint in der Finsternis, und die Finsternis hat es nicht erfasst. Da war ein Mensch, von Gott gesandt... Dieser kam zum Zeugnis, dass er zeugte von dem Licht, damit alle durch ihn glaubten. Er war nicht das Licht, sondern er kam, dass er zeugte von dem Licht."* (Das Evangelium nach Johannes)

Wir benutzen die Sprache, die unsere Erde spricht, und es hängt nur von uns und von unserem Glauben ab, was wir den Menschen geben und mit welchem Licht wir kommen. Das wahrhaftige Licht ist unser Gott und dieses Licht ist immer in uns. Von diesem Licht hängt Ihre Kraft ab. Bieten Sie Ihre Kräfte auf, um Gutes zu tun, denn nur, wenn Sie die Menschen lieben, gehen Sie den mühsamen Weg der Hexerei. Auf diesem Weg haben Sie viel Leid, weil unser Gott Sie prüfen wird.

Wie Sie eine Ehescheidung abwenden...

Geben Sie einem Mann ein Wachtelherz und seiner Frau ein Wachtelweibchenherz zu essen.

Gelbsucht mit Läusen heilen...

Nehmen Sie drei Menschenläuse, die lebendig sind; legen Sie diese Läuse in Honig und geben diesen einem Menschen, der an Gelbsucht leidet, auf nüchternen Magen zu essen. Er soll nicht wissen, dass er die Läuse isst (er soll denken, dass er normalen Honig isst). Machen Sie dies drei Tage lang.

Wie Sie Muttermale wegsprechen...

Nehmen Sie Brotkrumen und rollen Sie diese entgegen dem Uhrzeigersinn über die Brust, über die Beine und die Hände eines Kranken. Wenn Sie die Brotkrumen über den Körper rollen, sollen Sie sagen: *„Ich rolle und sage ein bestimmtes männliches, weibliches, jedes beliebige, beneidenswerte und frohe Gleichnis, ich nehme von dem ungestümen Kopf, von dem purpurroten Gesicht, von den Knochen, vom Gehirn, von der Leber, von dem lebhaften Herzen, von den weißen Händen, von den schnellen Beinen – ich mache dieses nicht von selbst, aber mit den Heiligen Worten."* Dann wickeln Sie diese Brotkrumen in ein sauberes Tuch ein und hinterlassen sie an einem Kreuzweg, dort sagen Sie: *„Heiliger Dobrochot, nimm die Bewirtung, vergib dem Diener Gottes (Name)."*

Wie Sie einen Kranken gesund sprechen...

Legen Sie einen Kranken auf den Fußboden (in einem Haus), gürten Sie ihn mit drei Gürteln, waschen Sie ihn mit Weihwasser, dann zerbrechen Sie einen Topf über seinem Kopf und sagen: *„Herr, vergib deinem Diener Gottes. Ich (Name), helfe dir nicht, die Heilige Mutter Gottes hilft dir, vor aller Zeit und jetzt und in aller Ewigkeit."*

Zaubereien um eine gesundes Kind zur Welt zu bringen...

▶ Schreiben Sie auf ein Blatt Papier: *„Gedenke, Herr, der Söhne aus Edom, die in Jerusalem wohnen, und die jetzt sagen: 'Kommen Sie voll zu Kräften'."* Legen Sie diesen Brief an die Brust einer gebärenden Frau.

▶ Graben Sie eine weiße Lilie aus (die weiße Lilie ist eine Zimmerpflanze) und geben Sie 2 Stück Lilienwurzel einer Schwangeren zu essen, wenn sie in den Wehen liegt.

▶ Geben Sie einer Schwangeren Wasser zu trinken, in dem zwei Eier gekocht wurden.

▶ Machen Sie eine Salbe aus Hasengalle, Queckensaft und Ziegenfett. Verreiben Sie diese Salbe auf dem Bauch einer Schwangeren.

Wenn Sie möchten, dass die Entbindung früher beginnt...

Wenn Sie möchten, dass die Entbindung schneller anfängt, dann nehmen Sie Adlermist, lassen ihn trocknen, zerreiben ihn zu Pulver und verbrennen dieses auf glühenden Kohlen.

Wenn Sie möchten, dass eine Frau nicht entbinden kann...

Wenn Sie möchten, dass eine Frau nicht entbinden kann, dann machen Sie folgendes: Nehmen Sie ein kleines Tuch, feuchten Sie es mit (altem) Menstruationsblut dieser schwangeren Frau an, legen dieses Tuch in den Mund einer Kröte und nähen den Mund zu. Dann sagen Sie: *„So lange du dich nicht öffnest, so lange gehst du nicht raus."* Dann legen Sie diese Kröte in einen Topf und stellen ihn an einen einsamen Platz. So lange der Krötenmund zugenäht ist, solange entbindet die Frau nicht.

Wenn die Eltern einer Braut gegen die Hochzeit sind...

Diesen Zauberspruch benutzt man, wenn die Eltern einer Braut gegen die Hochzeit sind. *„Ich (Name) stehe bei Tagesanbruch auf, wenn die schöne Sonne aufgeht, und ich gehe aus einer Tür durch eine andere Tür, aus einem Tor durch ein anderes Tor, in den Osten, ins freie Feld; im freien Feld weht heftiger Wind.*

Ich komme näher heran, verbeuge mich tiefer und sage: 'He, heftiger Wind, hilf mir, die Erlaubnis in diesem Haus zu bekommen und was ich möchte, zu nehmen, und dieser Mensch den Verstand verliert und den Verstand verletzt; und ich soll den Verstand bekommen und den Familienangehörigen sagen, wen ich haben will; die Gedanken, die Wünsche und die Vergnügen einer Frau sollen zu mir kommen und von mir stromabwärts weggehen und (Name) soll zu mir gebracht werden. Ich werfe den Schlüssel ins Meer und die Zunge in den Mund. Dieses Wort ist endlos und es ist frei von Schaden, Elend und Unglück eines bösen Menschen. Und wer über mich oder sie Böses denkt, dem soll es nicht gelingen und er wird mit dem Schlüssel und mit dem Schloss geschlossen und mit dem Wachssiegel versiegelt'." Die Mutter des Bräutigams kauft ein Geschenk, sagt diesen Zauberspruch sieben Mal und gibt das Geschenk den Eltern der Braut.

Zauberspruch den eine Brautwerberin sagt...

Folgenden Zauberspruch sagt eine Brautwerberin, wenn sie zum freien geht. Wenn sie ins Haus einer Braut eintritt, soll sie mit dem rechten Fuß auf die erste Diele treten und sagen: *„Wie mein Fuß fest und stark steht, so soll mein Wort fest und stark sein, stärker als ein Stein, klebriger als Klebstoff und als Kiefernharz, schärfer als eine Damaszener-Klinge; was beabsichtigt ist, das erfüllt sich."*

Bedeutung von Kerzen in der dunklen und der hellen Magie...

Man benutzt Kerzen unbedingt, sowohl bei der dunklen als auch bei der hellen Magie. Für die dunkle Magie nimmt man eine ungerade Zahl Kerzen und für die helle Magie eine gerade Zahl. Die Kerzen sollen alle die gleiche Größe haben, aus reinem Wachs sein und in der Kirche oder von einem Zauberer geweiht worden sein. Wenn Sie mit den Kerzen arbeiten wollen, richten Sie die Aufmerksamkeit auf folgendes:

1. Zünden Sie die Kerzen mit neuen Streichhölzern an

2. Wenn eine Kerze bei der Arbeit erlischt oder fällt, sollen Sie mit der Arbeit aufhören; Sie dürfen nur dann weiterarbeiten, wenn Sie „ein Zeichen" vom Himmel bekommen

3. Nach der Arbeit löschen Sie die Kerzen so, dass Sie das Knistern hören

4. Nehmen Sie die Kerzen nach der Arbeit mit, weil bei der Hexerei das Böse in den Kerzen bleibt

5. Wenn Sie möchten, dass Ihre Hexerei viel kräftiger wird, dann können wir Ihnen folgendes empfehlen: Nehmen Sie Weihsalz, weißen Harz, Kampfer und Schwefel, werfen Sie dies ins Feuer und sagen drei Mal die Namen der Genies des Feuers:

6. Michael –Gott der Sonne und des Blitzes

7. Samael –König der Vulkane

8. Anael –Fürst der Salamander.

Dann sagen Sie folgendes Gebet: *„Ewiger, unerschöpfter, unbescholtener Vater aller Dinge! Du fährst einen großen Wagen, du bewegst dich ständig, du drehst die Welten. Du bist der Herrscher des Äthers, wo der Thron deiner Macht sich erhebt, von dieser Höhe ist alles für deine drohenden Augen geöffnet. Höre deine Kinder, die Du von Anfang der Zeitalter liebst; denn deine goldene, wunderbare und ewige Erhabenheit über der Welt, dem Himmel und den Sternen scheint.*

Du erhebst dich über uns, oh, funkelndes Feuer! Du zündest dich selbst an, du unterhältst dich selbst mit deinem eigenen Schein. Aus deinem Wesen gehen die unerschöpflichen Quellen des Lichtes, die deinen unendlichen Geist unterhalten, der alles unterhält, der unerschöpfliche Schatz eines Wesens ist, der immer bereit ist deine vorgeschriebenen Formen zu schaffen.

Die Heiligen Könige, die deinen Thron umringen, stammen von diesem Geist ab. Oh, Vater des Universums! Oh, Einziger! Oh, Vater der glücklichen Sterblichen! Du hast auch die Wesen geschaffen, die deinem ewigen Gedanken und deinem vergötternden Kern auf glückliche Weise ähnlich sind. Du hast diese Höhe als die Engel ernannt, welche die Wahrheit der Welt verkünden. Endlich hast du uns in unserer ursprünglichen Welt erschaffen. Die Ehre ist dir und die Vergötterung ist deinen Befehlen, die unsere unendliche Arbeit bilden. Wir haben den brennenden und den öffentlichen Wunsch. Oh, Vater! Oh, Mutter, wunderschönes Urbild der Mutterschaft und der puren Liebe! Oh, Sohn, Blüte der Söhne, Muster aller Formen! Die Seele, der Geist, die Harmonie und die Zahl aller Dinge! Amen!"

Wie die Behexung durch den bösen Blick wirkt...

Die Behexung durch den bösen Blick besteht darin, dass ein Mensch die Lebenskraft eines anderen Menschen absaugt. Es handelt sich darum, dass es Menschen gibt, die die Energie nicht aus dem Himmel (oder aus dem Kosmos), aus der Umgebung, aus den umgebenden Dingen (Ikonen, Heiligenbilder, Bilder) ziehen können. Trotzdem brauchen diese Leute Lebenskraft und sie ziehen diese Energie aus anderen Menschen ab.

Wie Sie sich gegen den bösen Blick schützen...

Wenn Sie wissen, dass Sie durch den bösen Blick behext worden sind, sollen Sie drei Tage hintereinander ein Dampfbad nehmen, drei Tage nichts essen und drei Tage einen Zauberer besuchen. Jeden Tag stellt der Zauberer eine Schüssel mit Wasser in die Mitte eines leeren Zimmers, in jeden Winkel legt er Salz, Kohlen und Asche. Dann sagt er folgenden Zauberspruch: *„Das Salz ist salzig, die Asche ist bitter, die Kohle ist schwarz. Bezaubert und beschworen ist mein Wasser in der Schüssel für diese Sache. Versüße du das Salz; betrübe du die Asche; schwärze du die Kohle. Mein Salz ist salzig, meine Asche ist bitter, meine Kohle ist schwarz. Wenn man mein Wasser austrinkt, verschwinden alle seine Krankheiten; wenn man mein Salz isst, gehen alle seine Leiden weg; wenn man meine Asche leckt, gehen alle seine schweren Krankheiten weg; wenn man meine Kohle mit den Zähnen zerreibt, hat er kein Übel und keine Krankheit mehr."* Der Kranke nimmt das Wasser mit und trinkt es bei Tagesanbruch. Am nächsten Tag sagt der Zauberer: *„Es gibt drei Morgenröten am Himmel: Das erstes ist klar, das zweite ist rot und das drittes ist (Name)."* Der Zauberer sagt diesen Zauberspruch drei Mal, und nach jedem Mal fährt er mit seinen Händen von Kopf bis Fuß über den Kranken.

Oder: Nehmen Sie frisches Wasser und gießen Sie dieses in ein Glas. Nehmen Sie drei Kohlen aus dem Ofen, dann etwas Kochsalz und geben Sie es in dieses Glas, dazu und lesen einige Gebete; blasen Sie aufs Wasser und spucken Sie drei Mal zur Seite. Dann bespritzen Sie den Kranken mit diesem Wasser und geben ihm dieses Wasser drei Mal zu trinken. Wischen Sie die Brust des Kranken ab und dann er soll sein Gesicht mit seinem Hemd abwischen. Gießen Sie den Rest des Wassers unter die Türschwelle aus.

Oder Sie wenden folgendes an: Legen Sie in einen Becher Kohle, Salz und ein Stück Lehm (aus dem Ofen) und gießen Sie Wasser dazu. Wenn Sie das Wasser eingießen, beten Sie zur Heiligen Mutter Gottes. Dann bespritzen Sie den Kranken damit und sagen leise: *„Vergib, Gott, deinem Knecht (Name) und schütze ihn vor einem schrecklichen, schlechten, bösen Menschen, vor einem schwarzhaarigen, vor einem rothaarigen und vor einem neidischen Menschen, vor einem grauen Auge, vor einem brauen Auge, vor einem schwarzen Auge! Wie das Morgenrot Amnitaria aufgeht und erlischt, so sollen alle Krankheiten aus dem Diener Gottes (Name) gehen und erlöschen! Wie die Flamme aus der Damaszener-Klinge herausschlägt, so sollen alle Krankheiten und alle Behexungen aus dem Diener Gottes (Name) vertrieben werden. Geht ihr, Krankheiten die Behexungen, aus dem Diener Gottes (Name) in die dunklen Wälder, auf die trockenen Bäume, wo kein Mensch geht, wo kein Tier trabt, wo kein Vogel fliegt, wo kein Vieh weidet! Eine Großmutter Solomonida hat Jesus Christus gewaschen und für uns gelassen. Ich schließe diesen Zauberspruch mit vielen Schlössern und mit vielen Schlüsseln. Mein Wort ist fest. Amen."* Der Kranke wischt sich mit der Unterseite eines sauberen Hemdes ab und zieht dieses Hemd an. Dann bespritzt der Zauberer den Kranken mit diesem Wasser und gibt es ihm zu trinken. Wenn noch Wasser über geblieben ist, nimmt der Kranke es ins Dampfbad mit.

Um Behexungen durch den bösen Blick zu verhüten...

Wir schlagen Ihnen verschiedene Methoden vor, die helfen, diese Behexung zu verhüten. Die Behexung durch den bösen Blick wirkt nicht, wenn Sie:

1. Ein Kreuz bei sich tragen, das aus Metall gemacht wurde, das zu Ihrem Sternzeichen gehört, das Kreuz soll geweiht sein.
2. Ein Gebetbuch bei sich haben.
3. Eine Sicherheitsnadel oder eine Stecknadel an Ihrer Kleidung haben.
4. In jeden Schuh geweihten Mohn legen.
5. Knoblauch und eine Distel in Ihrem Amulett haben.
6. Eine Hyazinthe und einen Goldtopas bei sich tragen.

Die Behexung durch den bösen Blick können sie an folgenden Symptomen erkennen:

1. Bei Kindern: Blässe, schwacher und ungleichmäßiger Puls, dunkle Augenringe, Appetitlosigkeit, starkes Herzklopfen, Krämpfe, epileptische Anfälle, Verstopfungen; die Kinder werden mager und schwitzen stark.
2. Bei Erwachsenen: Unruhe, grundlose Angst, Melancholie, Kopfschmerzen, Blässe, Bauchschmerzen, Halluzinationen, Erbrechen; sie weinen oft.

Zauberspruch gegen Herzkrankheit...

„Im Namen des Vaters, des Sohnes und des Heiligen Geistes. Ein Toter reitet ins Feld und jemand fragt ihn: 'Wohin reitest du, mein Freund?' – 'Ich reite in die Fremde zu einer schönen Frau, um auf einem Unterbett aus Papier zu schlafen: Dort amüsieren sich unsere Toten. Sie haben keinen Herzschmerz und es ist ihnen leicht ums Herz und sie haben keine Traurigkeit.' So soll der Diener Gottes (Name) keinen Herzschmerz und keine Traurigkeit haben, und ihm soll leicht ums Herz sein. So schnell ich diese Worte gesagt habe, so schnell wird die Herzkrankheit des Knechtes Gottes (Name) geheilt. Für ewige Zeiten, Amen."

Kraft von einem Tier bekommen (für Männer)...

Am 27. oder am 28. Tag nach Neumond vermischen Sie Erde mit dem Sperma eines Hengstes, der zum ersten Mal gepaart worden ist; setzen Sie in diese Erde Eberwurz[71] ein. Wenn diese Pflanze schön gediehen ist, pflücken Sie diese an einem 2. Freitag nach Neumond; einen Teil Eberwurz essen Sie und den anderen Teil tragen Sie bei sich. Dann graben Sie die Wurzel des Eberwurzes aus und setzen Sie an einem anderen Platz wieder ein.

---

[71] Eberwurz gehört zur Gattung der Familie der Korbblütler. Es sind Pflanzen mit dornigen Blättern und Blütenkörbchen, wie z. B. die *Stengellose Eberwurz* (Silberdistel), oder wie die *Gemeine Eberwurz* (Golddistel).

Zauber um Kleinkindern das Laufen zu lehren...

Wenn Ihr Kind ein Jahr alt ist und immer noch nicht laufen kann, dann nehmen Sie ein Messer und führen dieses über dem Fußboden zwischen den Kindsfüßen. So zerschneiden Sie die unsichtbaren Fäden, welche die Füße des Kindes verbinden.

Zustimmung zwischen Feinden erreichen...

Die Feinde sollen alle einen gelben Saphir immer bei sich haben. Dieser Stein bringt Zustimmung, gegenseitiges Verständnis, macht einen Mensch streng gläubig und zügelt die Leidenschaften.

Das Haus durch Salz, Asche oder Wasser beschützen...

Mit **Salz** - Salz ist eines der stärksten Mittel gegen den Teufel und böse Geister, deshalb essen Hexen und Zauberer, wenn sie sich auf einen Sabbat vorbereiten, keine salzhaltige Speisen. Salz hat aber noch viel mehr Kraft, wenn es durch einen Zauberspruch besprochen worden ist. Nehmen Sie reines Meersalz und sagen Sie folgende Worte: *„Sei die Weisheit in diesem Salz! Möge es uns vor jeder Behexung schützen. Schütze unsere Köpfe und unsere Körper im Namen der Tugend von Ruach und Choschmael. Alle Untiere mögen weggehen, damit das Salz himmlisch und heiligt wird, wie unter der Erde, so auch auf der Erde. Damit das Salz von einem Gebet sich ernährt und uns die Hoffnung aus den Bullenhörnern gibt. Amen."*

Mit **Asche** - *„Möge die Asche zu der Weihwasserquelle zurückkommen und möge das Leben von drei Namen Netschs, Chod und Iesod abstammen, der Erste und der Letzte, der Anfang und das Ende sind das Alpha und das Omega, die im Geist Azot bestehen, Amen."*

Mit **Wasser** - *„Es werde eine Feste zwischen den Wassern, und sie sei ein Unterschied zwischen den Wassern. Da machte Gott die Feste und schied das Wasser unter der Feste von dem Wasser über der Feste. Und Gott nannte die Feste Himmel. Da ward aus Abend und Morgen der andere Tage.*

Und Gott sprach: 'Es sammle sich das Wasser unter dem Himmel an besonderem Ort, dass man das Trockene sehe.' Und es geschah also. Und Gott nannte das Trockene Erde und die Sammlung der Wasser nannte er Meer. Und Gott sah, dass es gut war. Und Gott sprach: 'Es werden Lichter an der Feste des Himmels, die da scheiden Tag und Nacht und geben Zeichen, Zeiten, Tage und Jahre, und es seien Lichter an der Feste des Himmels, dass sie scheinen auf Erden.'

Und es geschah also. Und Gott machte zwei große Lichter: ein großes Licht, das den Tag regiere, und das kleine Licht, das die Nacht regiere, dazu auch Sterne. Und Gott setzte sich an die Feste des Himmels, dass sie scheinen auf die Erde und den Tag und die Nacht regierten und schieden Licht und Finsternis. Und Gott sah, dass es gut war. Ich beschwöre dich, Feste, denn du als das Salz für mich und die Asche, als ein Spiegel Gottes in seinen Schöpfungen und die Quelle des Lebens und die Vergeltung der Sünden wirst mich behüten." Bewahren Sie dieses Wasser in einer Kristallflasche auf.

Wenn Sie Ihr Haus vor dem Teufel und bösen Geistern schützen möchten, sollen Sie das Weihsalz, die Weihasche und das Weihwasser immer im Haus aufbewahren.

Sich einen ganz bestimmten Traum wünschen...

Wenn Sie ins Bett gehen, sagen Sie drei Mal folgendes Gebet: *„Oh, ruhmreicher Name unseres großen Gottes, dem alles von Anfang der Zeiten gehört. Oh, ewiger Vater! Ich (Name), dein Diener, beschwöre dich, deine Engel mir zu schicken, damit sie mir zeigen, was ich zu sehen wünsche und was ich von unserem Herr, Jesus Christus erkennen möchte. Und es geschehe also!"* Nach dem Gebet legen Sie sich auf die rechte Seite und in der Nacht träumen Sie von erwünschten Dingen und Menschen.

Zaubersprüche gegen Schlaflosigkeit bei Kindern...

Diesen Zauberspruch benutzt man, wenn ein Kind an Schlaflosigkeit leidet. Man liest den Zauberspruch drei Mal: *„Ich (Name), ein Diener Gottes, stehe gesegnet auf, gehe bekreuzigt aus einem Haus in ein anderes Haus, aus einer Tür durch eine andere Tür, aus einem Tor durch ein anderes Tor, nach Osten. Im Osten gibt es das Morgenrot Maria, das Abendrot Maremiana, den feuchten Boden Pelagea und das blaue Meer Helena. Ich komme näher und verbeuge mich tiefer. Kommt herbei, Morgenrot Maria und Abendrot Maremiana, zu einem Diener Gottes (Name), zu einem Kind; nehmt die Nachtunruhe und das Kitzelgefühl aus dem weißen Körper, aus dem heißen Blut, aus dem lebhaften Herzen, aus dem ganzen Leib, aus den klaren Augen, aus den schwarzen Augenbrauen, aus jeder Sehne, aus jedem Gelenk, aus jedem Knochen, aus 77 Gelenken weg; bringt diese über die hohen Berge, durch die Urwälder, ans andere Flussufer, über das weite Meer, über die schwankenden Sümpfe, über den sumpfigen Boden, zu einem Hecht, und bringt den Hecht in die blaue See! Der Hecht ist in der See, die Zunge ist im Mund, das Schloss ist am Himmel, der Schlüssel ist in der See; ich habe es verschlossen und den Schlüssel ins Wasser geworfen."* Diesen Zauberspruch benutzt man, wenn ein Kind an Schlaflosigkeit leidet. Man liest den Zauberspruch drei Mal.

Oder Sie benutzen folgenden Zauberspruch: Legen Sie ein Kind in ihren Kleidersaum und gehen Sie mit ihm in einen Hühnerstall, stellen Sie sich unter die Hühnerstange und sagen den unten geschriebenen Zauberspruch. Wenn Sie diese Hexerei morgens machen, sollen Sie nach Osten schauen, wenn Sie diese abends machen, dann sollen sie nach Westen schauen. *„Morgenrot Daria, Morgenrot Maria, Morgenrot Katharina, Morgenrot Maremiana, Morgenrot Vopska, Morgenrot Kriksa, nehmt euren Schrei! Geht aufs Meer. Auf dem Meer, auf der Insel Bujan wohnt kein Mensch und fliegt kein Vogel. Amen dem Schrei. Amen, Amen, Amen."*

Noch ein Zauberspruch: Eine Frau bringt ihr Kind in einen Hühnerstall und sagt diesen Zauberspruch: *„Scheckige Hühner, graue Hühner, schwarze Hühner! Nehmt eure Unruhe von dem Diener Gottes (Name) weg und gebt ihm seinen Schlaf zurück!"*

Von dem Bräutigam träumen...

Eine junge Frau nimmt einen Pappelzweig, bindet ihn mit einem weißen Band und legt ihn aufs Kopfende (unter das Kissen). Dann, bevor sie ins Bett geht, reibt sie die Schläfen mit Wiedehopf-Blut ein und sagt drei Mal folgendes Gebet: *„Herr, unser Gott! Wenn ich mit diesem Wort, mit einer Tat und mit einem Gedanken sündige, vergib mir, denn du bist der Menschenfreund und der Heiland. Gib mir einen ruhigen und ungestörten Schlaf und zeige mir, deiner Dienerin (Name), den Menschen, den ich heiraten werde. Schicke mir deinen Schutzengel, damit er mich vor dem Bösen schützt; wir halten dich in Ehren, der du unsere Seelen und Leiber bewahrst. Dem Vater, dem Sohn und dem Heiligen Geist, vor aller Zeit und jetzt und in aller Ewigkeit."*

Sie können auch folgendes versuchen: Nehmen Sie einen Faden aus den Strümpfen, die Sie ein paar Tage lang getragen haben, und binden mit ihm an einen Pappelzweig. Dann legen Sie den Zweig aufs Kopfende und bevor Sie einschlafen, sagen Sie folgende Worte: *„Balideff, Asalbi, Abumaleff."* Machen Sie diese Hexerei in der Nacht von Donnerstag zu Freitag; Sie dürfen diese drei Mal (drei Nächte) machen und wenn Sie in diesen Nächten von keinem Mann träumen, dann heiraten Sie nie.

Mittel gegen Rückenschmerzen...

▶ Nehmen Sie eine Meerrettichwurzel, zerreiben Sie diese und legen Sie sich diese auf den Rücken. Die zerriebene Wurzel soll so lange auf dem Rücken bleiben, wie sie dies erdulden können.

▶ Nehmen Sie 200 Gramm Essigessenz und gießen Sie sie in einen Becher (oder in einen Topf), dann legen Sie in diesen Becher einen Nagel, 2 Eier (mit Eierschalen), 100 Gramm Beifuß. Nach zwei Wochen, wenn sich der Nagel in der Essigessenz aufgelöst hat, nehmen Sie die Eier heraus und vermischen sie mit der gleichen Menge Butter. Legen Sie diese Mischung auf ein sauberes Tuch und dann legen Sie dieses Tuch auf ihren Rücken. Passen Sie aber auf, Sie können eine Verbrennung bekommen.

Wenn Sie zwei Menschen durch Streit entzweien möchten...

▶ Wenn Sie zwei Menschen entzweien möchten, sollten Sie folgendes tun: Wenn Sie sehen, dass zwei Hunde (zwei Hähne oder zwei Kater) sich raufen, nehmen Sie die Haare von diesen Hunden (oder von den Katern, oder Federn von den Hähnen) und verbrennen diese. Dann schreiben Sie zwei Liebesbriefe (diese Briefe sollen anonym sein), bestreuen Sie diese Briefe mit der Asche jener verbrannten Haare (oder Federn) und sagen: *„Wie diese Hunde (Kater, Hähne) sich gerauft haben, so werdet ihr euch raufen und streiten und eure Freundschaft wird in die Brüche gehen, wie diese Haare (Federn) sich zerstreuen."* Sagen Sie diesen Zauberspruch drei Mal und dann senden diese Briefe den Menschen, die Sie entzweien möchten, zu. Sie sollten dies drei Mal wiederholen.

► Finden Sie einen alten, gebrauchten Besen und legen Sie ihn unter die Tür-schwelle oder vergraben Sie ihn in der Nähe der Tür des Hauses, wo die Menschen wohnen, die Sie entzweien möchten, und sagen: *„Wie dieser Besen nackt und leer ist, so soll euer Haus leer sein. Ihr habt keinen Menschen und keinen Freund; ihr habt niemanden; und ihr werdet nackt wie die Rute dieses Besens sein."*

► Besuchen Sie drei Kaufläden und in jedem kaufen Sie 1 Pfund (409 Gramm) Salz; nehmen Sie 3 Handvoll Ofenasche und vermischen Sie das Salz mit der Asche. Dann streuen Sie diese Mischung in der Nähe der Haustüren der Menschen aus, die Sie entzweien möchten, und sagen: *„Wie dieses Salz sich mit der Asche nicht findet, wie ein Berg mit einem anderen Berg sich nicht findet, wie ein Ufer mit einem anderem Ufer sich nicht findet, so sollt ihr, die Knechte (die Namen), in alle Ewigkeit euch nicht finden und euch nicht befreunden."* Teilen Sie die Mischung in neun Teile und machen Sie diese Hexerei während neun Tagen.

► Nehmen Sie etwas Sand oder Erde von zwei Flussufern, vermischen Sie diese und streuen Sie zwischen die Menschen, die Sie entzweien möchten, und dazu sagen Sie: *„Wie ein Ufer mit einem anderen Ufer sich nicht findet, so sollt ihr, die Knechte (die Namen) euch nicht finden und euch nicht befreunden."*

► Gehen Sie auf 3 Höfe[72] und auf jedem Hof finden Sie einen gebrauchten Besen und von jedem Besen brechen Sie ein paar Ruten ab; dann zerkleinern Sie diese Ruten und werfen sie zwischen die Menschen, die Sie entzweien möchten, dazu sagen Sie: *„Wie dieser Besen alles weggefegt hat, so soll eure (die Namen) Freundschaft verschwinden; wie dieser Besen den Staub weggefegt hat, so sollt ihr auseinander gehen."*

► Nehmen Sie schmutziges Wasser, mit dem man den Fußboden gewischt hat (oder: wenn es möglich ist, nehmen Sie Wasser, mit dem ein Toter gewaschen wurde) und Asche. Dann bedecken Sie den Fußboden mit einem schwarzen Tuch und stellen Sie auf das Tuch das Wasser und die Asche (gießen Sie zuvor das Wasser in einen Becher ein, und schütten die Asche in anderen Becher).

Vor diesen Bechern stellen Sie einen Spiegel und hinter den Spiegel und zu beiden Seiten stellen Sie je eine Kerze. Lassen Sie alles so und gehen Sie zu einer Kirche. In der Kirche kaufen Sie noch drei Kerzen und stellen die eine Kerze zu einem Heiligen (zünden Sie eine Kerze an und beten Sie zu einem Heiligen); wenn diese Kerze abgebrannt ist, dann nehmen Sie diesen Kerzen-stummel und die anderen zwei Kerzen mit und gehen nach Hause. Zu Hause legen Sie diese Kerzen und den Kerzenstummel auf einen Tisch. In der Nacht, um halb 12 Uhr, zünden Sie die Kerzen beim Spiegel an; die Kerzen, die Sie aus der Kirche mitgebracht haben, stellen Sie eine auf die andere und der Kerzenstummel soll oben sein.

---

[72] Wohnungen (je nach Bedarf).

Dann lesen Sie folgenden Zauberspruch: *„Gedenke im Gottesdienst des Knechtes (Name), der mit den Gedanken und mit den Sorgen in der Welt lebt. Und wie die Menschen auf Oliekt nicht schauen können, so können sie auf diesen Menschen (Name) nicht schauen* (sagen Sie diese Worte drei Mal).

Er soll kein Licht am Tage und in der Nacht haben, die Menschen sollen ihn vergessen und er soll keinen Weg haben. Ich stelle drei Kerzen auf und rufe drei Kräfte, drei feindliche Kräfte: Oli, Agi und den Teufel. Eckt, Oli, Uschta, Mokschu, Sami, Saro! Gedenkt ihr des Knechtes (Name), der eine Seele hat. Nehmt ihn, nehmt ihn für seine bösen Taten weg; nehmt seine bösen Taten von seinem Rücken, von seinem Kreuz und von seinem Bauch.

Ich nehme das schmutzige Wasser, ich nehme die schmutzige Asche, ich schwemme deinen Weg mit dem Wasser über, ich beschmutze dich mit der Asche, ich trockne dich mit dem Feuer. Pala, Tula, Eckt, Paschta, Eckt, Lewt, Tuli-Mula, Eckt, Lebi, Sulan, Maksam, Lebi, Derdi, Korli, Eckt, Sula, Da, Ras, Tuku."

Diesen Zauberspruch sollen Sie 3 Abende vor dem Spiegel lesen und jeden Abend lesen Sie ihn drei Mal (diese Hexerei macht man nur bei abnehmendem Mond). Nach drei Tagen nehmen Sie dieses Wasser und diese Asche und bestreuen und begießen damit die Tür, die Türschwelle, die Kleidung und den Weg eines Menschen, dem Sie viel Schaden zufügen möchten und den Sie mit anderen Menschen entzweien wollen.

Zauber gegen Krämpfe...

Wenn Sie die Krämpfe haben oder wenn Sie einen Krampf in der Wade haben, sollen Sie folgendes machen:

1. Halten Sie einige Zeit ein Stück Eisen in den Händen.
2. Nehmen Sie die Korken von Weinflaschen und reihen Sie diese Korken an einem Faden auf. Dann binden Sie diese Korken-Kette um ihr Bein.
3. Setzen Sie die Körner der schwarzen Pfingstrose mit weißem Wein an, dann Reihen Sie die eine ungerade Anzahl der Körner an einen Flachsfaden auf und tragen diese als eine Halskette.

Wenn Sie möchten, dass das Schicksal gnädig mit Ihnen ist...

Wenn Sie möchten, dass ihr Schicksal gnädig ist, sollen Sie folgendes machen: Geben Sie heimlich armen Menschen Geld, Kleidung, Essen (niemand darf wissen, wer ihnen dies gegeben hat). Machen Sie das neun oder 40 Mal.

Talismane aus verschiedenen Steinen...

Man macht Talismane aus verschiedenen Steinen und wir möchten über einige von ihnen berichten.

Falkenauge - Hilft, über Feinde zu triumphieren.

Achat - Es gibt graublauen, rosaroten, weißen und blutroten Achat, mit Adern durchzogen und goldgelb getüpfelt (wie ein Saphir); man hält ihn für einen heiligen Stein. Er bewahrt die Keuschheit der Frau.

Achat, (Schwarzer) - Er schützt vor verschiedenen Gefahren und gibt Macht über die Höllenkraft. Ein schlichter Achat gibt den Männern Kraft beim Geschlechtsverkehr und rettet vor Durst, wenn man krank ist. Ein gestreifter Achat stillt Schmerzen und schärft das Gehör. Diesen Stein tragen die Menschen, deren Tierkreiszeichen Zwillinge ist. Man trägt eine Achatkette bei Halskrankheiten und wenn man Zahnschmerzen hat, oder bei Schilddrüsenkrankheiten.

Amethyst - Er schützt vor Trunksucht und verleiht die Gabe des Lernens. Der Amethyst macht einen Menschen rüstig und verscheucht schlechte Gedanken; wenn Sie ihn unter Ihr Kissen legen, dann gibt dieser Stein Ihnen schöne und glückliche Träume; Frauen glätten ihre Falten und entfernen Sommersprossen mit ihm. Wenn ihr Tierkreiszeichen Schütze ist, gibt dieser Stein Ihnen Erfolg im Glücksspiel, bei der Jagd, im Sportwettkampf und in der Liebe. Der Amethyst harmoniert nicht mit Perlen und Korallen. Wenn man einen Amethyst mit einer Perle oder mit einer Koralle trägt, schadet das der Gesundheit.

Er Amethyst heilt Kopfschmerzen, Brandwunden, Schlaflosigkeit, Trunksucht und Geschlechtskrankheiten. In Russland tragen die im Februar geboren Menschen den Amethyst; er schützt diese Menschen vor Wut und Jähzorn.

Das Wasser, in dem dieser Stein einige Zeit gelegen hat, behandelt die Unfruchtbarkeit. Wenn Sie Zauber meiden möchten, dann schnitzen oder gravieren Sie auf einem Amethyst „Die Sonne" oder „Der Mond" ein, hängen diesen Stein an Pavianhaare oder an Schwalbenfedern auf und tragen ihn bei sich.

Bernstein - Der Bernstein ist ein Sonnenstein und er bringt nur den Menschen Glück, deren Tierkreiszeichen Löwe ist. Tragen Sie keinen Bernstein, wenn ihr Tierkreiszeichen Stier ist. Man benutzt den Bernstein, um Halsentzündungen, Sehstörungen und Kopfschmerzen zu heilen. Man benutzt ihn auch in der dunklen Magie: Man verbrennt einen Bernstein und riecht seinen Rauch, dann kann man verschiedene Erscheinungen und Gespenster sehen. Er hilft auch, Hautkrankheiten und Rheumatismus zu heilen; er schützt vor Zorn.

Beryllium - Wenn Sie auf einen Beryllium-Stein einen Frosch gravieren und ihn dann in Gold einfassen, erlangen Sie Glück und Erfolg. Das Wasser, in dem dieser Stein einige Zeit lag, bewirkt die Sympathie eines Menschen, der dieses getrunken hat.

Diamant - Ein Diamant gibt Tugend und Tapferkeit und bringt den Sieg. Wenn Sie diesen Stein gekauft haben, bringt er allerdings keinen Erfolg. Dieser Stein hat mehr Kraft, wenn er Ihnen geschenkt wird. Wenn Sie ihn gestohlen haben hat er weniger Kraft und Sie ziehen sich die bösen Geister zu.

Er verleiht Enthaltsamkeit und bewirkt Keuschheit, bringt Glück und hilft bei der Entbindung. Ein Diamant mit einer grünen Färbung behütet die Mutterschaft. Wenn ihr Tierkreiszeichen Widder ist, bringt ein Diamant Ihnen Kraft, Erfolg in verschiedenen Geschäften und schützt Sie vor Krankheiten und Wunden und verleiht Ihnen Mut im Gefecht. Die Steineinfassung soll so gemacht werden, dass der Stein die Haut berührt. In Russland tragen die im November geboren Menschen einen Diamanten, denn er gibt ihnen Redlichkeit und Offenherzigkeit.

Jade - Er heilt das Urogenitalsystem; wenn Sie nierenkrank sind, tragen Sie einen Gürtel, der mit Jade bestickt worden ist. Die jungen Frauen sollen ihn in eine goldene Einfassung einsetzen und dann als einen Fingerring tragen. Jade schützt vor verschiedenen Krankheiten, gibt Lebenskräfte und bringt Erfolg in Glücksspielen. Er heilt auch Migräne und Sehstörung.

Jaspis - Dieser Stein zeigt Ihnen Ihre Zukunft. Ein roter Jaspis stillt das Blut und schärft den Geruchssinn. Ein dunkler Jaspis schützt vor Gift und vor Hass. Er hilft bei Magen-Darm-Leiden.

Karfunkel - Der Karfunkel ist ein leuchtend roter Rubin. Er hilft den schwangeren Frauen, gibt Kraft und stillt die Schmerzen bei der Entbindung. Er schützt vor Wunden. Ein Karfunkel ist kräftiger als ein Rubin, wenn man ihn in der Hexerei benutzt. Er weckt in den Menschen freundliche Gefühle, verscheucht schlechte Gedanken und Melancholie. Der Karfunkel gilt als Stein der Hure, weil er die Empfängnis verhindert und hilft, eine Fehlgeburt zu haben.

Katzenauge (Augenförmiger Quarz) - Diesen Stein trägt man nach dem Tod eines verwandten Menschen; er hilft auch gegen den bösen Blick und man trägt ihn beim Glücksspiel. Er heilt Hals- und Nervenkrankheiten. Er schützt die Kinder vor Diphtherie. Wenn ihr Tierkreiszeichen Krebs ist und Sie diesen Stein tragen, bekommen Sie keine Erkältung.

Korallen - Wenn Sie entschieden haben, Korallen zu tragen, sollen Sie sie zuerst mit Weihwasser reinigen. Man trägt eine Korallenkette gegen eine Behexung durch den bösen Blick. Die Korallen heilen Wunden, Geschwüre, nervöse Zuckungen, Krankheiten der Urogenitalorgane und den Keuchhusten; sie verbessern das Gedächtnis.

Opal - Der Opal ist ein Stein der trügerischen und leeren Hoffnungen; Melancholiker und Träumer mögen diesen Stein. Er gibt Gedankenreinheit und Glaubensfestigkeit und er kann vor einer Gefahr schützen. Aber der Opal ist auch ein gefährlicher Stein: Er erregt den bösen Verdacht, sät Zwietracht, verdunkelt das Bewusstsein; ein Mensch, der diesen Stein trägt, hat Angst vor der Dunkelheit. Wenn Sie im Oktober geboren wurden und ihr Tierkreiszeichen Waage ist, fügt dieser Stein Ihnen keinen Schaden zu; er hilft gegen die Pest; er bringt Erfolg in verschiedenen Geschäften, wenn Sie nicht egoistisch und nicht zu gierig sind. In Russland tragen die Menschen diesen Stein, die im

Oktober geboren wurden; er bringt ihnen Freundschaft und Harmonie in der Ehe.

Perlen - Die Perlen, die ihre Färbung verändern können, geben denjenigen Hexen Gesundheit, welche die negative Mondkraft besitzen. Wenn Sie eine Hexe oder ein Zauberer sind und eine Perlenkette tragen möchten, sollen Sie die Perlen zuerst mit Weihwasser reinigen. Wenn ihr Tierkreiszeichen Fische ist, dann haben Sie Glück und Erfolg. Perlen bewahren Sie vor unerwiderter Liebe; ein Fingerring mit Perlen schützt vor Dieben und misslungenen Geschäften und festigt die Bande der Ehe. Wenn Sie leberkrank sind, sollen Sie einige Perlen in Wasser kochen und dieses Wasser dann trinken. Wenn ihr Kind an Blutarmut leidet, zerreiben Sie einige Perlen zu Pulver. Vermischen Sie dieses Pulver mit Milch und geben ihm dies zu trinken.

Rauchkristall - Dies ist ein Stein der hellseherischen Zauberer, denn er erweckt die Fantasie und macht die Verbindung mit dem Jenseits leichter.

Rubin - Er hat magische Wirkungen; er bringt Heldentaten und Siege zu den Herrschenden und Liebe und Glück zu den einfachen Menschen.

Wenn er seine Färbung verändert, warnt er vor einer Gefahr. Der purpurrote Rubin schützt vor bösen Geistern und vor Behexungen; er vertreibt Langweile und Traurigkeit, er gibt Kräfte zurück und heilt Herzenskrankheiten. Ein Rubin ist der einzige Schmuck, den ein Zauberer oder eine Hexe sich leisten kann. Wenn ihr Tierkreiszeichen Steinbock ist, schützt dieser Stein Sie vor Blitz, Gift und Überschwemmung. Er schützt die Ehe vor dem Bruch. In Russland tragen die Menschen einen Rubin, die im Juli geboren wurden; er bringt ihnen zärtliche Liebe, Freude und Glück.

Saphir - Früher nannte man den Saphir einen ‚Nonnenstein', weil er die Redlichkeit und die Reinheit der Seele gibt, die Treue und die Keuschheit bewahrt, vor Angst und Verrat schützt und die Leidenschaft dämpft. Wenn eine Frau einen Mann an sich ziehen wollte, gab sie ihm Wasser in einem Becher, in dem ein Saphir gelegen hatte, zu trinken. Wenn ihr Tierkreiszeichen Stier ist, dann ist der Saphir der beste Stein für Sie. Er ist ein Talisman der Neuvermählten und der Verliebten, er bringt Glück in der Liebe, er schützt vor Verleumdung, er festigt das Gedächtnis und den Verstand. Er heilt Herzkrankheiten, Asthma und Nervenschmerzen. Man trägt einen Saphir oder ein Saphir-Armband um die linke Hand. In Russland tragen die im April geboren Menschen den Saphir; er schützt diese vor Unglück in der Liebe.

Selenit (oder Mondstein) - Er charakterisiert die Träumerei, die Sanftmut und die Zärtlichkeit. Er besänftigt die unbeugsamen und die selbstsicheren Menschen; er ist gefährlich für eigensinnige und verschlossene Menschen. Er hilft bei Nierenkolik und bei Epilepsie. Wenn ein Zauberer diesen Stein im Mund hat, kann er prophezeien. In der Vollmondzeit hat er die größte Kraft. Wenn Sie in der Vollmondzeit, an einem Montag oder im Juni geboren wurden, dann bringt er Ihnen viel Glück. Er hilft im Liebesverhältnis und im Eheleben. Wenn dieser Stein in Silber eingefasst ist, heilt er Nervenkrankheiten, Tuberkulose und Wassersucht.

Smaragd - Der Smaragd ist der grüne Stein der Venus, er schenkt Heiterkeit und Freude; er heilt die Sehstörung und schlechtes Gedächtnis. Er schützt vor bösen Geistern und vor Behexung, er heilt Schlaflosigkeit und Geschlechtskrankheiten; er bewahrt die Keuschheit, verscheucht die Melancholie und hilft bei Epilepsie; ein Mensch, der diesen Stein trägt, lebt lange. Wenn Sie im September geboren wurden und diesen Stein tragen, haben Sie keinen schlechten Freund. Wenn Sie ein böser Mensch sind, spaltet sich der Smaragd und verliert seine magischen Wirkungen. Er begünstigt Frauen und Menschen, deren Tierkreiszeichen Zwillinge ist. Die Fischer und die Seemänner tragen diesen Stein als Talisman, weil er vor dem Tod beschützt und heftige Stürme bändigt; er hilft auch, einen guten Fang zu machen. In Russland tragen die Menschen diesen Stein, die im Mai geboren wurden.

Tigerauge - Dieser Stein schenkt Ihnen einen guten und gesunden Schlaf. Wenn Sie diesen Stein in Gold einfassen, dann haben Sie die Möglichkeit, Ihre Zukunft zu wissen. Wenn ihr Tierkreiszeichen Löwe ist und Sie diesen Stein tragen, dann haben Sie keinen Herzschmerz und kein Asthma. In Russland tragen die im September geboren Menschen diesen Stein; sie haben ein interessantes und glückliches Leben.

Topas, (Goldgelb) - Man benutzt diesen Stein gegen Besessenheit und Verrücktheit, gegen Schlaflosigkeit und den bösen Blick. Wenn Sie im November geboren wurden, bringt dieser Stein Ihnen Liebe und Treue; wenn Sie im Mai geboren wurden, bringt er Ihnen ungestüme Fantasie und unbegründete Wut. Er bringt auch Lebensfreude und hilft Menschen, deren Tierkreiszeichen Löwe ist. Er begünstigt die Kaufmänner und Diplomaten; er heilt Asthma, Gicht, Schlaflosigkeit, Epilepsie und Leberkrankheit.

Türkis - Die Hauptwirkung dieses Steins: Feindschaft versöhnen, Streit schlichten, Wut bändigen. Den guten Menschen bringt er Wohlstand und Ruhe; den bösen Menschen bringt er Unglück. Er stillt das Blut und heilt die Gelbsucht. Er verändert seine Färbung, wenn ein Mensch, der ihn trägt, älter wird oder erkrankt. Er wird matt vor dem Unglück oder wenn ein Mensch hoffnungslos krank ist. Er ist ein Liebestalisman, er bringt das glückliche Eheleben, wenn die jung Verheirateten Verlobungsringe mit einem Türkis haben. Wenn Sie die Liebe bewahren möchten, nähen Sie einen Türkis in die Kleidung Ihrer Liebesperson ein. Er bringt Ihnen Glück, wenn ihr Tierkreiszeichen Stier ist. In Russland tragen die Menschen diesen Stein, die im Dezember geboren wurden; er bringt ihnen den Erfolg in verschiedenen Geschäften.

Zuordnungstabelle der Tierkreiszeichen, Metalle, Steine, Farben

Tierkreiszeichen	Metal	Stein	Farbe
Widder	Eisen	Diamant	Gelbgrün
Stier	Kupfer	Saphir	Rotorange
Zwillinge	Quecksilber	Beryllium	Orange
Krebs	Silber	Smaragd	Bernsteingelb
Löwe	Gold	Chrysolith	Grüngelb
Jungfrau	Quecksilber	Karneol	Gelbgrün
Waage	Kupfer	Lasurstein	Smaragdgrün
Skorpion	Eisen	Karfunkel	Grünlichrot
Schütze	Zinn	Topas	Blau
Steinbock	Blei	Rubin	Dunkelblau
Wassermann	Blei	Granat	Violett
Fische	Zinn	Perlen	Perlmutt

Kreuzförmiger Enzian fördert die Hexenverwandlung...

Man pflückt dieses Kraut am 7. Juli. Man sagt, dass der Enzian die Hexenverwandlung fördert; deshalb dürfen nur Hexen dieses Kraut pflücken. Die Hexen pressen den Enziansaft aus und reiben ihre Körper damit ein, danach gehen sie zum Sabbat.

Wie und wann Sie am besten Kräuter für die Hexerei pflücken...

Man pflückt Kräuter und Pflanzen für die Hexerei am 23. oder 29. Mondtag (am 23. oder 29. Tag nach Neumond). Wenn Sie ein Kraut pflücken, sollen Sie sagen, wofür Sie dieses Kraut benötigen. Dann legen Sie das Kraut zwischen Weizen- oder Haferkörner. Es gibt Pflanzen, die eine bestimmte Kraft besitzen; wenn Sie diese Pflanzen pflücken, sollen Sie einen bestimmten Zauberspruch sagen (in diesem Buch können Sie die Zaubersprüche für einige Pflanzen finden).

Zauberspruch gegen Trauer...

Verfertigen Sie ein Kreuz und schreiben Sie darauf folgende Worte: *„Das Kreuz, das kreuzförmige Kreuz! Ein Mensch ist geboren, ein Kreuz ist aufgestellt; und der Teufel ist gebunden, Gott ist verherrlicht, im Namen des Vaters, des Sohnes und des Heiligen Geistes, vor aller Zeit und jetzt und in allen Ewigkeiten, Amen.“*

Der Wiedehopf hilft bei Unfruchtbarkeit der Frau...

Wenn eine Frau unfruchtbar ist, soll sie lange auf einen Wiedehopf schauen; danach kann sie schwanger werden.

Zauber gegen die Bisse eines Tieres oder einer Schlange...

Man benutzt diese Zaubersprüche, wenn ein tollwütiges Tier oder eine Schlange einen gebissen hat.

▶ *„Auf dem Meer, auf der Insel Bujan steht ein Haus, in diesem Haus sitzt eine alte Frau, diese alte Frau hält einen Stachel. Nimm, alte Frau, deinen Stachel und komm zu einem Knecht (Name), zieh einen tödlichen Stachel aus einem Knecht (Name). Ich beschwöre durch diesen Zauberspruch die Wunden an den Händen, an den Beinen, am Kopf, an der Stirn, am Nacken, an den Augenbrauen und am Kinn. Seien diese Wunden für ewige Zeiten an einem schwarzen, grauen, roten, weißen Hund, und mögen die Wunden für immer an dem Hund bleiben."*

▶ Beten Sie zu unserem Herrn und zur Heiligen Mutter Gottes, brechen Sie einen Birkenzweig ab und besprechen Sie eine Bißwunde mit folgendem Zauberspruch drei Mal: *„Jungfrau, Jungfrau! Im freien Feld, an blauer See gibt es eine Schlangen-Zarin. Zarin, Zarin der Schlangen, beschwichtige deine Diener, und wenn du deine Diener nicht beschwichtigen wirst, dann werde ich dich mit einem Wort Gottes bestrafen. Jesus Christus reitet auf einem schwarzen Pferd an die See, über das Feld und durch den dunklen Wald. Er bestreut die Schlangenwunden mit Sand und verbindet die Wunden mit Kräutern. Ich schneide verdorbenes Fleisch heraus und lege frisches Fleisch hinein. Damit der Körper nicht anschwillt und einem Diener Gottes (Name) keinen Schaden zugefügt wird. Wie dieser Birkenzweig nie wieder blüht, so wird sich diese Schlangenwunde nie wieder entzünden."* Sagen Sie diesen Zauberspruch drei Mal, dann schlagen Sie die Wunde mit dem Birkenzweig drei Mal, gehen weg, ohne sich umzusehen, und werfen den Birkenzweig weg.

▶ *„Schlange Uljana! Geh und sammle alle bösen und wilden Wiesen-, Sumpf- und Wasserschlangen; dann gehe zu einem geborenen Diener Gottes (Name) und ziehe deinen verdammten Zahn raus."* Lesen Sie diesen Zauberspruch drei Mal.

▶ *„Auf dem Meer, auf der Insel Bujan steht ein neues Bretterbett. Ein Daunenfederbett liegt auf dem Bett und eine egoistische Schlange Osocha-Solocha liegt auf dem Federbett: sie lässt ihre Frucht in die Baumstümpfe, in die Sümpfe, in die Wälder, in die gelben Sande. Zieh, Schlange, deinen scharfen Stachel heraus, und wenn du ihn nicht heraus ziehst, dann gehe ich zu Kusma und Demjan, und Kusma und Demjan und der Herr Gott schicken dir Donner und Blitz; der Donner bringt dich um, der Blitz verbrennt dich und zerstreut deine Asche im freien Feld."* Lesen Sie diesen Zauberspruch drei Mal und nach jedem Mal berühren Sie die Wunde mit dem Finger.

▶ Waschen Sie eine Wunde mit Weihwasser, geben Sie den Rest des Wassers dem Kranken zu trinken und sagen Sie folgende Worte: *„Ganna, Gannuschka! Du hast gebissen, du hast dich im Bein festgebissen; gehe ins Herz und aus dem Herzen in die Därme, aus den Därmen ins Blut, aus dem Blut in die Kno-*

chen, aus den Knochen in die Haut, aus der Haut gehe weg." Lesen Sie diesen Zauberspruch sieben Mal und nach jedem Mal geben Sie dem Kranken zu trinken.

▶ Lesen Sie zehn Mal: *„Vater unser, der du bist im Himmel, geheiligt werde dein Name; dein Reich komme; dein Wille geschehe, wie im Himmel so auch auf Erden! Unser tägliches Brot gib uns heute; und vergib uns unsere Schulden, wie auch wir unseren Schuldigern vergeben; und führe uns nicht in Versuchung, sondern errette uns von dem Bösen! Denn dein ist das Reich und die Kraft und die Herrlichkeit in Ewigkeit, Amen."* Dann besprechen Sie Wasser mit folgendem Zauberspruch sieben Mal und mit diesem Wasser waschen Sie das Gesicht des Kranken: *„Auf dem Meer, auf der Insel Bujan steht eine Eiche, unter der Eiche steht eine Bruchweide, unter der Bruchweide liegt ein weißer Stein, auf diesem Stein liegt ein Vlies, unter dem Vlies liegt eine Schlange. Diese Schlange hat die Schwestern Maria, Marina und Katharina. Und wir beten zu euch und verbeugen uns nach allen vier Seiten. Nehmt ihr euer Böses von dem Diener Gottes (Name)!"*

▶ Feuchten Sie die Finger mit Speichel an, berühren Sie die Wunde und sagen Sie: *„Wilde Schlange! Du hast ein Haus in einer Höhe, und ein Diener Gottes (Name) hat ein Haus im Dorf. Wilde Schlange! Es ist dir weit bis zum Meer, und es ist einem Diener Gottes (Name) hoch bis zum Himmel. Wilde Schlange! Ich werfe glühende Kohlen in diene Zähne und danach hat der Diener Gottes (Name) keinen Schmerz und keine Geschwulst mehr für allen Ewigkeiten."*

▶ „Auf dem Meer, auf der Insel Bujan steht eine Eiche, unter der Eiche steht eine Bruchweide, unter der Bruchweide liegt ein weißer Alater-Stein, auf diesem Stein liegt ein Vlies, unter diesem Vlies liegt eine Schlange, sie hat zwei Schwestern: Aripa und Katharina. Wir beten zu Gott und verbeugen uns nach allen vier Seiten; nimm dein Böses von dem Knecht Gottes (Name) und von seinem Vieh, für alle Ewigkeit." Sagen Sie diesen Zauberspruch drei Mal und pusten Sie kreuzweise nach jedem Mal.

Hexerei für Landwirte während der Zeit der Saat...

In der Zeit, da man die Saaten vorbereitet, sollen nicht weniger als zwei Geschlechtsakte in einem Raum stattfinden, wo man die Saat aufbewahrt. Nach dem Säen soll der Landwirt einen Geschlechtsakt mit seiner Frau im Feld haben; so befruchtet er die Saaten und das Land.

Zänkische Menschen beruhigen

Gehen Sie auf einen Friedhof und finden Sie drei Gräber (die begrabenen Menschen sollen den gleichen Namen haben wie der Mensch, den Sie beruhigen möchten). Von jedem Grab nehmen Sie etwas Erde, dann beten Sie für diese Toten im Gottesdienst und bitten um Verzeihung für den Boden, den Sie genommen haben. Vermischen Sie den Boden von drei Gräbern und schütten Sie ihn in die Stiefel, unter das Kissen und ins Trinken der betreffenden Person ein. Dazu sollen Sie sagen: *„Wie* diese Toten ruhig und still auf dem Friedhof liegen, so soll der Knecht (Name), der auf der Erde lebt, ruhig und still bei mir, einem Knecht (Name), sein." Lesen Sie diesen Zauberspruch 6 Mal.

Es gibt noch eine andere Methode: Kaufen Sie ein Hemd von einer toten Frau (ein Hemd, das diese Frau anhatte, als Sie starb). Zerreißen Sie dieses Hemd der Länge nach und reißen Sie dann einen kleinen Streifen ab. Dann nähen Sie diesen Streifen in einen Gürtel ein und sagen: *„Wie dieser Mensch sich beruhigt hat, so sollst du dich beruhigen und nicht handgreiflich werden."* Ein wütender und zänkischer Mensch soll immer diesen Gürtel umhaben.

Erfolg in verschiedenen Geschäften...

Am 7. Juli gehen Sie aufs Feld und finden die höchste Ähre, pflücken Sie diese und sagen Sie: *„Wie diese Ähre höher als andere ist, so werde ich, ein Diener Gottes (Name), höher als andere."* Nähen Sie diese Ähre in die Kleidung, die Sie oft tragen, ein.

Wie Sie ihren Erfolg bei Gericht beeinflussen...

Bevor Sie zu Gericht gehen, nehmen Sie Birkenkätzchen und sagen Sie: *„Wie diese Kätzchen zittern, so soll mein Richter (Name) und seine Zunge zittern."* Lesen Sie diesen Zauberspruch drei Mal und nehmen Sie die Kätzchen mit und halten Sie diese, wenn Sie im Gerichtssaal sitzen.

Oder: Bevor Sie ins Gericht gehen, sagen Sie folgendes: *„Ich (Name), ein Diener Gottes, gehe aus dem Haus durch die Tür, aus dem Hof durch das Tor, in die grünen Wiesen, in die freien Felder, in die dunklen Wälder. Ich (Name) habe viele Zweige gefunden; hier stehen viele Särge und liegen viele Toten; die Herzen der Toten schlagen nicht, die Hände bewegen sich nicht, die Lippen öffnen sich nicht, so soll das Herz des Knechtes Gottes (Name) gegen einen anderen Diener Gottes (Name) nicht schlagen, die Hände sich nicht bewegen, die Lippen sich nicht öffnen, Halleluja, Halleluja, Halleluja; Jesus Christus, bleib mit uns, gestern, heute und immer. Herr! Du bist groß, lasse uns die dämonischen Kräfte besiegen, hilf mir (Name), einem Diener Gottes, meine Feinde, die sich gegen mich auflehnen, zu besiegen. Amen, Amen, Amen."*

Wie Sie für Erfolg im Handel sorgen...

„Herr! Sage mit deinen Heiligen Lippen, dass man keine Handlung ohne dich machen darf. Mein Herr! Ich vertraue, Herr, auf die Großzügigkeit unserer Seelen. Hilf mir, einem sündhaften Diener Gottes (Name), mit dem Handel, mit dem Ankauf und mit dem Verkauf, mit dem Warenaustausch und mit jeder Arbeit in meinem Leben. Herr Gott! Segne diese Arbeit selbst im Namen des Vaters, des Sohnes und des Heiligen Geistes, Amen. Heiliger Erzengel Michael! Wir handeln in deinem heiligen Namen. Rette, schütze und segne einen Diener Gottes (Name) mit deinen Heiligen Gebeten, damit ich einen Handel anfangen und glücklich und diesen gewinnbringend abschließen kann. Im Namen des Vaters, des Sohnes und des Heiligen Geistes,

vor aller Zeit und jetzt und in allen Ewigkeiten, Amen.“ Sagen Sie diesen Zauberspruch sieben Mal in einem Raum oder Ort an dem Sie Handel treiben.

Erfolg beim Kartenspiel...

► Am 7. Juli, vor Sonnenaufgang, nehmen Sie Wegerichsaat, zerkleinern diese
und vermischen sie mit drei Tropfen Weihwasser. Füllen Sie eine Gänsefeder
mit dieser Mischung und schmieren Sie das Loch mit Weihwachs zu. Ein
Mensch, der diesen Talisman trägt, hat immer Erfolg im Kartenspiel.

► Klee: Am ersten Dienstag des Neumondes, vor Sonnenaufgang, finden Sie einen Klee mit 4 oder 5 Blütenblättern und sagen: *„Helft, helft mir, vier Zauber-
blütenblätter, bittet bei Gott, bittet ihr, vier Zauberblütenblatter darum, dass
ich Erfolg im Kartenspiel bekomme.“* Dann pflücken Sie diesen Klee und tragen ihn bis zum nächsten Sonnenaufgang bei sich, ohne ihn zu berühren.

► Nehmen Sie drei Lorbeerblätter, schreiben Sie auf diese Blätter drei Engels-
namen: Michael, Gabriel und Raphael. Haben Sie diese Lorbeerblätter bei sich
und wenn Sie in einen Raum eintreten, wo Sie Karten spielen werden, sollen
Sie sagen: *„Balai, gibt nur dem einen Spieler den Sieg!“*

► Nehmen Sie eine Farnkrautwurzel, lassen Sie diese trocknen, wickeln Sie sie
in ein Tuch aus Leinen ein und zerstoßen Sie die Wurzel. Wenn Sie anfangen
Karten zu spielen, nehmen Sie mit der rechten Hand das Pulver, das Sie aus
der Farnkrautwurzel gemacht haben, und streuen davon etwas zu ihren Füssen:
rechts, links und vorn; berühren Sie den Tischrand und ziehen den Tisch ein
bisschen zu sich, dann sagen Sie: *„Alles ist mein, alles zu mir.“*

Es ist ganz gleich, welche Art Sie wählen, aber Sie sollten nicht vergessen, den
zehnten Teil des Gewinns zu den Gott gefälligen Dingen zu geben, andernfalls haben Sie keinen Erfolg.

Erfolg im Glücksspiel...

Finden Sie einen Klee, das 4 Blütenblätter hat, pflücken Sie ihn und machen aus ihm
ein Kreuz; dann sagen Sie: *„Klee, breiter Klee! Ich habe dich im Namen des Vaters,
des Sohnes und des Heiligen Geistes, der Heiligen Mutter Gottes, des Heiligen Johann gepflückt. Würdest du mir in verschiedenen Glücksspielen dienen?“* Dann lesen Sie fünf Mal: *„Vater unser, der du bist im Himmel, geheiligt werde dein Name;
dein Reich komme; dein Wille geschehe, wie im Himmel so auch auf Erden! Unser
tägliches Brot gib uns heute; und vergib uns unsere Schulden, wie auch wir unseren
Schuldigern vergeben; und führe uns nicht in Versuchung, sondern errette uns von
dem Bösen. Denn dein ist das Reich und die Kraft und die Herrlichkeit in Ewigkeiten. Amen.“* Dann beten Sie fünf Mal zur Heiligen Mutter Gottes Maria und danach
sagen Sie: *„Im Namen des Vaters, des Sohnes und des Heiligen Geistes, Amen.“*

Finden Sie einen Aal, der an Durst[73] gestorben ist und ziehen Sie seine Haut ab. Dann finden Sie einen Bullen, den ein tollwütiger Hund tot gebissen hat, und ziehen seine Galle heraus. Vermischen Sie die Bullengalle mit Geierblut (4 Gramm) und füllen Sie die Aalhaut mit dieser Mischung; verbinden Sie die Aalhaut-Enden mit einem Strick. Lassen Sie dies im Mist liegen für zwei Wochen. Danach legen Sie in einen Ofen Farnkraut, das Sie am 7. Juli in der Nacht gepflückt haben, zünden es an und lassen das Farnkraut durchbrennen. Dann lassen Sie die Aalhaut im Ofen trocknen. Wenn sie trocken wird, fertigen Sie aus ihm ein Armband an und schreiben darauf mit Ihrem Blut folgende Buchstaben: „X.B.T.N.". Wenn Sie dieses Armband tragen, haben Sie Erfolg im Glücksspiel.

Allgemeiner Zauberspruch gegen böse Menschen...

„Ich (Name), ein Diener Gottes, stehe gesegnet auf und gehe bekreuzigt. Ich (Name) gehe über den feuchten Erdboden, ich bedecke mich mit dem Himmel. Ich (Name) umgürte mich mit dem Morgenrot und ich umgebe mich mit den Sternen. Ein böser, schlechter Mensch kann nicht den Himmel bedecken und das Morgenrot löschen, und er kann nicht die Sterne zusammenzählen und an mich (Name), einen Diener Gottes, schlecht denken und Böses beabsichtigen. Schlechter, böser Mensch! Wenn du Böses beabsichtigst, dann kommt Böses zu dir zurück und legt eine Eisennadel zwischen deine Zunge und Wange. Wenn ich ein Wort vergessen habe, kommt dieses Wort nach vorn. Wenn ich ein Wort ergänze, dann bleibt dieses Wort mit anderen Wörtern; und nehmt ihr meine Wörter, die schärfer als ein scharfes Messer sind und schärfer als eine Damaszener-Klinge sind. Amen, Amen, Amen."

Erfolg bei der Jagd...

Folgenden Zauberspruch sagt man, wenn man zur Jagd geht: *„Wie mein Damaszener-Messer sich in Gedanken nicht vertiefen kann, keine Idee hat und kein Wort sagt, so soll ich, ein Diener Gottes (Name), mein Fischfang und meine Pelztierjagd vergessen werden. Wenn ein schwarzhaariger Mann oder eine weißhaarige Frau oder ein Mädchen ohne Kopfbedeckung, oder ein Pope oder eine Frau des Popen oder ein Diakon oder eine Diakonisse oder ein Kirchendiener oder ein Küster oder eine Frau des Küsters oder ein Mönch oder eine Nonne mich sehen würde und mir die Gedanken, die Rufe, die Gedanken der Freunde und die Gedanken der Familie schicken würde, dann würde ich sagen: 'Rühre meinen Gedanken nicht an, rühre meine Sprache nicht an, rühre mein Blut nicht an.' Gehe, Hexenmeister oder Hexe, Zauberer oder Zauberin oder böser Mensch, weg. Gehe ins Blut eines neidischen Menschen und wirf das Salz und das Harz in die Augen eines bösen Menschen, und wirf den Sand in die Augen. Vor aller Zeit und jetzt und in allen Ewigkeiten, Amen. Der Himmel ist ein Schlüssel und der Erdboden ist ein Schloss für meine Worte."* Besprechen Sie mit diesem Zauberspruch ein Messer drei Mal das Sie auf die Jagd mitgenommen haben.

---

[73] Hier ist vermutlich, *ersticken* gemeint.

Oder Sie probieren folgendes: Besprechen Sie ein Stück Fleisch oder eine Brotscheibe mit diesem Zauberspruch drei Mal und wenn Sie auf die Jagd gehen, nehmen Sie dies mit: *„Im freien Feld, im dunklen Wald, im dichten Nebel gibt es einen Vogel, und noch die grauen Gänse und eine graublaue Ente. Mögen ihre Flügel abbrechen und sich senken, mögen ihre Federn abreißen und auf einen hoch gelegenen Hügel fallen, damit niemand mich, einen Diener Gottes (Name), sehen und mein Schießen hören kann und damit mein Schrot wie eine Feder fliegt."*

Wenn Sie Erfolg beim Fischfang haben wollen...

▶ *„Ich fahre auf einem Fluss, wo die Fische schwimmen; ich stelle die Fischernetze wie ein Seidentuch und in diesen Netzen und in jedem Netzfaden sollen so viele Fische sein wie Sterne am Himmel."* Vor dem Fischfang beschwören Sie die Fischernetze drei Mal durch diesen Zauberspruch.

▶ *„Ich fahre auf einem Fluss, wo die Fische schwimmen; ich strecke die Angel aus und an meine Angel und an jeden Angelhaken gehen so viele Fische, wie Sterne am Himmel sind."* Vor dem Fischfang beschwören Sie Ihre Angel drei Mal durch diesen Zauberspruch.

▶ Am 7. Juli abends fangen Sie einen Adler und stechen ihn mit einem scharfen Messer ab; dann reißen Sie sein linkes Auge heraus und vermischen es mit Kuhblut. Diese Mischung dient einem Fischer oder Jäger als Köder.

▶ Das linke Adlerauge vermischen Sie mit Kuh- und Enterichblut; lassen Sie diese Mischung trocknen und dann wickeln Sie diese in ein neues, blaues Tuch ein. Wenn Sie auf Fischfang gehen, binden Sie dieses Tuch an Ihre Angel oder ans Fischernetz, dann können Sie einen guten Fang machen. Sie können dieses Tuch auch an eine Vogel- oder Tierfalle binden.

▶ Wenn Sie einen Köder an den Angelhaken machen, sagen Sie: *„Ein Fisch ist ein Fisch, ein Köder ist stark; ziehe und beiße an, und versinke."* Sagen Sie diesen Zauberspruch drei Mal.

▶ Besprechen Sie eine Angel und den ersten Fisch mit diesem Zauberspruch drei Mal: *„Sei, mein Fisch, nicht knochig, sondern fleischig, komm zu mir (Name), einem Diener Gottes, schnell, unbewusst und unwiederbringlich, gegen den Strom im schnellen Wasser und im herbstlichen Fluss, sieh dich nach hinten nicht um und wende dich nicht zur Seite; komm zu mir (Name), einem Diener Gottes, jedes Mal bei Tagesanbruch; komm, Aalquappe mit großem Kopf, Hecht mit spitzer Nase, roter Lachs, an meine Eisenangel; komm zu mir (Name), einem Diener Gottes, jeden Tag und bei jedem Tagesanbruch, bei jedem Abendrot, am Tage unter der Sonne, in der Nacht unter dem Mond und unter den Sternen, und unter Gott. Ich gebe meinen Worten einen Schlüssel und ein Schloss im Namen Gottes und des Heiligen Geistes, in allen Ewigkeiten, Amen. Und wenn ich, ein Diener Gottes (Name), ein Wort vergessen habe, bleibt mein Wort zwischen den anderen Wörtern und mein Wort ist schärfer als ein schar-*

fes Messer, als Damaszener-Axt, und schneller als Quellwasser. Im Namen Gottes und des Heiligen Geistes, in allen Ewigkeiten, Amen, Amen, Amen."

Fast in jedem Haus wohnt ein Hausgeist...

Fast in jedem Haus wohnt ein Hausgeist, er wohnt bei uns und bringt uns Glück und Reichtum. Er schützt auch unser Haus und es kann sein, dass wir unser altes Haus lassen und in ein neues Haus ziehen. In dieser Zeit sollen wir unseren Hausgeist schützen und ihn für uns gewinnen. Was sollen wir wissen, um uns unseren Hausgeist geneigt zu machen? Am Tag vor dem Umzug kneten Sie Teig: 800 Gramm Mehl, 2 Eier, 2 SL Zucker, 200 Gramm Tafelbutter und 2 Prisen Salz. Nehmen Sie diesen Teig, ein Roggenbrot, das Salz und eine Katze (oder einen Kater) und bringen dies ins Haus. Im neuen Haus backen Sie ein Weißbrot aus diesem Teig; wenn das Brot glatt und schön ist, dann haben Sie in diesem Haus ein glückliches und ruhiges Leben, aber wenn es aufbricht, dann wohnen Sie in diesem Haus nicht lange. Sie dürfen dieses Brot 3 Tage lang nicht essen, erst am dritten Tag decken Sie den Tisch und legen ein Besteck und ein Glas extra für den Hausgeist auf. Stellen Sie eine Flasche Wein und verschiedene andere Speisen hin. Gießen Sie den Wein in die Gläser ein und bevor Sie trinken, stoßen Sie mit dem Glas an, das Sie für den Hausgeist hingestellt haben. Schneiden Sie das gebackene Brot auf, nehmen Sie einen Brotkanten und legen ihn an einen stillen Ort im Haus (Sie sollen diesen Brotkanten immer im Haus aufbewahren). Nehmen Sie den anderen Brotkanten, salzen ihn drei Mal, stechen Sie eine silberne Münze in diesen Brotkanten ein und legen Sie ihn auf den Ofen (oder auf einen Platz, wo der Hausgeist wohnt), daneben stellen Sie ein volles Glas Wein (oder Wodka), dann sagen Sie: *„Unser Herr Vater, unser gnädiger Herr Hausgeist, liebe mich. Bitte, bewahre mein Hab und Gut, schütze mein Vieh, nimm meine Speise und Trank, und trinke einen Schluck aus vollem Glas."*
Verbeugen Sie sich nach allen vier Seiten 9 Mal, bringen Sie eine Katze (oder einen Kater) an den Ofen (oder an einen Platz, wo der Hausgeist wohnt) und sagen Sie: *„Herr Hausgeist! Ich schenke dir ein zottiges Tier für den reichen Hof."* Nach drei Tagen schauen Sie, ob er den Wein getrunken hat. Wenn der Wein getrunken ist, dann gießen Sie nach und sagen die oben geschriebenen Worte noch einmal. Wenn der Wein nicht getrunken ist, dann bitten Sie den Hausgeist noch nein Mal, dass er Ihre Speise und Trank probiert.

Wenn Sie keinen Ofen im Haus haben, rufen Sie einen Zauberer, damit er findet und bestimmt, wo ihr Hausgeist wohnt. Legen Sie Speise und Trank dahin, wohin der Zauberer zeigt. Bewirten Sie den Hausgeist immer am Ersten jeden Monats.

Wir möchten Ihre Aufmerksamkeit darauf richten, dass es sehr wichtig ist, wohin Sie ihr Schlafbett stellen. In Russland bestimmt man den Platz für das Schlafbett so: Man lässt eine Katze (oder einen Kater) ins Haus hinein, wenn das Haus noch ohne Möbel ist. Die Katze legt sich auf den Platz, der für den Menschen sicher ist. Wohin sich die Katze sich legt, dahin sollen Sie ein Bett stellen. Wenn Sie keine Katze mögen, oder wenn Sie andere Gründe haben, keine Katze ins Haus hinein zu lassen, dann können Sie einen Zauberer einladen, damit er den sicheren Platz bestimmt.

Es kann sein, dass ein Poltergeist in Ihrem Haus erscheint; man hat ihm diesen Namen gegeben, weil er viel Lärm verursacht und poltert. In Russland nennt man ihn „Barabaschka". Normalerweise zeigt sich ein Poltergeist und Sie können erkennen, dass er sich in Ihrem Haus befindet, wenn sich verschiedene Sachen spontan bewegen, Sie verschiedene Laute hören, sich Dinge materialisieren und dematerialisieren oder verschiedene physikalische Erscheinungen wie z.B. Selbstentzündungen auftauchen. Ein Poltergeist kann materielle Körper beeinflussen und er versucht immer die Menschen einzuschüchtern, aber er fügt ihnen normalerweise keinen Schaden zu, er will nur erschrecken. So bricht z.B. Feuer aus oder die Kleidung entzündet sich oder kochendes Wasser trifft auf die Haut, aber man bekommt keine Brandwunde. Verschiedene Sachen fangen an zu fliegen oder zu fallen, und es scheint, dass diese Sachen verletzen können, aber im letzten Moment stoppen sie und man wird nicht verletzt. So gewinnen wir den Eindruck, dass wenn ein Poltergeist die Menschen erschreckt, er deren Angst als seine Energie-"Kost" verzehrt.

Was sollen wir tun, wenn ein Poltergeist in unserem Haus erscheint?

Erstens: Lassen Sie sich nicht aus der Ruhe bringen. Sie sollen keine Angst haben, weil dieses Gefühl den Geist kräftiger macht.

Zweitens: Mit der Hilfe eines Zauberers oder eines Popen bitten Sie den Poltergeist, dass er keinen schlechten Scherz in Ihrem Haus macht. Laden Sie einen Zauberer ein, damit er bestimmen kann, was für ein Geist er ist. Es kann ein Astralkörper einer Hexe sein, dann soll der Zauberer die Behexung entfernen. Es kann die Seele eines Selbstmörders oder eines toten Menschen sein, dann benutzt der Zauberer verschiedene Riten, Gottesdienste und Weihwasser, um ihr Haus vor diesem Geist zu retten. Es kann auch der Teufel sein. In den ersten beiden Fällen dürfen Sie höflich den Geist aus dem Haus verjagen: so z.B. bewirten Sie den Geist mit Weißbrot und Wein und erst dann vertreiben Sie ihn aus dem Haus. Falls es der Teufel ist, dürfen Sie ihn barsch verjagen, aber fügen Sie ihm keine persönliche Beleidigung zu.

Es gibt noch einen anderen Hausgeist-Typ. Diese Geister kommen ganz selten vor und man nennt sie „Slawische Geister": Mara, Choballa, Jerdai. Um diese Geister aus dem Haus zu vertreiben, sollen Sie folgendes machen: Nehmen Sie einen blauen Faden und binden Sie ihn an einen Ring; dann hängen Sie diesen Faden an die Decke eines Zimmers.

Also, wenn Sie gegen einen Hausgeist erfolgreich kämpfen möchten, sollten Sie um eine Behexung zu entfernen, den Hausgeist mit Weißbrot und Wein bewirten, jede Ecke und jedes Fenster mit Weihwasser bekreuzigen. Und öffnen Sie keine Lüftungsklappe in der Nacht von 1 bis 3 Uhr (das ist die Zeit der Bullen oder der Hexen).

Zauberspruch gegen Hausgeister

Lesen Sie ihn 3 Mal: *„Verbiete, Herr, dem verschmitzten Teufel, auf unsere Welt zu kommen, weil die Heilige Mutter Gottes Maria wegen uns, der sündhaften Menschen, auf diese Welt gekommen ist, um uns zu retten. Verfluche, Herr, den Teufel* *und alle seine böse Gedanken. Ich beschwöre dich, Teufel, am Tage und in der Nacht bei der Dreieinigkeit, beim Namen des Vaters, des Sohnes und des Heiligen Geistes. Gehe von mir (Name), einem Diener Gottes, weg und gib mir keinen schlechten Gedanken, gehe an einen öden und wasserlosen Ort, wo Gott nicht hin kommt. Ich beschwöre dich, bösen Geist, bei dem Namen unseres Herrn Jesus Christus. Tu in der Nacht kein Böses, aber bete mit mir zu Gott, weil Gott alle deine Gedanken, tägliche und nächtliche, sieht. Ich diene meinem Gott und bete nur zu ihm am Tage und in der Nacht. Vergib mir, Gott, und mache mich stark. Teufel und alle böse Geister, kommt mit mir; aber der Heilige Name des Vaters, des Sohnes und des Heiligen Geistes wird berühmt und gesegnet, vor aller Zeit und jetzt und in allen Ewigkeiten, Amen."*

Eine Hexe kann eine Kuh aus einiger Entfernung melken...

Eine Hexe kann eine Kuh aus einiger Entfernung melken: Sie zeichnet einen Kreis und sticht ein Messer in die Mitte ein. Dann, am 7. Juli in der Nacht, pflückt sie Heidekraut[74], Seidelbast[75] und sagt: *„Dieses Kraut ist mir gegeben, um mir die Milch zu bringen; meine Macht ist groß; Kuh, gib mir deine Milch, denn dieses Kraut ist dein Tod; diese Milch ist für den Herrn Teufel, und wenn du keine Milch gibst, dann stirbst du."* Dann, am Dienstag bei zunehmenden Mond, in der Zeit des Bullen (von 1 bis 3 Uhr in der Nacht) wirft die Hexe diese Kräuter so über die linke Schulter, dass sich ein Kreis bildet; dann bindet sie einen Strick an den Messergriff und sticht das Messer in die Mitte des Kreises ein. Sie hält den Strick und sagt: *„Gib Milch im Namen des Teufels!"* Sie soll sich dabei eine Kuh vorstellen, der sie viel Schaden zufügen will. Sie macht dies sechs Mal und diese Kuh hört auf, Milch zu geben.

Tierzuwachs...

Tiere, die bei Neumond geboren wurden, verenden im Laufe eines Jahres; verkaufen Sie diese Tiere (vorher) dem Schlachter.

---

[74] Heidekraut (Calunna), auch Besenheide genannt steht im September in voller Blüte. Die Wildpflanze ist in ganz Europa zu finden.

[75] Gewöhnlicher Seidelbast (Daphne mezereum L.). In Europa Westasien, Sibirien, dem Kaukasus und Kanada verbreitete, bevorzugt in Gebirgen in schattigen, feuchten Bergwäldern auf kalkhaltigen Böden vorkommender, meist einzeln stehender, bis 2,5 m hoch werdender sommergrüner Strauch aus der Familie Thymelaeaceae. Infolge der sehr frühen Blütezeit (März bis April) und der leuchtend roten Früchte ist sie sehr dekorativ, so dass Sie auch häufig als Zierstrauch kultiviert wird. Sämtliche Pflanzenteile enthalten stark giftige Inhaltsstoffe: Schon der Verzehr von 3-5 Beeren führen bei einem Schwein zum Tode, bei Aufnahme von 30 g bei einem Rind. Beim Menschen sollen 10 bis 12 Früchte, beim Kind 2-3 Beeren bereits zum Tode führen. Infolge des stark bitteren Geschmacks sowie der stark schleimhautreizenden Eigenschaften der Giftstoffe sind Vergiftungen allerdings relativ selten. Starke Reizung von Häuten und Schleimhäuten mit Schwellungen, Blasenbildung und Juckreiz stellen die Hauptsymptome der lokalen Vergiftung dar. Im Mund kommt es ferner zu einem starken Kratzen und Brennen. Bei der systemischen Vergiftung kommt es neben den auch hier auftretenden lokalen Vergiftungserscheinungen zu Heiserkeit, Schluckbeschwerden, Durstgefühl, Erbrechen, blutigen Durchfällen und in schweren Fällen zu narkotischen Wirkungen mit Schwindel, Betäubung, Krämpfen, die bis hin zum Tod führen können.

Alektorein bringt Harmonie zwischen Eheleuten...

Dies ist ein weißer Stein, der wie eine Bohne aussieht. Er befindet sich im Magen eines siebenjährigen Hahnes, der kastriert wurde, als er drei Jahre alt war. Dieser Stein bringt Harmonie und Zustimmung zwischen Eheleuten.

Mit der Schwarzen Koralle schützen Sie sich vor Zaubereien...

Dies ist eine schwarze Koralle. Wenn Sie Milch trinken, die mit einer schwarzen Koralle aufgekocht worden ist, können Sie Zauber vermeiden.

Schwarzer Bambus um die Liebe anzuziehen...

Er ist eine magische Pflanze. Die schwarzen Zauberer benutzten schwarzen Bambus für ein Liebesgetränk; er wirkt als eine Pflanze, welche die Liebe anziehen kann.

Eine magische Trommel um den Teufel anzurufen...

Das sibirische Volk benutzt diese Trommel, um den Teufel anzurufen. Sie sieht wie ein Tamburin aus und man zeichnet auf sie verschiedene Zeichen, Hieroglyphen[76]. Man nennt sie „Kamlat".

Wenn Sie unfruchtbar sein möchten...

Wenn Sie unfruchtbar sein möchten, sollen Sie:

1. Einen Milchzahn in Silber einfassen und ihn am Hals tragen, oder
2. monatlich, vor der Menstruation, ein Glas Pferde-Urin trinken, oder
3. den Finger eines totgeborenen Kindes am Hals tragen

Eine Blonna (einen unnatürlichen Auswuchs) nutzen...

Dies ist ein ungewöhnlicher Auswuchs auf einem Pferde- oder Kükenkopf. Sie können eine Blonna aber auch an den Bäumen finden. Man benutzt diese bei der Zauberei und wenn man ein Liebesgetränk herstellt.

Schafzuwachs...

Am 27. Februar rufen die Schafhirten die Sterne: Am frühen Abend, sobald man die Sterne sehen kann, gehen die Schafhirten an den Stadt- oder Dorfsrand, hier verbeugen sie sich nach allen 4 Seiten und sagen: *„Ein Stern ist am Himmel für die Freude aller Menschen erstrahlt. Fange an für das Vergnügen zu leuchten! Wirf deinen Blick, leuchtender Stern, auf meinen Hof und beleuchte mit deiner Flamme meine Schafe, die weißes Fell haben. Wie viele Sterne am Himmel sind, so viele Schafe werden bei einem Diener Gottes (Name) geboren."*

Reiche Ernte haben...

Wenn Sie eine reiche Ernte einbringen möchten, sollen Sie folgendes machen:

▶   Wenn Sie die Saaten rösten und beizen, fügen Sie Weihwasser hinzu.

---

[76]   Sigille sind natürlich auch möglich.

- ► Säen Sie nur bei zunehmendem Mond.
- ► Nach der Aussaat sollen Sie einen Geschlechtsakt haben (es ist wünschenswert, wenn Sie jeden Tag Geschlechtsverkehr haben, bis die Saat keimt).
- ► Gießen Sie die Saat mit warmem Weihwasser.
- ► Wenn Sie die Saat zum ersten Mal gießen, fügen Sie dem Wasser etwas Sperma hinzu.

Wie Sie Tiere zähmen...

- ► Geben Sie einem Tier das Wasser zu trinken, mit dem Sie Ihre Hände und Füße gewaschen haben.
- ► Vermischen Sie Milch mit Ihrem Urin, gießen Sie diese Mischung in Ihren Schuh ein und geben einem Tier davon zu trinken.
- ► Reiben Sie die Hörner eines Bullen mit Wachs ein und er folgt Ihnen ohne Widerstand.
- ► Reiben Sie die Stirn einer Kuh mit Knoblauch ein und sie folgt Ihnen.

Wie Sie Wachhunde beim Haus halten...

Scheren Sie ein bisschen Haare vom Kopf, vom Rücken, vom Schwanz eines Hundes ab, legen Sie diese Haare unter die Türschwelle Ihres Hauses und sagen Sie: *„Wie fest diese Haare unter der Türschwelle liegen, so fest soll dieser Hund beim Haus bleiben."* Lesen Sie diesen Zauberspruch sieben Mal.

Ein Gebet gegen Viehsterben...

„Jesus Christus ist mit uns und bleibt mit uns gestern, heute und immer. Gott, du bist groß. Schicke, Herr, deinen Erzengel Michael, damit er die dämonischen Kräfte besiegen kann, damit er mit seinem Schild vor Verderben bringender Luft, vor einer Krankheit und vor dem Viehsterben schützt. Segne dieses Vieh und errette es vor Bösem, vor einem sichtbaren und unsichtbaren Feind, vor dem Tod, vor dem Viehsterben, vor teuflischen Übeltaten. Erhelle mit deinem Licht und gib die Kraft zu heilen, im Namen des Vaters, des Sohnes und des Heiligen Geistes, Amen."

Damit eine Kuh beim Melken Sie nicht mit den Hufen schlägt...

Beschwören Sie Wasser mit folgendem Zauberspruch und dann waschen Sie mit diesem Wasser das Euter einer Kuh: *„Segne, Herr Gott. Wie unsere Erde auf drei Walen steht und sich nicht von der Stelle rührt, so soll mein geliebtes Vieh (der Rufname) sich nicht von der Stelle rühren. Herr, erlaube dem Vieh nicht, mit den Hufen zu schlagen und mit den Hörnern zu stoßen. Stehe als ein Berg, gib viel Milch, die Sahnesee und den Milchfluss. Ich gebe meinen Wörtern einen Schlüssel und ein Schloss."*

Damit Bienen nicht stechen...

Bevor Sie anfangen, sich mit Bienen zu beschäftigen trinken Sie keinen Alkohol, rauchen Sie nicht, und nehmen Sie in den Mund ein Wegerichblatt.

Wenn eine Biene Sie gestochen hat, legen Sie Erde oder Kuhmist auf die Wunde.

Erfolg bei der Bienenzucht...

Nehmen Sie eine Stör-Gräte und stechen Sie diese in einen Bienenstock, dann tragen die Bienen mehr Honig.

Sie können auch einen Zauberspruch sagen: *„Die Bienen bilden einen Schwarm, die Bienen vermehren sich, die Bienen beruhigen sich. Ich wende mich nach Osten und höre den Bienenlärm und das Bienengeräusch. Ich nehme eine Biene aus dem Schwarm und setze sie in den Bienenstock. Die weißen Sterne, gehörnter Mond, schöne Sonne setzt dich, aber du, Biene, setze dich nicht. Bilde die Biene einen Schwarm und setze dich dann. Ich verschließe dich, Bienenkönigin, mit einem Schloss und mit einem Schlüssel, ich versperre deinen Weg. Ich werfe meinen Schlüssel ins Meer, unter den grünen Busch. In diesem grünen Busch sitzt eine Bienenkönigin, sie ist die älteste Bienenkönigin, sie sitzt und hält 77 Stacheln, diese Stacheln stechen die widerspenstigen Bienen. Wenn diese Bienen sich meinen Worten nicht unterwerfen, schicke ich sie aufs Meer, unter den grünen Busch. Ich schicke sie dahin, wo eine Bienenkönigin ist, sie wird die Bienen wegen ihres Eigensinnes mit 77 Stacheln stechen. Mein Wort ist stark."*

Zauberspruch gegen Würmer...

„Würmer, schlagt diese Flur nicht, esst diese Wintersaat nicht. Geht ihr, graue, weiße und kleine Würmer, nach Westen, in den Eichenwald, aufs Espenlaub. Wenn ihr, Würmer, von dieser Flur nicht weggeht, dann hetze ich die Vögel auf euch, die Eisenflügel und Eisenbeine haben; und diese Vögel nehmen euch, graue, weiße und kleine Würmer, und hacken euch, und ihr habt keine Gattung mehr. Wartet darauf besser nicht, geht besser von dieser Flur weg, und diese Wintersaat ist für euch stärker als ein Stein und bitterer als Harz und Schwefel."

Weihrauch...

Zu Reinigungsweihrauch gehören: Myrre, Pflanzenweihrauch und Erdweihrauch, die man in einer Kirche kaufen kann.

Einen aromatischen Weihrauch für die Geisteshebung kocht man aus Zimt, Muskatnuss, Mastix, Styrax und Pflanzenweihrauch.

Um einen wohl riechenden Weihrauch zu bereiten, begießen Sie die vorbereiteten Kräuter mit Rosenwasser und dann lassen Sie das Wasser über einem Öllämpchen verdampfen, vorher gießen Sie ins Öllämpchen etwas Spiritus; oder verdampfen Sie über einer Spirituslampe. Nehmen Sie weißen Weihrauch, zerreiben ihn zu Pulver und vermischen ihn mit feinem weißem Mehl. Dann nehmen Sie ein Ei, zerbrechen es, vermischen es mit Milch und Rosenhonig, fügen etwas Olivenöl hinzu und vermischen mit der oben genannten Mischung; dann kneten Sie den Teig, rollen kleine Kugeln und werfen diese auf die glühenden Kohlen.

Für eine Behexung bereitet man ein übel riechendes Räuchermittel und hier benutzt man Knochen, die zu Pulver zerrieben sind, gekochtes und getrocknetes Lämmerblut oder das Blut eines anderen Opfers und getrocknetes Sperma.

Wohlgerüche jeder Art, ziehen Geister an...

Wohlgerüche ziehen Geister an wie ein Magnet das Eisen. Man benutzt sie bei religiösen und magischen Riten. Wenn man die guten Geister herbeirufen möchte, benutzt man Wohlgerüche, für die bösen Geister die übel riechenden Räuchermittel.

Zichorie als machtvolles Mittel gegen Behexung...

Man pflückt diese Zichorie[77]-Pflanze nach dem Vollmond. Eine Zichorie dient als machtvolles Mittel gegen Behexung. Am besten pflücken Sie die Zichorie am 7. Juli vor Sonnenaufgang: Knien Sie nieder, berühren Sie eine Zichorie mit Gold oder Silber (das hängt davon ab, welches Metall besser zu Ihnen passt) und ziehen Sie eine Zichorie heraus.

Die richtige Zeit für Hexerein wählen...

Das ist sehr wichtig, die richtige Zeit für die Hexerei zu wählen. Wenn der Name unseres Herrn Jesus Christus, der Heiligen Mutter Gottes Maria, eines Erzengel oder eines Engels in einem Zauberspruch genannt wird, dann dürfen Sie nur von Sonnenaufgang bis Sonnenuntergang arbeiten. Wenn Sie also als ein Heller Zauberer arbeiten, dann sollen Sie am Tage arbeiten. Wenn Sie als Dunkler Zauberer arbeiten, dann nur in der Nacht, von 2 bis 3 Uhr, in der Zeit des Bullen, in dieser Zeit fliegen die bösen Geister ihren Besitz ab. Die bösen Geister helfen Ihnen, Ihren Willen zu erfüllen, aber Sie sollen wissen, dass kein böser Geist uneigennützig helfen wird: Über kurz oder lang sollen Sie dafür zahlen. Der Mond spielt eine große Rolle bei der Hexerei: für die helle Magie der zunehmende Mond, für die dunkle Magie der abnehmende Mond. Drei Tage vor und drei Tage nach einer Sonnen- oder Mondfinsternis darf man sich nicht mit der Hellen Magie beschäftigen.

---

[77] Zichorie (Cichorium intybus L.), wird als Salatgemüse verwendet (roh o. gedünstet). Der Chicoree ist eine Unterart.

  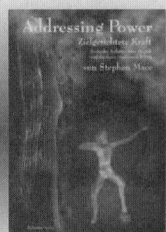  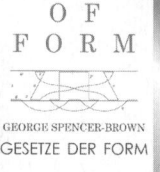

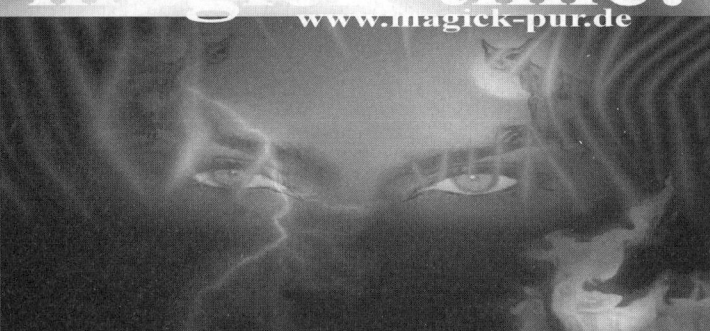